"十四五"职业教育国家规划教材

汽车
4S店运营与管理

Auto 4S Shop Operation
and Management

◎ 黄敏雄 编著

人民邮电出版社
北　京

图书在版编目（CIP）数据

汽车4S店运营与管理 / 黄敏雄编著. -- 北京：人
民邮电出版社，2017.11
职业院校汽车类"十三五"规划教材
ISBN 978-7-115-45220-7

Ⅰ．①汽… Ⅱ．①黄… Ⅲ．①汽车－专业商店－经营
管理－高等职业教育－教材 Ⅳ．①F717.5

中国版本图书馆CIP数据核字(2017)第235972号

内 容 提 要

本书涵盖汽车 4S 店运营与管理的相关知识，共 10 个任务，主要内容包括汽车 4S 店概述，汽车
4S 店人力资源管理，汽车 4S 店展厅管理，汽车 4S 店销售管理，汽车 4S 店消费信贷代理、保险、上
牌管理，汽车 4S 店车间与设备管理，汽车 4S 店配件与仓储管理，汽车 4S 店财务管理，汽车 4S 店客
户管理，汽车 4S 店信息反馈系统管理。

本书可作为职业院校汽车营销类、汽车维修类专业的教学用书，也可以作为汽车销售和服务企业，
特别是汽车 4S 店从业人员的业务培训用书和在职人员的工作实践指导用书。

◆ 编　　著　黄敏雄
　　责任编辑　刘盛平
　　执行编辑　王丽美
　　责任印制　马振武

◆ 人民邮电出版社出版发行　　北京市丰台区成寿寺路 11 号
　　邮编　100164　　电子邮件　315@ptpress.com.cn
　　网址　http://www.ptpress.com.cn
　　固安县铭成印刷有限公司印刷

◆ 开本：787×1092　1/16
　　印张：13　　　　　　　　　2017 年 11 月第 1 版
　　字数：309 千字　　　　　　2025 年 1 月河北第 9 次印刷

定价：35.00 元

读者服务热线：(010)81055256　印装质量热线：(010)81055316
反盗版热线：(010)81055315
广告经营许可证：京东市监广登字20170147号

1998 年自广本、别克、奥迪公司率先在我国建立汽车品牌专卖店（汽车 4S 店）以来，这种汽车销售形式得到了制造商及汽车消费者的青睐，我国汽车市场逐渐成熟。4S 店（整车销售、零配件、售后服务、信息反馈）的出现，提供了具有企业文化特色的展厅，现代化的设备和场地，充足的零配件供应，规范标准的服务设施及流程，高度职业化的氛围，迅速、及时的跟踪服务体系。4S 店是汽车市场激烈竞争下的产物，是一种以"四位一体"为核心的汽车特许经营模式。4S 店的服务，可以使客户对品牌产生信赖感，从而扩大汽车品牌的社会影响力。本书对于培养学生的职业能力和职业素养，胜任 4S 店工作岗位的业务具有指导意义。

本书根据汽车 4S 店对从业人员的岗位能力需求进行了知识和技能的整合，结合高等职业教育改革的要求，遵循职业教育的发展规律，强调工作岗位实际业务能力的需求及实践动手能力的训练与培养。

本书从高职学生学习实际出发，结合汽车 4S 店对从业人员的岗位能力要求，在内容和体系上进行了创新和改革，在网络营销方面提出新的观点，内容涵盖了 4S 店售前与售后的所有工作岗位。本书内容强调以职业能力培养为主线，以任务导入与目标（任务导入、任务目标、学习步骤）导入所要掌握的知识与技能，以任务基础、任务拓展、任务检验构成本书基础架构。

本书主要有以下特点。

（1）立德树人

本书贯彻党的二十大精神，精心设计，因势利导，根据专业知识特点，挖掘其中的素质教育要素，弘扬精益求精的专业精神、职业精神和工匠精神，培养学生的创新意识，将"为学"和"为人"相结合。

（2）项目驱动，产教融合

本书精选企业真实案例，将实际工作过程真实再现到书中，在教学过程中培养学生的专业学习能力。以完成工作任务的方式展开理论知识、技术标准、操作规范，提升学生专业学习兴趣与创新能力。本书将项目实践与理论知识相结合，实现了教学内容三对接（对接岗位、工作任务、工作过程）。

（3）配套齐全，资源完整

本书提供丰富的教辅资源，包括 PPT 课件、电子教案、教学大纲等，并能做到实时更新。

本书内容主要包括汽车 4S 店概述，汽车 4S 店人力资源管理，汽车 4S 店展厅管理，汽车 4S 店销售管理，汽车 4S 店消费信贷代理、保险、上牌管理，汽车 4S 店车间与设备管理，汽车 4S 店配件与仓储管理，汽车 4S 店财务管理，汽车 4S 店客户管理，汽车 4S 店信息反馈系统管理等 10 个任务。

本书的参考学时为 90 学时，其中理论环节为 52 学时，实践环节为 38 学时，各部分的学时见学时分配表。

项目	参考学时	
	教学	实训
汽车 4S 店概述	4	2
汽车 4S 店人力资源管理	4	2

续表

项目	参考学时	
	教学	实训
汽车 4S 店展厅管理	8	4
汽车 4S 店销售管理	8	2
汽车 4S 店消费信贷代理、保险、上牌管理	4	4
汽车 4S 店车间与设备管理	6	4
汽车 4S 店配件与仓储管理	6	4
汽车 4S 店财务管理	4	2
汽车 4S 店客户管理	6	6
汽车 4S 店信息反馈系统管理	2	8
合计	52	38

　　本书由湖南汽车工程职业学院黄敏雄老师编著。在编写过程中，编者参考和借鉴了大量的文献资料，在此特向资料的作者们表示诚挚的敬意和衷心的感谢！同时本书在编写过程中受到学院其他老师及各界同仁的大力支持和帮助，在此一并感谢！

　　由于编者水平有限，书中难免存在不妥及疏漏之处，敬请广大读者批评指正。

编者
2023 年 5 月

目 录

任务一
汽车 4S 店概述

| 任务导入与目标 |

任务导入

一客户要买一辆新车，通过比较，他认为要到 4S 店买才有保障，他想了解一些汽车 4S 店的相关知识。

任务目标

1. 熟悉汽车 4S 店的含义，了解我国汽车 4S 店的发展
2. 掌握国内外汽车及汽车营销售模式的发展
3. 培养学生的职业素养与专业技能
4. 学习我国汽车的发展历程，培养爱国主义情怀，塑造个人的职业理想

中国力量——新中国第
一辆汽车下线

学习步骤

汽车发展—市场营销—汽车营销模式—汽车 4S 店

| 任务基础 |

一、汽车市场的发展

1. 我国汽车工业的发展

汽车自 19 世纪末诞生以来，已经走过了风风雨雨的 100 多年。

原始社会，人们发明了一种简单的工具，将圆木置于重物的下面，然后拖着走，重物即可由一个地方移到另外一个地方，这被称作为早期的木轮运输。在中国古代神话中，就有黄帝造车之说，轩是古代一种有围棚的车，辕是车的基本构件，黄帝又号称轩辕氏，所以车辆应当是黄帝首先发明的。图 1-1 所示的指南车据说就是黄帝发明的。

图 1-1 指南车

图 1-2　奔驰 1 号车

19 世纪末 20 世纪初，欧美一些主要资本主义国家都相继完成了工业革命，随着生产力大幅度增长，要求用于交通运输的工具也要有相应的发展。从德国人卡尔·本茨和戈特利布·戴姆勒于 1886 年制造的第一辆汽车（见图 1-2）开始，各国都争相发展汽车，使汽车工业有了日新月异的变化。1886 年 1 月 29 日也被世界上公认为第一辆汽车诞生日。

中国汽车工业经历了从无到有、从小到大，形成了创建、成长和全面发展 3 个历史阶段。

（1）创建阶段（1953 年～1978 年）

中国汽车工业从 1953 年诞生到 1978 年改革开放前，汽车产品从无到有，初步奠定了汽车工业发展的基础。

（2）成长阶段（1979 年～20 世纪末）

1979 年到 20 世纪末，我国汽车工业获得了长足的发展，形成了完整的汽车工业体系。汽车工业企业逐步摆脱了计划经济体制下存在的严重的行政管理的束缚。这一阶段是我国汽车工业由计划经济体制向市场经济体制转变的转型期，摸索了对外合作、合资的经验，自主品牌汽车也进入了世界汽车市场，我国汽车工业上了一个新台阶。

（3）全面发展阶段（21 世纪以后）

21 世纪中国加入 WTO 后，我国汽车工业的市场规模、生产规模迅速扩大，全面融入世界汽车工业体系。目前，我国的汽车产量已经跃居世界第一。

未来我国汽车工业会形成自己特色的工业体系，同时与世界汽车主要发展国家进行合作，设计与生产更多造型奇特、性能卓越的汽车。如无人驾驶的"智能"汽车、水陆空三用汽车、飞碟汽车、潜艇式汽车等，来满足人们日益增长的出行便利与生活需求。

2．我国汽车市场的发展

（1）我国汽车市场的发展历程

我国汽车市场是通过经济体制改革建立起来的，与西方在商品经济发展中自然形成相比，形成过程存在重大差别。总体来看，大致可分为 3 个阶段。

① 孕育阶段（1978 年～1984 年）

随着我国城市经济体制开始改革，汽车产品的指令性计划由 1980 年的 92.7% 下降到 58.3%，汽车流通从严格的计划控制到局部出现松动，但仍然带有浓厚的"计划"色彩。

② 诞生阶段（1985 年～1993 年）

汽车产品流通市场机制的作用日益扩大，并逐步替代了传统的计划流通体制，市场机制开始主导汽车市场，我国的汽车市场全面形成。

③ 快速成长阶段（1994 年至今）

这一阶段以 1994 年我国开始全面进入市场经济建设为标志，并持续到 2010 年或更晚，我国的汽车产业将建立成国民经济支柱产业。

2012 年以来，我国新能源轿车技术进入快速发展阶段，产业化水平居世界第二位。从"十三五"开始，我国新能源汽车产业将从起步阶段进入加速阶段。

（2）我国汽车市场的现状

目前，我国汽车市场总体上呈现出以下特点：

① 市场总需求快速增长；

② 在需求结构上，轿车的市场份额持续增长；

③ 汽车交易和消费行为趋于理性化；

④ 市场环境和市场秩序逐渐规范。

（3）我国汽车市场的发展趋势

中国汽车工业已经走向世界，同国际大公司展开一场激烈的竞争，这场竞争实质上是一场汽车市场营销的竞争，我国汽车市场营销模式的发展趋势主要有以下几种：

① 汽车生产厂家极力推行单一品牌专卖店，鼓励经销商建立品牌专卖店、社区店、快修店；

② 汽车电子商务的迅速发展为传统企业的转型带来了契机；

③ 各大中心城市已经建成或正在建设一大批汽车有形市场或汽车城，基本上有两种方式：一种是集中多家厂商和多种品牌，另一种是独家经营，同一市场多品牌销售；

④ 经济发达地域开始筹建类似于国外的汽车大道，集中、集合品牌专卖店销售模式；

⑤ 汽车特约经营店销售模式在县城、集镇建立，城市、农村两个市场基本形成。

（4）我国汽车市场的未来走向

我国汽车市场的未来走向具有以下特点：

① 汽车市场保持较快的增长速度，其中私人轿车需求的增长将成为拉动汽车市场的最主要力量，个性化销售逐渐成为时尚；

② 各种特殊性能、特殊用途的汽车在汽车市场上的份额将大大增加；

③ 绿色、经济、环保、清洁能源的汽车将会成为家庭用车的重要市场之一；

④ 二手汽车市场将日益活跃，交易量上升；

⑤ 融入世界汽车营销体系中，使得中国汽车销售市场更加成熟，进口汽车的数量将稳步增加，国内汽车市场日趋国际化；

⑥ 随着汽车售后新三包法规政策的出台，市场环境和市场秩序逐步规范，汽车交易和消费行为趋于理性化。

二、市场营销理论

在 20 世纪 50 年代，美国通用电气公司（General Electric Company）约翰·麦基特里 1957年提出了"市场营销观念"（Marketing Concept），销售成为了企业产品转化为利润的重要环节。随着人们对产品需求的不断增加，消费者的购买欲望也相应增强，在其可承受的购买能力范围内就会形成购买行为，这也就形成了广义上的市场。在市场营销理论下，企业营销的根源是以消费者需求为指向标，通过商业化的运作模式成功地将自身的有形产品和无形服务销售给消费者，从而转化成企业利润并实现企业的营销目的的市场过程。对于企业而言，市场营销的理论知识已经成为指导其产品销售、战略制定和企业管理的重要理论基础。

1．市场营销的核心理念

市场营销（marketing）又称为市场学、市场行销或行销学，简称"营销"。市场营销是指个人或集体通过交易其创造的产品或价值，以获得所需之物，实现双赢或多赢的过程。它包含两种含义，一种是动词理解，指企业的具体活动或行为，这时称之为市场营销或市场经营；另一种是名词理解，指研究企业的市场营销活动或行为的学科，称之为市场营销学、营销学或市场学等。

2．4Ps、4Cs、4Rs 营销理论

（1）4Ps 营销理论

美国市场营销学家麦卡锡把各种市场营销要素归纳为 4 大类，即产品（product）、价格（price）、分销（place）、促销（promotion），称为 4Ps 营销理论（the Marketing Theory of 4Ps）。

市场营销学主要是以 4Ps 理论为核心，由于这 4 个营销要素是企业能自主决定的营销手段，故称为可控因素。必须综合利用产品、价格、销售渠道、销售促进等可控因素，将这些因素整体组合，使其互相配合，针对目标市场的不同需要及企业内外部环境条件的变化，分别制定营销策略，从而形成 4 个不同类型的策略组合，从整体上发挥最佳作用，企业才能获得成功。

（2）4Cs 营销理论

4Ps 实际上代表着销售者的观点，对于如何迎合日益挑剔的消费者并不十分贴切。罗伯特·劳特恩强调每一个销售工具应从顾客出发，为顾客提供利益，所以他提出了与 4Ps 相对应的 4Cs 营销理论（the Marketing Theory of 4Cs），4Cs 分别指顾客（customer）、费用（cost）、便利（convenience）和交流（communication）。4Cs 营销模式是一种更注重营销要素整体作用的整合营销，整合营销改变了将营销活动作为企业经营管理的一项职能的观点，它要求企业把所有的活动都整合和协调起来，努力为顾客的利益服务。

（3）4Rs 营销理论

4Rs 营销理论（the Marketing Theory of 4Rs）是由美国整合营销传播理论的鼻祖唐·舒尔茨在 4Cs 营销理论的基础上提出的新营销理论。4Rs 分别指代关联（relevance）、反应（reaction）、关系（relationship）和回报（reward）。如与顾客建立关联、关系，需要实力基础或某些特殊条件，这并不是任何企业都可以轻易做到的。但不管怎样，4Rs 营销提供了很好的思路。

4Ps、4Cs、4Rs 不是取代关系而是完善、发展的关系。由于企业层次不同，情况千差万别，市场、企业营销还处于发展之中，所以至少在一个时期内，4Ps 还是营销的一个基础框架，4Cs 也是很有价值的理论和思路。因而，两种理论仍具有适用性和可借鉴性。4Rs 不是取代 4Ps、4Cs，而是在 4Ps、4Cs 基础上的创新与发展，所以不可把三者割裂开来甚至对立起来。根据企业的实际，把三者结合起来指导营销实践，可能会取得更好的效果。4Ps、4Cs、4Rs 营销理论比较如表 1-1 所示。

表 1-1　　　　　　　　　　　　　4Ps、4Cs、4Rs 营销理论比较

营销理论	4Ps	4Cs	4Rs
理论导向	生产导向	顾客导向	竞争导向
营销要素	产品、价格、分销、促销	顾客、费用、便利、交流	关联、反应、关系、回报
优点	利于生产企业	贴近消费者为顾客提供利益	符合市场经济的要求，是互动双赢的反应机制
缺点	不贴近消费者的需求，传统的以产定销的模式	被动适应顾客需求，没体现长期拥有顾客的营销思想	不是任何企业都可以轻易做到

3．价值链理论和客户让渡价值理论

（1）价值链理论

哈佛大学商学院教授迈克尔·波特于 1985 年在《竞争优势》一书中提出价值链的概念，企业每项生产经营活动都是创造价值的活动，企业中所有互不相同但又相互关联的生产经营

活动构成了创造价值的一个动态过程，即"价值链"。他认为，价值链作为一个分析工具，是进行竞争分析和战略研究的基础。企业只有为企业的利益成员创造价值，才能长期存在发展。世界最大的客车生产基地宇通客车明确提出"为公司创造更大价值"，这是价值链理论的一个例证。波特的"价值链"理论揭示，企业的竞争优势在相当程度上与价值链内的纵向联系密切相关，这意味着企业与企业的竞争，不只是某个环节的竞争，也是整个价值链的竞争。

（2）客户让渡价值

客户让渡价值是指客户和企业的交往过程中，客户从企业那里获得的总价值与客户支付的总成本的差额。客户让渡价值是菲利普·科特勒在《市场营销管理——分析、规划、执行和控制》中提出的概念。客户总价值是指客户购买某一产品与服务所期望获得的一组利益，它包括产品价值、服务价值、人员价值和形象价值。客户总成本是指客户为购买某一产品所耗费的时间、精神、体力以及所支付的货币成本。客户满意是客户的一种主观感觉状态，是客户对企业的产品和服务满足其需要程度的体验和综合评估，通常可以用客户让渡价值来研究客户的满意问题。

4．营销渠道理论

（1）营销渠道的模式

美国市场营销协会认为营销渠道是企业内部和外部的代理商和经销商的组织机构，通过这些组织，商品（产品或劳务）才得以上市行销。营销渠道的模式根据产品的流向分为 3 种：直接分销渠道、间接分销渠道、多渠道分销。

① 直接分销渠道是两个层次的分销渠道，是最短的分销渠道，有利于降低流通费用，增加生产企业的收益。但这种销售渠道模式不利于专业化分工，不利于企业拓展市场。

② 间接分销渠道是两个层次以上的分销渠道，与直接分销渠道相比，是较长的分销渠道，但有利于打开销路，开拓市场。因为中间环节过多，产品流通时间将变长。

③ 多渠道分销是指制造商往往通过多条渠道将相同的产品分销到不同市场和相同市场。

（2）营销渠道的结构

营销渠道的结构可以分为长度结构、宽度结构及广度结构 3 种类型，渠道结构中的长度变量、宽度变量及广度变量完整地描述了一个三维立体的渠道系统。营销渠道模式如图 1-3 所示。

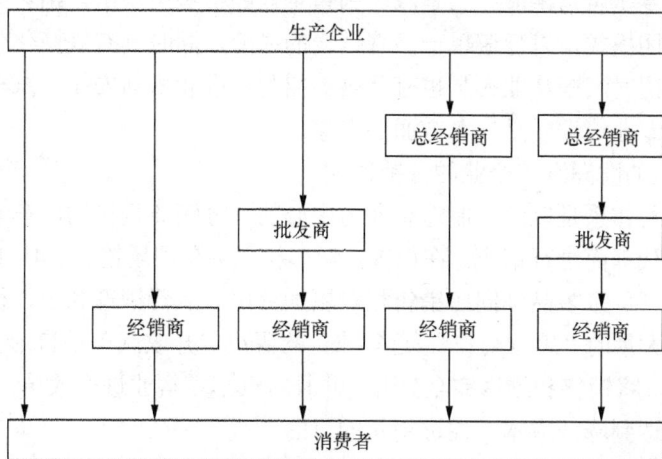

图 1-3　营销渠道模式

营销渠道的长度结构是指按照其包含的渠道中间商,即根据包含渠道层级数量的多少,可以将一条营销渠道分为零级、一级、二级和三级渠道等。

营销渠道的宽度结构是根据每一层级渠道中间商的数量的多少来定义的一种渠道结构。

营销渠道的广度结构是渠道的多元化选择,使用多重渠道销售产品,即混合渠道模式。

三、国内外汽车营销模式

汽车营销指进行汽车市场调研、分析与竞争研究,为企业生产经营决策提供咨询,并可进行汽车产品营销策划、汽车品牌市场宣传、汽车市场促销策划的一种行业。

1．国外汽车营销模式

（1）国外汽车营销理念

以客户为中心,建立完善的售后服务体系,实现从"卖汽车"到"卖服务"再到"卖品牌"的跨越,"以客户为中心,以服务促销售,以品牌促进服务质量提升"是国外汽车营销的基本理念。21 世纪初,世界上著名的汽车制造企业包括美国的通用、福特,日本的丰田等都形成了顾客需求至上的市场营销理念。通用公司针对不同群体建立不同分销渠道和售后服务体系,为客户提供个性化服务;福特公司自 1999 年以来,尝试着将传统的销售经营方式转变成一个能够满足消费者需求的方式;丰田公司提出了关怀式的服务理念。

（2）国外汽车营销组织渠道

自 20 世纪 30 年代以来,世界的汽车产品趋于同质化,汽车生产能力趋于过剩,从而使得制造企业不再是单纯依靠技术而是越来越偏向于以市场营销构建企业的竞争优势。经过多年的发展,国外汽车产业已经形成了较为成熟的汽车市场渠道。目前,国外具有代表性的汽车营销模式主要有美国模式、以德国为主的欧洲模式及日本模式 3 种类型。

① 美国汽车企业的营销模式

美国汽车分销渠道营销模式经历了近百年的发展,逐渐趋于稳定,发展成为以制造企业主导的、经销商为主的专营代理渠道模式,在建立销售渠道过程中,制造商一般不对零售商出资,零售商的流动性较大。美国汽车销售主要的模式有汽车专卖店、多品牌专卖销售集团、汽车商店、汽车大道或汽车一条街等。美国汽车销售模式的特点主要体现在:一是专业性,在众多模式中汽车专卖店是主流;二是汽车销售企业的销售层次少,销售人员少;三是采用多品牌专卖销售集团模式,以规避单一品牌销售的风险,同时具有规模化效应,从而有效地降低成本;四是美国对汽车从业人员也有严格的招聘标准和培训安排,汽车销售人员一般有较高学历,接受过专业培训,是汽车方面的专家。

② 以德国为主的欧洲汽车企业的营销模式

欧洲的汽车销售体系是以汽车制造企业为中心的,分销商直接向汽车制造企业进货,然后批发给零售商和代理商进行销售。在德国,新车和二手车同场销售、4S 专卖店等是普遍的销售模式,其中同一厂家多品牌同店销售相对更加突出。从营销理念上,德国模式更注重人性化服务,培养了大量的"忠诚用户"。近年来,欧盟决定开放汽车销售形式,重新设计适应新环境的营销形式,将销售和维修完全分开,并且对汽车零售业进行改革,允许多品牌经营,减少中间环节,以达到降低成本、促进销售的目的。

③ 日本汽车企业的营销模式

系列化销售一直为日本各大汽车企业所采纳,形成了日本独特的"排他性系列销售制"。

日本的销售渠道有整车企业出资及独立经销商两种流通模式。日本汽车销售模式以地区经销店为代表，业务分为新车、二手车和售后服务。地区经销总店一般负责一个县的品牌销售，经销总店下设若干分店，遍布全县，总店具备完整的功能，包括整车销售、旧车交易、维修、配件销售等，分店的功能除了整车销售外还具备简单的维修设备，提供一些常用配件。同时，不同品牌的销售方式不尽相同，例如，丰田汽车从丰田产品品种繁多、受众范围跨度大的特点着手，设立了 Toyofa、Toyopet、Corolla、Netz 这 4 种类型的销售通道。

（3）国外汽车营销技术手段

国外汽车制造企业的营销手段主要包括贷款销售、租赁销售和旧车置换。日本企业注重以促销和公关扩大知名度，刺激现实需求和潜在需求。在欧美发达国家，租赁购车模式不仅是汽车金融业务的重要组成部分，也是一种非常普及的汽车营销手段，目前美国采用汽车融资租赁方式售出的汽车达到了汽车销量的 35%，而德国以这种方式销售的汽车占本土汽车市场近五成。

金融危机中，各国汽车营销业绩大多受到影响，发达国家表现得异常明显。为刺激汽车消费，旧车置换营销手段得到更多的重视。旧车置换计划是德国政府 500 亿欧元经济刺激计划的部分，如果车主主动报废车龄超过 9 年的旧车，购买小排量环保型汽车，政府将给予其 2500 欧元的补贴。鉴于鼓励以旧换新的置换计划有力促进了汽车销售，德国政府打算扩大这项计划的规模，把用于该计划的政府补贴金额上限从 15 亿欧元提高到 50 亿欧元。随后法国、英国、日本、美国均推出"旧车置换计划"用于挽救身陷危机的汽车市场，并且效果明显。

2．国内汽车营销模式

（1）国内汽车营销理念

进入 21 世纪之后，特别是在我国加入 WTO 之后，汽车营销格局才加快形成。通过学习和借鉴国外先进的汽车营销理念，结合中国消费者的具体实际情况，形成了诸多各具特色的汽车营销理念。如上汽大众在深化实施用户满意工程中，提出"卖产品更卖服务"的理念；一汽大众坚持以客户为中心，以市场为导向，领先的技术、国际水平的质量、有竞争力的成本、最佳的营销服务网络、最具吸引力的人才环境和最佳的合作与交流力等 6 个支撑点，简称"一个中心、六个支撑"营销理念。从中可以清晰地看出，这些营销理念都强调了以人为本、以消费者为中心，注重了社会、企业、消费者三者利益的有机结合。

（2）国内汽车营销组织渠道

汽车营销渠道是汽车产品实现其价值的重要环节，它包括：科学地确定汽车销售路线，合理地规划汽车销售网络，认真地选择汽车经销商，高效地组织汽车储运，及时将品质完好的汽车提供给顾客，以满足消费者的需求。汽车营销渠道策略是汽车企业经营管理的重要组成部分，是汽车市场营销组合中的一个关键因素，它的宗旨是加速汽车产品的流通和销售资金的周转，提高汽车企业和中间商的经济利益。

目前，我国的汽车分销渠道可以分为特许经营专卖店（4S 店）、汽车交易市场、汽车超市、汽车大道、网络营销等多种模式，其中，以汽车交易市场历史最悠久，汽车超市、网络营销是后起之秀。

① 特许经营专卖店（4S 店）

从 1999 年广州本田的第一个 4S 店诞生，4S 模式在中国得到迅猛发展，这是目前我国主要的汽车营销模式。"四位一体"模式，简称 4S，即整车销售、零部件供应、售后服务和信息反馈功能于一体的汽车销售模式。这种专卖店经营、销售、服务都较为规范。4S 品牌专卖模式不仅包括传统的汽车销售，还包括给汽车消费者提供质量优良的原厂配件以及汽车制造企业认证的售后服务，同时通过信息反馈，给汽车制造企业及时提供有效的客户信息，是汽车制造企业可靠的信息源，同时保证汽车制造企业在售后方面的收入和利润。

② 汽车交易市场

汽车交易市场多为专卖店和普通经销商组成的有形交易市场，已存在多年，众多品牌汇聚在一起，方便用户的选择和比较。为了给购车人提供便利，大型汽车交易市场提供除销售外的延伸服务，如贷款、保险、上牌等服务，帮助用户办理购车手续。汽车交易市场凭借规模效益，一方面降低了经营商的经营费用，另一方面因为汽车交易市场有着可观的销量和客户群，使汽车制造企业不能排斥汽车交易市场，汽车交易市场的优势是显而易见的。当然，也存在的明显的不足：众多厂商、经销商齐聚一堂，鱼目混珠，良莠不齐，无法保障良好的售后服务。

③ 汽车超市

这种百货超市式的大型汽车交易市场，就是在城市中规划出一块专业销售汽车的市场，其中聚集了各种品牌的汽车专卖店，同时具备车辆展示、销售、美容保养、专用服饰和图书以及贷款、保险、上牌等一站式的服务功能，这种销售模式营业面积较大，销售品种齐全，消费者能在超市内完成购车的各个环节，超市内部竞争激烈。相对传统 4S 店的经营形态，"汽车超市"的优势体现在：一是将高、中、低车型同场销售，为消费者提供最多的选择，享受更全面的售后服务；二是以规模效应降低销售成本和管理费用，利用各种品牌销售业绩之间"互补"来规避市场风险；三是通过新业态实现资源整合，将价格和服务整合为核心竞争力。汽车超市在世界各国都比较流行，如北京北方汽车超市就同时销售上汽大众、上汽通用、东风本田、广州本田等多个汽车品牌。

④ 汽车大道

汽车大道表现为品牌汽车经销商在宽敞的公路两边盖起一个又一个的 4S 店。这类汽车营销组织在 20 世纪 80 年代就已在北美产生，至今仍在加拿大的兰利市、美国的西雅图市等地存在。上海闸北区的联合汽车大道作为国内第一条汽车大道，吸引了国内外知名的汽车经销商入驻，并兴建起汽配商店、汽车俱乐部、汽车旅馆、餐饮娱乐、汽车金融保险和文化中心等相关产业组成的全方位贸易区。如今这类汽车大道在我国的河北省保定市、山西省太原市、江苏省常州市新区等地也已出现。

⑤ 网络营销

随着网络信息技术的发展，电子商务带动了汽车产业，汽车网络营销模式开始崭露头角。这种模式可以让消费者轻松地了解汽车产品的最新信息，定制服务以满足个性化需求，是信息时代汽车营销模式新的发展趋势。汽车网络营销从网络产业中寻找汽车销售的业务链，常见形式除汽车生产企业或汽车经销商建立网站的方式外，利用网购平台是很大的亮点。从奔驰 SMART 团购，到吉利、雪佛兰、现代、丰田、大众等主流品牌汽车整车销售，再到奥迪 A6 等高端新车首发线上线下同步，网络营销模式正展现强大的生命力。

（3）国内汽车营销技术手段

2009 年初，我国实施小排量购置税减半、汽车摩托车下乡补贴政策以及一系列的扶持汽车金融和汽车信贷的政策，极大地刺激了中国汽车市场的发展，是有效的营销手段。我国汽车产业属于后起之秀，经过多年的发展，虽有很大的进步，但是整体上营销手段只具其形。

制造企业和经销商对市场调研和研究的力度还有待加强，宣传手段粗放，不利于精准销售，并且经销商功能不健全，服务意识薄弱；旧车置换体系还未真正建立，具体操作不够规范，消费者不够信任；国内的租赁法制不健全，消费者对汽车租赁缺乏认识；汽车信贷业务刚刚起步，金融业对汽车销售流通领域的支持力度有待加强。

2014 年以后，中国汽车行业正在迈入加快优胜劣汰、相互重组的进程，汽车卖方市场已经完全进化为买方市场。作为一个潜力巨大但开发并不充分的行业，汽车营销是众多的汽车厂家、众多的品牌和车型充斥市场最好的选择，如何快速有效地提升企业产品质量，提高汽车售后服务水平，一方面取决于营销方略的科学与合理性，另一方面取决于企业营销人才与营销队伍的执行能力。

四、汽车 4S 店

汽车诞生于欧洲，汽车 4S 店模式也起源于欧洲。欧洲的交通特点：各国地域面积都不是很大，城市距离近，汽车业发达，交通便利；汽车保有结构上特点是车型集中，每种车型有较大保有量。以德国为例，全国人口约为 8100 万，汽车拥有量 5000 万辆，而其中轿车多达 4200 万辆，且品牌多集中在欧洲本土生产的大众、奔驰、宝马等大型汽车集团旗下。正是因为有这样的环境条件，汽车 4S 店"四位一体"的经营模式才得以在多数欧洲国家存在和发展。

目前国内各大汽车厂商均在全国各大中城市、个别的已经在县城设立特许经销商（或专卖店）。各厂商均对获得受权的特许经销商（或专卖店）以 4S 店的建设标准、投资规模、开业时间等提出要求。

1．4S 店概述

4S 店是指整车销售（sale）、零配件（spare part）、售后服务（service）、信息反馈（survey）于一体的汽车销售服务企业。它拥有统一的外观形象，统一的标识，统一的管理标准，只经营单一的品牌的特点。

现在也有 6S 店一说，除了包括整车销售（sale）、零配件（spare part）、售后服务（service）、信息反馈（survey）以外，还包括个性化售车（selfhold）、集体竞拍（sale by amount）。

2．国外汽车 4S 店

（1）汽车 4S 店模式在欧洲的发展

欧洲汽车销售体系的建立是以汽车整车企业为中心的。分销商、代理商和零售商的一切经营活动都是为整车企业服务。它们之间的关系一般通过合作或产权等为纽带，依靠合同把销售活动与双方的利益紧密地联系在一起。欧洲汽车销售服务渠道模式的具体情况如图 1-4 所示。

大多零售商都具备新车销售、旧车回收式销售、零配件供应、维修服务和信息反馈等功能，简称为"5S"。

如今欧洲开放了汽车销售形式，存在销售网点过于密集、销售模式过于老化等缺点，致使利润空间逐年减少，经销商无利可图，濒临合并或者破产。因此，重新设计适应新环境的营销形式，将销售和维修完全分开，并对汽车零售业进行改革，允许多品牌经营、减少中间环节才能达到降低成本和促进消费的目的。

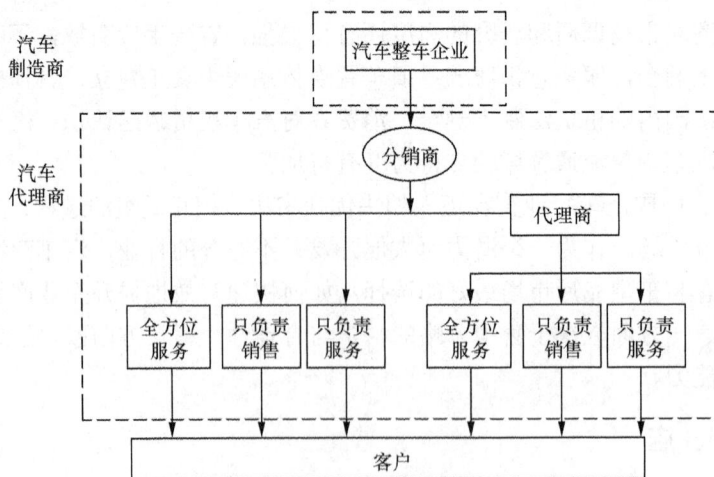

图 1-4　欧洲汽车销售服务渠道模式

（2）汽车 4S 店模式在美国的发展

美国传统的汽车销售体制是从整车企业到特约经销商再到顾客，每个地区设立地区机构负责产销关系，同时设有配件中心供应配件，还设有负责修理及培训的维修中心。美国汽车销售的主流模式仍然是汽车专卖店，厂家不直接参与销售商工作。全美共有 2.2 万个汽车专卖店，大多数专卖店只做销售，少数具有一定规模的才会建有售后服务体系。其主要原因是销售商提供的维修服务费很高，3S、4S 的传统经销模式中经销点的建立和运行费用都很昂贵。而且，由于汽车科技含量的提升，所需的维修设备也越来越昂贵。所以，美国的汽车售后服务逐渐趋向专业化经营，汽车销售已经实行销售和售后服务的分离，如汽车金融服务、保险服务等已从原有的售后服务体系中独立出来。美国汽车销售服务渠道模式的具体情况如图 1-5 所示。

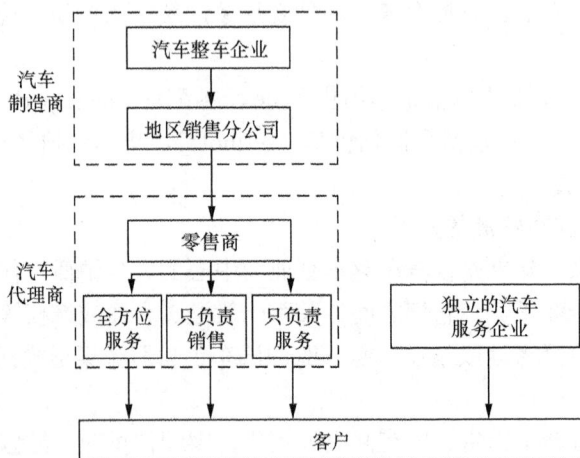

图 1-5　美国汽车销售服务渠道模式

因此，可以说，在美国真正意义上的汽车 4S 店并不是汽车销售服务渠道的主流模式。

（3）汽车 4S 店模式在日本的发展

日本的销售服务渠道体系主要有两种流通模式：通过独立经销商和整车企业出资建立的经销商。日本汽车销售模式以地区经销店为代表，业务构成分 3 块，即新车、二手车和售后服务。地区经销总店一般负责一个县的品牌销售，经销总店下设若干分店，遍布全县。总店具有全套功能，包括整车销售、旧车交易、维修、配件销售等，并负责组织该地区统一进货，分店的功能除了整车销售外还提供一些易损备件和具备简单的维修设备。在日本的售后服务市场，大型汽车整车企业往往是主力军，由它们参股投资的维修企业规模较大，服务功能主要是定点维修品牌车。除此之外，也有一些独立的售后服务企业，与大型维修企业形成互补关系的这些小型连锁店通过全国联网形成最大程度的信息互动与资源共享，巧妙地调动了小型汽修店的灵活性。日本汽车销售服务渠道模式的具体情况如图 1-6 所示。

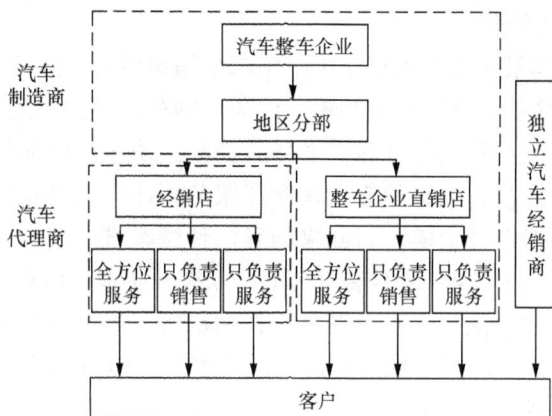

图 1-6 日本汽车销售服务渠道模式

因此，以整车企业为投资方的汽车 4S 店和独立经销商经营的 4S 店是日本汽车销售服务渠道的主流，独立汽车服务企业则有效地补充了汽车销售服务市场。

（4）国内汽车 4S 店发展

我国汽车 4S 店的发展相对较晚，20 世纪 90 年代以前，我国的汽车销售主要是以计划经济的模式进行的。20 世纪 90 年代后，我国汽车市场才融入国际市场，汽车的生产和销售只有 5 种渠道，分别是联营联合经销公司、独资公司、特约经销公司、一般性经销公司和汽车生产企业自销或直销。当时的汽车市场供不应求，整车企业无需推销。但从 20 世纪 90 年代中期开始，随着汽车市场竞争越来越激烈、个人购车比例快速增大，汽车市场逐步由卖方市场转为买方市场，企业的市场销售越来越被动。长期以来由于重生产、轻流通造成相对落后的汽车销售和服务体系，与汽车产业进一步健康发展和保障广大消费者合法权益之间的矛盾也越来越突出。

1997 年底，由中国汽车销售流通体制改革研讨会牵头，汽车整车企业开始建立一种新的营销体系，即以汽车整车企业的整车销售部门为中心、以区域管理中心为依托、以特许或特约经销商为基点、受控于整车企业的全新营销模式——专卖店。1998 年起，随着"广州本田汽车特约销售服务店""上海通用汽车销售服务中心"和"风神汽车专营店"的逐一亮相，标志着以品牌经营为核心的汽车 4S 店模式在中国正式登陆。这些汽车品牌专卖店从外观到内部设计，从硬件投入到软件管理，从售前、售中到售后等一系列的服务程序都进行统一规范，这是我国汽车销售模式的一个重大变化。

① 汽车 4S 店的优势

汽车 4S 店实行前店后厂的方式，可以提供舒适宽敞的展厅，硬件装备精良、整洁干净的维修区、现代化的设备和服务管理、职业化的气氛、良好的服务设施、充足的零配件供应、迅速及时的跟踪服务体系等。这种模式对厂家、经销商、消费者以及整个行业的管理都有一定的好处。

a．厂商的利益一致

由于专卖店是特许经营，不经销其他产品，这使厂家和经销商的关系确定，双方的利益一致；它划定市场范围，实行区域性销售，便于厂家统一销售政策；它实行以直销为主的终极用户销售，一改层层推销、层层加价的弊端，减少了中间环节，有利于营销的推广。厂商和经销商之间的利润也保持在一个高效、合理的范围内，有利于销售网络在全国的建设、布控，避免了恶性竞争。

b．高质量的销售和管理

汽车 4S 店品牌专卖最大程度地革新了中国汽车销售模式。既卖车也修车的理念，使经销商的经营服务范围从售前、售中扩大到售后，即一辆车从"生"到"死"全过程。竞争办法也从单纯价格竞争扩展到服务竞争等一系列的变革。统一的店面格局及标准、统一的整车销售价格、高质量的维修、先进的服务理念和服务程序、人性化的服务、协调一致的广告推广、迅速的信息反馈以及索赔、召回措施等，使顾客产生了对品牌的认可和信任，增加了购买汽车的安全感。汽车 4S 店不仅为汽车厂家提升企业、树立品牌形象起到了不可替代的作用，也为经销商在当地树立品牌形象、扩大销售、增加稳定的顾客资源、增加经济效益、提高自身素质等方面起到了保障作用，从而推动了全行业水平的提高。

c．信息反馈及时，终端控制有效

由于汽车 4S 店建立了完备的信息反馈系统和客户管理系统，使厂商及时跟踪用户使用情况，改进产品设计；它将汽车销售与售后服务融为一体，可以为用户提供终身服务。汽车企业可以非常有效地控制物流和终端，信息反馈快速有效，能够较好地根据市场销量和需求变化，进行生产调整，同时为车型改良和新产品的开发等提供丰富的市场依据。

② 汽车 4S 店的劣势

a．投资大，成本高，风险大

投资一家汽车 4S 店需要建设资金 5000 万元～1 亿元，流动资 3000 万元以上。为了保证配备齐全的昂贵检测维修设备和具备高技术水平的技工，一个普通的 4S 店 1 年的运营费用需要 800 万～1000 万元，在面临激烈的市场竞争时，要承受着巨大的资金压力。在投资建店的过程中，厂家不承担任何风险，车商独自承受着资金投入的风险和压力。此外，到年底时，部分厂家仍在冲量，在原本库存还没销完的情况下，有些经销商已没有现金来支撑厂家所要求的销售数据。于是，经销商就不得不通过银行贷款以获得资金向厂家提车，而贷款拿到的库存车又长期占据着经销商的现金流，长时间的恶性循环让经销商的压力成倍增长。同时，在经销商不断增加贷款的情况下，部分银行为了规避风险，也开始缩短经销商的还款期限，从以前的 90 天压缩到现在的 60 天。多种因素之下，经销商的处境越来越艰难。

b．排他性

目前国内的 4S 品牌专卖店只能销售某一厂商的产品，甚至只能销售某一厂商的某一特定品牌。如我国吉利集团的吉利、美日、华普和吉利美人豹在四川的 4S 代理就分属不同的经销商。如果经销商要销售多个厂商的产品，就必须在不同地点设立由不同的管理者经营的多个独立销售实体。4S 模式的排他性，导致车型品种单一、网点分散，无法满足消费者多样化的选择和比较的需要，给消费者在购车时的选择比较带来极大的不便。

c. 厂商地位不平等

目前，我国的汽车经销商获得品牌专卖权市场是一个严重的卖方市场，汽车制造厂和 4S 店的地位严重不平衡。《汽车品牌销售管理实施办法》要求必须取得汽车厂家授权方能销售汽车。这无异于给汽车厂家一把"尚方宝剑"。几乎每一个品牌汽车推出建 4S 店的计划时，都会引来一阵哄抢。如国产宝马在全国挑选 24 家经销商时，有 3000 多个投资者竞投。某些厂家出于自身利益的考量，在同一区域设置 4S 店过多，过于密集，令经销商叫苦不迭却又敢怒不敢言。另外，汽车厂家对汽车 4S 店的经营管理模式、业务流程、岗位的设置等都有标准规定和严格要求，对产品价格、促销政策、销售区域、零配件和工时费等也均硬性确定，且赏罚严格。在当前的市场形势下，汽车 4S 店完全无法与厂家平等对话。汽车 4S 店的经营状况的好坏，90% 依赖于所经营的品牌，品牌好就能赚钱。同时，同一品牌不同的 4S 店的经销商还得依赖本店经营者与厂家的关系，如果关系好厂家给予的相关资源就多，利润空间也越大。

d. 消费者负担重，对品牌的忠诚度降低

4S 店的零配件和维修费贵，几乎每个消费者都深有体会。经销商本来可以到汽车厂的配套件厂进货，价格会低得多，然而汽车厂要求经销商必须在整车生产厂进货，美其名曰"为了保证零部件的纯正性"。由于 4S 店的维修服务及零部件价格远高于一般修理店，消费者往往不愿到专卖店修车。"保修期内专卖店，保修期外路边店"成为许多消费者无奈的选择。

近年来，我国汽车产业的迅速发展使行业竞争日渐激烈，作为国内汽车主流营销模式之一的 4S 专营店，有很大一部分店面已经面临生存危机。据不完全统计，在 2009 年，大约只有不到 103 家的 4S 店实现了盈利。如何制定和开展适合自己的服务营销战略才是各品牌专卖店的当务之急。

（5）国内汽车 4S 店发展前景展望

国内汽车 4S 店模式发展至今，在国内一些大城市，统一标识、统一建筑风格、整洁明亮的品牌汽车 4S 店已是随处可见。可以预见，在将来一些规模较小、经营不正规的销售商和服务商将会被淘汰，更多不同品牌的 4S 店将会在市场上建立起来。除此之外，各大汽车整车企业还纷纷推出售后服务品牌，突出科学严谨的管理，这是 4S 店模式的又一次提升，是国内汽车售后服务提高水平的内在支撑。因此，国内汽车 4S 店模式将在未来很长一段时间内继续扮演汽车销售和售后服务的领导角色。但是，不可否认的是，未来汽车 4S 店模式也将在某些方面发生变化，主要体现在以下几个方面。

① 模式革新

随着 4S 店模式的发展与有限的自然资源和市场资源间的矛盾越来越突出，国内 4S 店模式建设重点将从原来的硬件统一转向软件和服务标准的统一。按此发展方向，将会出现一些新的变革方式，如"专区专设"方式，即汽车销售机构将分布在流动人口多的繁华区或者专业汽车一条街、汽车城等地方，而汽车售后服务机构将设在一些稳定的客户群居多的大型居民区等。4S 店的各个功能区将按照目标客户所在地来设立一些 3S、2S 甚至 1S 网点，除了更能发挥各自在区域上的比较优势，从品牌宣传角度还能使整车企业服务网点涉及面更广、更快地提升整车企业的品牌形象。

② 整合与重组，建立 4S 店行业标准

一是利用现有优势的资源即新车销售平台，单纯销售新车。但是需要改变单一品牌的经营思路，跟随现在政策代理销售各种品牌、不同品质的车型，让汽车销售变成大卖场。

二是充分利用手头上的零部件渠道资源，做原厂件、进口车件等零部件批发。

三是兼并重组成为 4S 店模式的一种整合方式，一批实力弱小、经营管理不善的 4S 店被淘汰后，一批实力强、集团化的经销商将脱颖而出，这会在很大程度上有利于提高 4S 店模式的整体竞争能力。

未来必须形成 4S 专卖店自身的行业标准，树立更高发展目标。保证服务的专业性，在明确岗位职责、完善培训体系的前提下，专卖店对各岗位必须实行分级认证制度。

③ 业务更加多元化

受各种资源的限制，单一的 4S 店不可能全部满足庞大的汽车产品"后市场"产业链的经营或服务要求，4S 店与同一条价值链上的上游厂家和下游"后市场"服务商之间进行协作的纵向联合成为一种必然趋势。在此基础上建立起该品牌的价值链，如汽车用品、汽车改装、汽车救援、二手车交易、物流运输、金融服务、出租和租赁、汽车俱乐部、汽车检测、汽车认证、停车场和加油站等业务的经营和服务，从而变单点竞争为价值链竞争和专业化规模竞争。因此，业务的多元化必将是 4S 店今后的发展方向，特别是二手车置换和汽车金融服务会是业务拓展的重点。

④ 经营更加灵活及多元化

随着我国城乡的高度融和及汽车产业的高速发展，人们在追求汽车数量的同时，更加注重汽车售后服务的质量，将来汽车 4S 店也会突出它的操作的灵活性及内容的多元化。汽车公园、汽车超市的存在，都给汽车 4S 店赋予了新的内涵。预计，社区 4S 店及快修店、维护店是未来汽车 4S 店对汽车客户最优的服务方式。

|任务拓展|

标志 205 俱乐部——售后服务的新模式

在我国台湾地区，近几年汽车业的行销，就像十年前家电业一样，是广告量最大、促销最卖力、创意最丰富和最突出的行业。除了广告和促销之外，各厂家也十分注重服务、公关及形象的建立。因此，各种手法相继出笼。无不以建立顾客的忠诚与信心为目的，希望以此创造自己的口碑，赢得较高的市场占有率。

在众多性质不同的服务中，令人感觉比较清新特殊而印象深刻的是"205 俱乐部"。

标致汽车是羽田机械公司下的主要品牌之一，是与法国技术合作生产，由全欧汽车总代理。而其中的 205 到目前为止均为原装进口，由于其外形设计典雅，曾连续五年获得世界越野大赛总冠军，因此是在欧洲极受欢迎的车种，销售量已经超过 300 万辆以上。

标致 205 因在赛车中有杰出的记录，因此在台湾地区被定位于兼具都市和越野双重性能的汽车，加以它的轴距有 2420 mm，所以在排气量方面虽被归属为小型车，但是却具有中型车的宽敞空间，即使身高 1.85 m 的人驾乘其间也没有局促压迫之感，这是它的两大特色。这两大特色无疑是他们宣传的重点，同时也使得它的价位高出其他同级车。羽田汽车相信即使消费者买 205 多花了几万元，但开过之后也一定会认为值得。所以与其在价格方面竞争，不如在售后服务方面加强。

在"不怕货比货，只怕不识货"的信心之下，公司成立了"205 俱乐部"。所有购买 205 的顾客都是会员，俱乐部以每部车出售后的利润，抽取的定额基金，以此基金定期举办车友联谊活动。"205 俱乐部"的联谊活动大都采取家庭式的旅游，其中穿插娱乐及由厂家技师指导的车辆检修研讨会，车友们除联络感情外，也交流驾驶体会，是一项结合了交友、观光和益智的活动。

"205 俱乐部"是台湾地区第一个由厂家号召组成的俱乐部，所以吸引了媒体和汽车业杂志的注意，它们不但做了深入的报道，而且每次活动时均有许多记者随行采访，而车队所到之处，更引起群众的驻足围观，数百辆的"205"，实为大车队的奇观。

|任务检验|

任务检验单

姓名		班级		成绩	
任务咨询					
一、填空 1. 中国汽车发展经历 3 个阶段：＿＿＿＿＿＿＿、＿＿＿＿＿＿＿、＿＿＿＿＿＿＿。 2. 汽车 4S 店由 ＿＿＿＿＿＿＿、＿＿＿＿＿＿＿、＿＿＿＿＿＿＿、＿＿＿＿＿＿＿组成。 二、论述 1. 汽车 4S 店的发展趋势是什么？ 2. 国外汽车营销模式各有什么特点？ 					
任务描述					
一对即将结婚的年轻人，到你所工作的 4S 店选购心仪的车辆，但展厅的氛围打消了客户进行购买车辆的念头，销售过程失败，痛定思痛，你应如何构建良好的汽车 4S 店氛围，让客户有家的感觉？					
服务作业					
作业内容			作业标准		
1. 展厅氛围的创建 2. 服务顾问的礼仪 			1. 展厅氛围标准 2. 员工礼仪与沟通技巧 		

任务二
汽车 4S 店人力资源管理

| 任务导入与目标 |

任务导入

客户进入 4s 店，对 4S 店员工的服务态度和工作素养都很满意，他想进一步了解 4S 店是如何进行人力资源管理的。

任务目标

1. 了解我国汽车 4S 店管理组织架构
2. 熟悉汽车 4S 店管理制度及员工职责
3. 掌握汽车 4S 店的筹建方案设计
4. 培养学生的职业素养与专业技能
5. 培养学生爱岗敬业的工作态度、不断进取的工作作风及思维缜密的质量意识、作业标准意识

提炼精神——吉利
汽车的人才经

学习步骤

4S 店组织架构—4S 店管理制度及员工职责—4S 店的筹建过程

| 任务基础 |

一、汽车 4S 店管理组织架构

单店单品牌经营的 4S 店，普遍采取董事会领导下的总经理负责制，职能部门包括销售部、业务部、市场部、客服部、采购部、配件部、维修部、财务部、办公室。

1. 企业组织机构

企业组织机构的组成如图 2-1 所示。

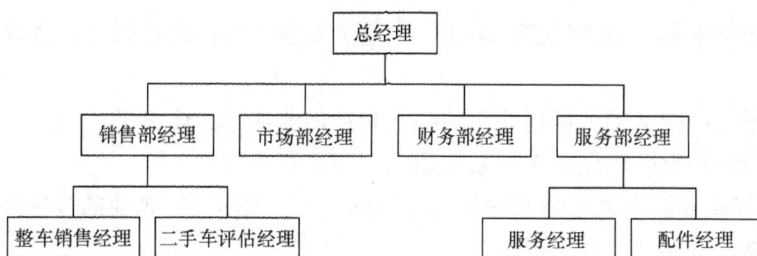

图 2-1　企业组织机构的组成

2．整车销售部机构

整车销售部机构的组成如图 2-2 所示。

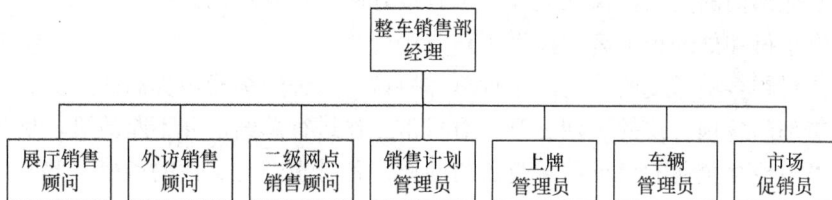

图 2-2　整车销售部机构的组成

3．市场、综合管理部机构

市场、综合管理部机构的组成如图 2-3 所示。

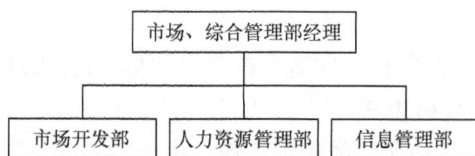

图 2-3　市场、综合管理部机构的组成

4．财务部机构

财务部机构的组成如图 2-4 所示。

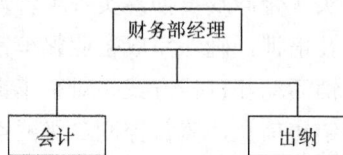

图 2-4　财务部机构的组成

二、汽车 4S 店主要工作岗位内容及职责

1．总经理岗位职责

（1）负责建立，实施和改进企业的各项制度、目标和要求。

（2）制定质量方针、质量目标，确保顾客需求与期望得到确定和满足。

（3）确定企业的组织机构和资源的配备。

（4）确保企业现有业绩，并使管理体系持续改进。

（5）负责向全体员工传达，满足顾客和法律、法规要求的重要性。

（6）组织企业各部门力量，完成董事会确实的各项经济指标。

（7）关心职工生活、劳动保护，防止发生重大安全事故；加强职工安全教育、提高职工安全系数。

（8）在发展生产的基础上提高职工的福利和技术业务、文化水平。

（9）主持管理评审，确保管理体系的适宜、充分和有效。

（10）规划好企业的未来战略方针和发展目标，并贯彻落实好企业的各项规定和指示，带领企业不断发展。

2．店长岗位职责

（1）负责按行业要求、企业要求等合理制定相关工作流程、章程。

（2）负责主持售后服务中心日常工作的开展，监督指导业务接待、索赔员的工作，协调各部门及与其他部门的关系，保证全体员工有很好的工作状态。

（3）负责接待和处理重大客户投诉工作。

（4）负责对顾客满意度的改进，进行总体协调，保证成绩稳步提高。

（5）负责部门各项会议的定期召开，对日常工作进行总结，并不断改进、优化。

（6）负责与授权企业的市场信息交流与沟通，各种报表与文件的审核、签发。

（7）负责对部门人员每月岗位的考核。

（8）负责售后索赔事件的最终认定、处理。

（9）负责抓好车间维修质量、安全生产和环境保护。

（10）负责企业各项制度在本部门的宣导及信息的传递。

（11）负责质量管理体系中相关工作。

（12）负责商务发展计划的制订、实施、改正、评估（PDCA）。

3．整车销售部经理工作职责

在总经理的领导下，负责销售部的销售工作，带领销售人员完成销售任务。

（1）在企业经理的领导下，对本企业整车销售部门实行行政领导，每日向总经理分别汇报前一日工作和当日工作安排。

（2）负责落实整车销售部门各岗位责任制及内部管理制度。

（3）严格执行与企业签订的买卖合同及贯彻落实各项管理规定。

（4）负责本部门人员的考核及培训，确保完成企业整车销售年度经营目标。

（5）负责制订并落实整车促销活动和宣传方案并对整车销售活动进行动态控制。

（6）调查、收集并反馈市场销售信息，监督控制二级网点的销售业务。

（7）负责协调好展厅所有人员的工作联系，协调销售顾问和其他部门的工作；完成上级领导交给的其他工作。

（8）定期安排销售顾问进行职业技能培训和学习。

4．服务经理岗位职责

（1）负责监督、指导业务接待和索赔员的具体工作并做月度考核。

（2）制定、安排和协调售后服务工作的具体开展，协调业务接待、索赔、收银、维修车间、配件之间的关系，保证全部的员工有良好的工作状态。

（3）积极开展和推进各项业务工作，控制管理及运作成本，完成内部拟定的工作目标。

（4）控制和提高车间维修质量，安全生产成本控制和环境管理，落实企业各项制度在本部门的宣导及相关信息的传递。

（5）严格按企业运作标准或相关要求开展工作。

（6）定期对本部门的工作进行审核及改进，做好业务统计分析工作，定期填写并上报各种报表。

5．展厅销售顾问工作职责

（1）向来展厅咨询的客户推介产品，在双方达成销售共识后，与客户签订销售合同。

（2）通过展厅业务洽谈，促成客户最终实施购买行动。向客户介绍各类整车的性能、价格以及售后质量保修政策，并根据客户需求向客户推荐合适的车型，协助客户办理交款、贷款、接车、上牌等购车手续。

（3）客户回访及落实客户信息反馈。

（4）负责客户休息区的环境卫生及绿化布置，每日清洁。

6．配件经理岗位职责

（1）负责监督、指导配件工作人员做好配件管理工作，保证充足的、纯正的配件供应。

（2）负责根据授权企业要求和市场需求，合理高效库存，将库存周转率控制在合理范围以内，加快资金周转。

（3）负责及时向相关部门传递汽配市场信息及本站业务信息。

（4）负责每月向相关部门提供月度报表及相关文件。

（5）负责配件仓库环境卫生、管理，确保仓库整洁有序，零件、工具摆放规范，执行好6S管理。

（6）负责定期对配件部进行盘点，确保账、卡、物一致。

（7）负责定期召开部门会议，不断提高配件工作人员业务水平和服务意识，保证本部门员工良好的工作状态。

（8）负责企业各项制度在本部宣导及相关信息的传递。

（9）负责本部人员的配件业务的培训指导及制订本部门培训计划。

（10）负责质量管理体系中的相关工作，协调与其他业务部的关系。

7．配件管理员岗位职责

（1）负责配件仓库的清洁卫生，配件规范摆放，标志清晰，并做好配件的维护工作。

（2）负责配件的收发管理，及库存件的定期盘点并记录，确保账、卡、物一致，根据提货清单迅速、准确提供配件，配件发放遵循先进先出的原则。

（3）负责对配件进货质量的检验和破损件的回退工作。

（4）负责库存量的统计，若发现库存不足或过多应及时上报。

（5）对配件的放置标准、防护要求、规范标识、规范搬运负责。

（6）熟悉授权企业配件收发流程，不断提高业务水平。

（7）完成部门负责人交办的相关工作。

8．车间主任岗位职责

（1）负责合理安排维修人员的工作及车间看板的管理、开展并控制车间6S的具体实施，并保证本部人员有良好的工作状态。

（2）负责督促员工对车间工具、设备的定期保养和维护，并做记录，形成质量管理体系。

（3）负责车间安全生产环境卫生的管理、零件、工具规范摆放，执行好6S管理。

（4）负责协调与各部门的关系，控制维修质量及生产成本，确保车辆维修按时、按质完成。

（5）负责车间管理过程中的事务处理，并及时向管理层反映。

（6）负责定期召开会议，使车间工作流程不断优化与改进。

（7）负责确定维修员工的培训需求及计划制订，负责平时本部人员岗位考核并及时上报和存档。

（8）负责企业各项制度在本部门的宣导及信息的传递。

9．维修人员岗位职责

（1）根据前台和车间主任的分配，认真、仔细地完成维修工作，并在维修过程中对客户车辆采取有效的防护措施。

（2）负责按委托书项目进行操作，在维修过程所出现的问题及时向管理层汇报，仔细、妥善地使用和保管工具设备及资料。

（3）耐心、周到、热情地解答客户相关疑问，提高服务质量。

（4）对每个维修项目必须自检，合格后转到下个工序，不断提高专业技术，保证维修质量。

（5）负责维修后的整理工作，保持车间整洁、有序及开展 6S 的具体实施。

（6）完成部门负责人交办的相关工作。

10．索赔员岗位职责

（1）熟悉授权企业索赔业务的具体工作流程，按规范流程办理索赔申请及相应索赔事务，定期整理和妥善保存所有索赔档案。

（2）负责协助业务接待，认真检查索赔车辆，做好车辆索赔的鉴定，保证索赔的准确性，在授权企业开展的质量返修和相关活动中，做好报表资料的传递与交流。

（3）主动收集、反馈有关车辆维修质量、技术等相关信息给相关部门。

（4）积极向客户宣导授权企业的索赔条例，客观真实地开展索赔工作。

（5）完成部门负责人交办的相关工作。

11．工具保管员岗位职责

（1）负责工具间的卫生清洁、定期打扫整理。

（2）负责对专用工具或图书进行编号、登记，建立台账，并做标识。

（3）负责按规范流程办理工具借用手续，并做详细记录。

（4）负责对专用工具的妥善保管及日常维护，督促维修人员按时归还。

（5）负责定期对专用工具和图书进行盘点并做记录。

（6）负责对归还工具的验收，如有损坏或遗失及时登记并上报。

12．办公室主任岗位职责

（1）配合总经理安排日常工作，对企业各类文件的控制和信息管理。

（2）协助总经理做好各部门各项目标、任务的考核。

（3）制订培训计划，协助领导做好员工考评工作，对企业进行人事管理及员工培训管理。

（4）负责内部质量审核和质量改进工作的日常管理工作、纠正和预防措施以及质量改进工作的日常管理工作。

（5）贯彻企业质量方针，遵纪守法，敬业守则，完成领导交办任务。

13．内训师岗位职责

（1）负责本企业内部培训的授课工作和技术部工作。

（2）切实落实授权企业对本企业的专业技术培训计划。

（3）切实掌握企业内部技术的培训率，并对员工的内部技术培训进行考核及评估跟踪工作。

（4）收集和分析重大技术案例和故障案例，对员工进行及时传达、学习。

（5）负责组织研究技术难题攻关工作。

（6）协助企业开展培训的其他相关工作。

14．财务经理岗位职责

（1）制定网点财务会计制度：根据《会计法》《企业会计制度》和《企业会计准则》，结合网点的实际情况，制定网点的财务制度、会计制度以及核算办法，并组织会计人员贯彻实施，编制财务计划及经济效益预测分析。

（2）编制财务收支计划及预算：根据总量目标及历史经验数据，分别制定费用预算、损益预算和投资预算，预算批准后按月进行监督，并对经济效益和预算执行情况进行分析。季度或年终，按各部门预算内容，完成业绩控制报告。根据分析结果完成员工考核和激励工作。

（3）保证资金的收支平衡：根据全年的现金流量预算，编制资金的平衡和使用计划，监督预算的执行。

（4）进行例外事件的处理，及工商税务等审计的接待工作。

（5）资金审核：日常业务中负责资金审核的任务。对费用报销进行财务检查，给出具体的费用预算项目，提出费用开支渠道。对特殊情况的财务报告提出处理意见，交由会计人员实施。

（6）合理地支配和使用资金：流动资产的周转和变现纳入资金的平衡计划，保证资金的及时回笼及资金的安全。

（7）完成财务报表及分析：根据专职会计的月度数据，统一填报资产负债表、损益表、月度考核完成情况表。

三、汽车4S店人事管理

1．人力资源管理概述

（1）人力资源管理定义

人力资源管理（Human Resource Management，HRM），是指在经济学与人本思想指导下，通过招聘、甄选、培训、报酬等管理形式对组织内外相关人力资源进行有效运用，满足组织当前及未来发展的需要，保证组织目标实现与成员发展的最大化的一系列活动的总称。人力资源管理就是预测组织人力资源需求并做出人力需求计划、招聘选择人员并进行有效组织、考核绩效支付报酬并进行有效激励、结合组织与个人需要进行有效开发以便实现最优组织绩效的全过程。人力资源管理主要分为6个方面。

① 人力资源规划

人力资源规划是指使企业稳定拥有一定质量的和必要数量的人力，以实现包括个人利益在内的该组织目标而拟定的一套措施，从而求得人员需求量和人员拥有量之间在企业未来发展过程中的相互匹配。

② 招聘与配置

招聘与配置是指按照企业经营战略规划的要求把优秀、合适的人招聘进企业，把合适的人放在合适的岗位。

③ 培训与开发

培训是给新雇员或现有雇员传授其完成本职工作所必需的基本技能的过程；开发主要是指管理开发，指一切通过传授知识、转变观念或提高技能来改善当前或未来管理工作绩效的活动。

④ 绩效管理

从内涵上说就是对人与事进行评价，即对人及其工作状况进行评价，对人的工作结果，要通过评价体现人在组织中的相对价值或贡献程度。从外延上来讲，就是有目的、有组织地对日常工作中的人进行观察、记录、分析和评价。

⑤ 薪酬福利管理

岗位评价是一种系统地测量每一岗位在单位内部工资结构中所占位置的技术；薪酬的是指员工为企业提供劳动而得到的各种货币与实物报酬的总和。

⑥ 劳动关系管理

劳动者和用人单位（包括各类企业、个体工商户、事业单位等）在劳动过程中建立的社会经济关系。

（2）4S 店人力资源管理流程

我国的汽车 4S 店从建设初期发展到现在，已经完成了由中、高端车型向着低端车型的普及，并且也已由过去的暴利时代逐步进入微利的成熟期，4S 店的各项管理工作，也逐步趋向正规，向着科学化管理方面转变。其中 4S 店的人力资源管理越来越受到人们的重视。

在 4S 店中，对与一定物力相结合的人力进行合理的培训、组织和引配，使人力、物力经常保持最佳比例，同时对人的思想、心理和行为进行恰当的引导、控制和协调，充分发挥人的主观能动性，使人尽其才，事得其人，人事相宜，以实现经销店目标。

汽车 4S 店人力资源管理整个流程可分为 4 个主要环节：吸纳、绩效、报酬、成长，如图 2-5 所示。

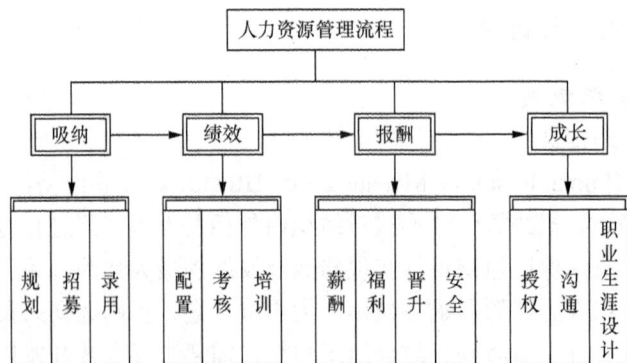

图 2-5　人力资源管理流程

每一个环节对应着不同的职能。具体说明如下：

① 规划：对本经销店人力资源的需求加以分析，针对需求职位进行相应的招聘；

② 招募：4S 店招募工作是指 4S 店出于自身的发展需要，依据经销店人力资源规划和工作分析，吸引有能力并有兴趣到本经销店任职的人员，经销店采取公平、择优录取的原则对优秀人员予以录用的过程；解决如何吸引经销店所需人才的形式有刊登广告、参加招聘会、朋友介绍等；

③ 录用：是一项技术性很强的工作，涉及人的测评，解决人尽其才、物尽其用的问题；

④ 配置：包括两个层面，组织层面上要解决不同职能的人员安排多少人合适；个人层面上要找到适合其特点的职位；

⑤ 考核：对员工的工作成绩进行测定，包括制定考核制度和考核标准等；

⑥ 培训：指在工作过程中的在岗培训和经验交流会等；

⑦ 薪酬：包括薪酬制度、薪酬水平、薪酬形态等；

⑧ 福利：包括各种形式的福利等；

⑨ 晋升：包括职位的提升、薪酬的增加等；

⑩ 安全：经销店要给员工工作及环境上的安全感；

⑪ 授权：经销店要给员工一定的权利，使其自主做事。

⑫ 沟通：经销店要给员工参与民主事务的权利，包括经销店上、下级的沟通等。

⑬ 职业生涯设计：经销店要找出员工的特点，并予以培养。对于工作，不仅作为一种谋生手段，还要作为一种生活方式。

（3）设置关键岗位

4S 店的关键岗位主要有：总经理、总经理助理（常务副总）、销售总监（经理）、服务总监（经理）、客服总监（经理）、财务总监（经理）、展厅经理、大客户经理、二手车总监（经理）、销售顾问、服务顾问、备件经理、技术经理、车间主任、综合部部长（经理）等。

（4）制定关键岗位任职资格

根据 4S 店实际情况以及未来发展的需要，在教育程度、知识水平、职业技能、体质修养等方面标定任职资格。

销售总监（经理）任职资格如表 2-1 所示。

表 2-1　　　　　　　　　　　　销售总监（经理）任职资格

序号	项目	任职要求
1	体质	身体健康，无国家禁止工作的病症，能适应汽车销售行业的现状
2	教育程度	大专及以上学历，自费接受过岗位以外教育或培训如自学课程、拓展训练、魔鬼训练等
3	经验	3 年以上汽车行业销售经验，其中至少 1 年的展厅销售管理经验
4	知识	了解汽车行业市场，具有扎实的汽车专业知识、营销知识，熟悉产品、业务流程及厂家关于销售的相关政策，具备基本的财务和法律知识
5	能力	具备敏锐的市场洞察力，出众的团队领导能力和发展他人的能力，较强的管理、培训、服务能力，良好的关系建立能力、沟通能力和冲突解决能力

（5）制定岗位薪资和考核标准

4S 店员工的薪酬一般由基本工资、岗位工资、绩效工资、生活补贴、养老保险费及通信费等构成。

① 基本工资：按照岗位、学历、职称、工作年限确立。

② 岗位工资：按照职务高低、岗位责任确立，根据企业经营状况的发展，适时调整岗位工资标准。

③ 绩效工资：按照完成企业下达的工作任务、经营指标、遵章守纪情况、出勤情况以及

企业下达的其他工作任务考核结果考核确定。

④ 生活补贴：按企业有关规定执行。

⑤ 养老保险：按国家有关规定执行。

⑥ 通信费：按企业有关规定执行。

销售总监（经理）绩效考核如表 2-2 所示。

表 2-2　　　　　　　　　　　　　销售总监绩效考核表

考核月份		姓名		标准分	部门评分	说明、评价人
考核项目	考核内容					
行为规范 20 分	遵守企业关于工作纪律和安全保密的有关规定，否则每次每项扣 2 分			4		
	遵守企业关于考勤和培训的有关规定，否则每次每项扣 2 分			4		
	遵守企业关于工作态度的规定，否则每次每项扣 1 分			3		
	遵守企业关于着装和仪容的有关规定，否则每次每项扣 1 分			3		
	遵守企业关于行为举止和基本礼仪的规定，否则每次每项扣 1 分			3		
	遵守企业关于环保、节约的规定，否则每次每项扣 1 分			3		
	小计得分			20		
工作质量 80 分	销售计划完成率，得分等于 15×销售计划完成率			15		
	库存车不得超过 3 个月，否则每台扣 2 分			10		
	广告促销活动的效果			5		
	因失职导致客户、个人、部门合理投诉 1 次，扣 1 分			5		
	费用预算不超支，因失职造成超支，每超支 1 笔，扣 1 分（财务经理评）			5		
	客户 7 天回访率 100%，每低 1%，扣 0.5 分			3		
	客户资料建档率 100%，每低 1%，扣 0.5 分			3		
	销售台账准确、及时、完整，每错、漏、迟 1 次，扣 0.5 分			3		
	对业务人员进行有效培训			4		
	部门内协作有序，无不团结现象			5		
	员工行为规范扣分总和的 1/5			5		
	个人工作区域和卫生责任区干净、整洁、有序、安全，没有多余的零件、工具			2		
	对工作充满激情、锲而不舍			2		
	对工作的失误能够勇于承担责任并改正错误，避免第 2 次发生			2		
	能够并可以回收的零件、工具及时回收			2		
	月度工作计划和总结符合要求			2		
	学习与工作相关的知识和提高自己的技能，并用于工作实际			2		
	总经理交办工作完成的质量、数量			5		
	小计得分			80		

考核月份			姓名			标准分	部门评分	说明、评价人
考核项目			考核内容					
关键事件 ±20 分	积极参与疑难问题的解决，提出合理化建议，并有效实施，酌情加分							特别业绩、表现
	非本职工作为企业创造效益或节约成本，酌情加分							
	小计得分							
总计得分				评分人				
沟通确认								

（6）员工招聘

发布招聘信息是扩大 4S 店知名度、展现 4S 店良好形象的重要渠道。信息发布要求如下所述。

① 招聘信息以平面、彩色图为宜，大小至少以报纸 1/4 版、网络以通栏为界。

② 标题清晰、醒目，4S 店简介以 200 字为宜，逐行逐列按照职务高低排出各岗位名称，岗位任职资格如年龄、学历、经验等附于职务后。应聘人员须交纳：身份证、毕业证、户口本、驾驶证复印件，健康体检表、前工作单位离职证明原件，特殊岗位如会计须提供会计证复印件。特别提醒：应聘人员发送简历应要求其附一寸近期免冠照片。

③ 4S 店（含筹建办公室）地址、电话、网址、招聘专用邮箱、联系人信息完整、无误。

（7）应聘人员接待与面试

① 接待

企业与员工之间是相互尊重、相互选择、相互共赢的关系。树立"人人是人才，人人是客户、人人是宣传员"理念，善待每一位应聘人员，才能聚拢更多的适合企业的优秀人才加盟。

② 筛选面试

面试以性格测试、理论考核、自我介绍为主要内容。注意：终试前要对应聘人员进行背景调查，以确认应聘人员无犯罪记录、前工作单位口碑等。

（8）录用

应聘人员须交纳：身份证、毕业证、户口本、驾驶证复印件，健康体检表、前工作单位离职证明原件，特殊岗位如会计须提供会计证复印件，同时应及时订立劳动合同。合同须根据《中华人民共和国劳动法》执行。

2. 汽车 4S 店员工培训

4S 店员工培训主要分为入职的新员工的岗前培训和岗位培训两个方面。

（1）入职培训

4S 店员工入职培训是员工由"局外人"转变为"企业人"的过程。通过培训，新员工可以了解企业发展进程、员工手册相关规定、企业文化等，对员工逐渐熟悉、适应并迅速融入新环境，充分发挥自己才能等方面，将会起到积极的推进作用。

（2）培训内容（见表 2-3）

表 2-3　　　　　　　　　　　　4S 店员工入职培训内容

内容	培训 时间	培训内容
岗前整 体培训	3～7 天	1. 企业的发展历史及现状 2. 企业当前的业务、具体工作流程 3. 企业的组织机构及部门职责 4. 企业的经营理念、企业文化、规章制度 5. 接受安全教育培训 6. 工作岗位介绍、业务知识及技能技巧培训
部门岗 位培训	60～90 天	1. 工作态度与服务理念 2. 掌握未来工作的岗位职责及具体内容，每天的例行工作和其他相关工作 3. 未来工作可能会用到的工作方法、时间管理技巧及人际关系沟通技巧等 4. 与其他同事的协调、配合能力及团队协作精神 5. 介绍与本部门工作相关的部门成员、该部门的主要职能、本部门与该部门在工作上的合作 事项及未来部门间的工作配合要求等

（3）培训方法

① 理论知识培训主要采取集中授课、普通讲座的方式。

② 专业技能培训采取实地培训的方式，受训员工到车间、部门实际操作和练习。

③ 企业认知培训可采取实地参观的方式，受训员工根据讲师和培训组织者的安排实地参观考察，并在参观后提交"参观感想"或"参观报告"。

④ 在入职培训过程中，尽量让新员工多接触工作中的实践知识，多提供参考资料和视听教材，多提供动手操作的机会。受训员工要将培训的感想和认识做出记录，提高他们的观察、记录和公文写作能力。

⑤ 培训内容。汽车基础知识、商务礼仪、汽车销售流程、汽车服务流程、沟通谈判技巧、职业素养训练、各车型产品知识。

（4）培训评估

① 每开展一项培训项目，应及时检查新员工的培训效果。

② 培训讲师于培训结束后，评定出新员工的测试成绩，并登记在"新员工入职培训测试成绩表"上。培训测试成绩作为新员工试用期考核及正式录用的参考依据。

③ 因故未能参加测试者，事后一律补考，否则不予以转正。

3. 新员工转正

时间：新员工试用期满时。

内容：

（1）部门对入职满试用期的员工进行上岗考试（理论考试和实际操作）；

（2）考试合格的申请转正；

（3）考试不合格的延长试用期；

（4）不适应岗位需要的予以调岗或辞退。

培训流程如图 2-6 所示。

```
┌─────────────────┐
│  获得新员工      │
│  入职信息        │
└─────────────────┘
        │
┌─────────────────┐
│  编制新员工      │
│  培训计划        │
└─────────────────┘
        │
┌─────────────────┐
│  发布新员工      │
│  培训计划        │
└─────────────────┘
        │
┌─────────────────┐
│ 培训前准备(讲师、教 │
│ 师、设备等)      │
└─────────────────┘
        │
┌─────────────────┐
│  实施入职培训    │
└─────────────────┘
        │
   员工 ┌─────────────┐ 讲师
  ┌─────│ 培训效果考核 │─────┐              反
  │     └─────────────┘     │              馈
  │                    ┌─────────────┐
┌──────────────┐       │ 新员工填写   │
│  考试        │       │ 培训讲师评估表 │
│(职业通用培训知识)│      └─────────────┘
└──────────────┘
  不合格 │ 合格
┌──────┐←──┘
│重新安排│
│考试    │
└──────┘
  │  合格        ┌─────────────┐
  ├─────────────→│ 新员工到部门报到 │
  │              └─────────────┘
  不合格                 │
  │              ┌─────────────┐
┌──────┐          │  部门培训    │
│ 退回 │          └─────────────┘
└──────┘                 │
                  ┌─────────────┐
                  │  班组培训    │
                  └─────────────┘
                         │
                  ┌─────────────┐
                  │ 新员工工作考核 │
                  └─────────────┘
                         │
                  ┌─────────────┐
                  │   转正       │
                  └─────────────┘
```

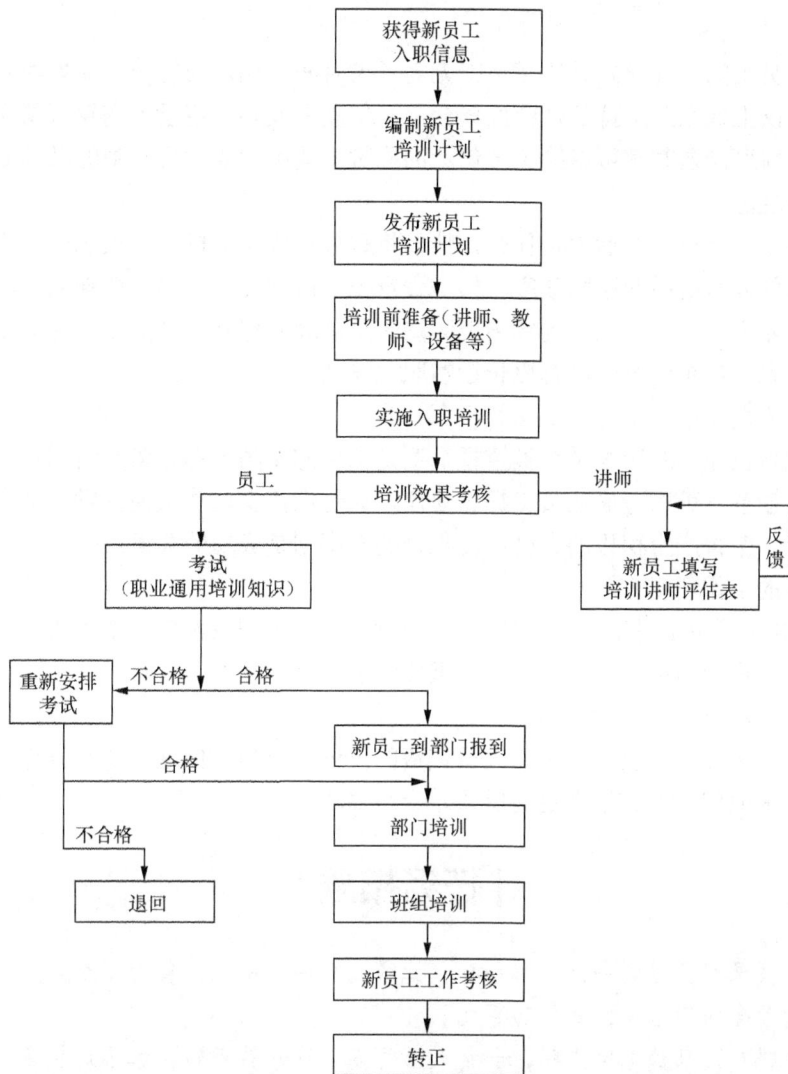

图 2-6　汽车 4S 店员工培训流程

4．4S 店员工激励

员工激励（见图 2-7）是指通过各种有效的手段，对员工的各种需要予以不同程度的满足或者限制，以激发员工的需要、动机、欲望，从而使员工形成某一特定目标并在追求这一目标的过程中保持高昂的情绪和持续的积极状态，充分挖掘潜力，全力达到预期目标的过程。

（1）认可

当员工完成了某项工作时，最需要得到的是

图 2-7　汽车 4S 店员工激励

上司对其工作的肯定。上司的认可就是对其工作成绩的最大肯定。采用的方法诸如发一封邮件给员工，或是经理打一个私人电话祝贺员工取得的成绩或在公众面前跟他/她握手并表达对他/她的赏识。

（2）称赞

这是认可员工的一种形式。称赞员工无需考虑时间与地点的问题，随处随时都可以称赞员工。如在会议上或企业主持的社会性集会上、午宴上或办公室里，在轮班结束或轮班前、轮班之中的任何可能之时都可以给予一句话的称赞，就可达成意想不到的激励效果。

（3）职业生涯

员工都希望了解自己的潜力是什么，他们将有哪些成长的机会。组织内部为员工设计职业生涯可以起到非常明显的激励效应。如是否重视从内部提升？尽管特殊的环境会要求企业从外部寻找有才干的人，但如果内部出现职缺时总是最先想到内部员工，将会给每一名员工发出积极的信息：在企业里的确有更长远的职业发展。

（4）工作头衔

员工感觉自己在 4S 店里是否被重视是决定工作态度的关键因素。组织在使用各种工作头衔时，要有创意。可以考虑让员工提出建议，让他们接受这些头衔并融入其中。这是在成就一种荣誉感，荣誉产生积极的态度，而积极的态度则是成功的关键。

（5）良好的工作环境

入职的 4S 店新员工对于"工作条件"非常在意，"工作条件"在整个激励员工的因素中排在第二位，这是影响员工满意度的一个重要因素。

（6）给予一对一的指导

指导意味着员工的发展，而主管人员花费的仅仅是时间。但这一花费传递给员工的信息却是你非常在乎他们。重点是肯定的反馈。

|任务拓展|

一个人去买鹦鹉，看到一只鹦鹉前标：此鹦鹉会两门语言，售价二百元。另一只鹦鹉前则标道：此鹦鹉会四门语言，售价四百元。

该买哪只呢？两只都毛色光鲜，非常灵活可爱。这人转啊转，拿不定主意。结果突然发现一只老掉了牙的鹦鹉，毛色暗淡散乱，标价八百元。

这人赶紧将老板叫来：这只鹦鹉是不是会说八门语言？

店主说：不。

这人奇怪了：那为什么又老又丑，又没有能力，会值这个数呢？

店主回答：因为另外两只鹦鹉叫这只鹦鹉老板。

这故事告诉我们，真正的领导人，不一定自己能力有多强，只要懂信任，懂放权，懂珍惜，就能团结比自己更强的力量，从而提升自己的身价。

相反许多能力非常强的人却因为过于完美主义，事必躬亲，最后只能做最好的攻关人员，销售代表，成不了优秀的领导人。

| 任务检验 |

任务检验单

姓名		班级		成绩	
任务咨询					

一、填空

1. 汽车 4S 店人力资源管理流程：＿＿＿＿＿＿＿、＿＿＿＿＿＿＿、＿＿＿＿＿＿＿、＿＿＿＿＿＿＿。

2. 汽车 4S 店员工激励方法：＿＿＿＿＿＿＿、＿＿＿＿＿＿＿、＿＿＿＿＿＿＿、＿＿＿＿＿＿＿。

二、论述

招收新员工是重视实绩还是重视学历？

任务描述

一个刚从汽车营销专业毕业的大学生，准备到汽车 4S 店应聘，你作为 4S 店人力资源管理部门经理，对本次员工招聘，要做哪些工作？

服务作业	
作业内容	作业标准
1. 应聘资料准备	1. 礼仪要求
2. 现场与应聘者沟通	2. 提问技巧

任务三
汽车 4S 店展厅管理

| 任务导入与目标 |

任务导入

客户在 4S 店进行消费的过程中，看到井井有条的汽车 4S 店展厅，得到优质的专业服务，有一种轻松愉悦的感觉。

任务目标

1. 能够描述汽车 4S 店内外展厅环境管理内容
2. 掌握汽车 4S 店展厅管理要求及品牌文化的建设需求
3. 培养学生的职业素养与专业技能
4. 增强文化自信，激发对中国汽车新车型、新技术的自豪感，培养学生的担当与责任

学习步骤

4S 店展厅管理目标—4S 店展厅设计—展厅 5S 检验

| 任务基础 |

一、汽车 4S 店展厅管理概述

展厅的主要功能在于汽车形象展示、接待客户、销售新车、提供客户满意的体验。展厅管理包括人、车、店、氛 4 个方面，设立展厅管理标准的主要目的在于协助特约店掌握展厅管理的要点，从而达成形象展示、建立客户信心和促进销售等多重目标。

展厅是进行车辆展示和向客户提供专业优质服务的重要场所，同时也是信息双向交流的平台，品牌形象通过展厅向客户展现。良好的展厅设施和轻松愉快的购车环境能够给客户带来全方位的冲击，激发客户的购买意愿，让客户享受轻松看车、选车、购车以及售后服务的美好过程。展厅（见图 3-1）管理就是细节管理，是 4S 店管理的重要工作内容，也是管理的

美好过程。展厅（见图3-1）管理就是细节管理，是4S店管理的重要工作内容，也是管理的重点，本章只涉及店面设施的管理。

1. 展厅设施管理目标

（1）更好展现品牌和经销店的形象与实力。

（2）为客户营造轻松的购车环境。

（3）给员工提供良好的工作环境。

（4）激发客户购车热情，增强客户信心。

（5）增加企业员工的自豪感。

2. 展厅设施管理主要内容

（1）外部设施管理。

（2）内部设施管理。

图3-1 良好的展厅氛围

二、展厅外部设施管理

1. 目的

（1）良好的外部环境（见图3-2）能够吸引客户走进展厅，给客户留下深刻的第一印象。

（2）完善的展厅外部设施为给客户提供贴心的服务创造条件，外部设施必须有相应的标准来管理。

2. 管理要点和要求

（1）店前广场设施

① 目的

店前广场设施布置的目的是指示和吸引客户，并在客户进店前给客户留下良好的印象。

图3-2 展厅外部环境要求

② 具体标准

a. 塔标/店招

• 塔标、店头及店侧招牌整体无破损、锈蚀、松动，时时保持光鲜明亮，不得有积尘污浊现象，如图3-3所示。

图3-3 展厅外部塔标/店招

- 每日检视照明亮度，遇有亮度不足或灯泡损坏，应立即更换，以确保夜间展示功能。
- 塔标、店头及店侧招牌每月清洁 1 次。

b. 指路牌/综合指示牌

- 能够为来店客户明确指示店内方向和布局（见图 3-4）。
- 客户从入口处能够明显看到指路牌/综合指示牌。
- 整体无破损、锈蚀、干净整洁，视觉形象良好。
- 每两周进行一次保养、清洁，并有专人负责执行。

图 3-4　展厅外部指路牌

c. 广场绿化

- 绿化带为低矮灌木、草坪，保证客户从外部能够轻松、完整地看到店内展车全貌。
- 绿化带灌木整齐、长青，草坪平整，有专人负责维护。

- 重大节日时，在店前广场可设花坛作为装饰。

（2）展厅停车设施

① 目的

方便客户，帮助公司员工完成日常工作。

② 具体标准

a. 停车区——客户停车区

- 明确标识"客户停车区"，员工或公务用车须另行安排其他停车区域（见图 3-5）。
- 停车场须明确标识进出方向和停车格线，每半年补漆 1 次。

图 3-5　展厅外部停车区

- 停车场地面保持干净、无积水，每日营业前清扫 1 次，保安人员和值班销售顾问注意随时维护，拣拾废弃纸片、塑料袋、烟头等。
- 客户停车时，要有人负责管理，指引客户车辆入位，车头面向行驶通道。
- 展厅前行驶通道地面标示明确的行驶方向和转弯标识。

b. 停车区——试乘试驾停车区

- 试乘试驾车位须明确标识，画线清晰。
- 四周环境的布置要干净、整洁。
- 试乘试驾车辆停放时，车头朝向车位入口方向。
- 在停车场入口处设置"入口""出口""P"标志，让客户一目了然，放置于明显位置（见图 3-6）。

c. 停车区——公司停车区

- 公司停车区域是公司形象的体现，非

图 3-6　展厅外部试乘试驾区

客户车辆尽量引导在此区域停车。

- 设定明确的停车区域标识并画线。
- 停车区内车辆必须保持干净、清洁。
- 停车时按照车头朝向车位入口的方式停放。
- 公司车辆一律发放内部专用停车证予以区别。

d．交车区

- 设定明确的交车区标识、交车背景幕布。
- 交车区四周环境的布置要干净、整洁。
- 交车区内停放待交车辆，其他车辆不得停放。
- 交车区内可根据当地习惯营造交车的喜庆气氛。
- 如无法设立独立交车区，可借用展厅前方位置（最好是入口前方）举办交车仪式。

e．商品车存储区

- 方便车辆移动和客户选购，有明确标识。
- 车辆必须清洗后停放整齐，以车头朝车位入口方向为统一标准。
- 车辆之间必须保持 0.5 米以上的距离，方便进出。
- 车辆存放时应遵循"先进先出"的原则，并尽量注意相同配置、颜色的车辆放在一起，方便出库。

三、展厅内部设施管理

1．目的

（1）展厅内部（见图 3-7）是经销店进一步展示其品牌和实力的场所，是指示和吸引客户，创建和谐交易的场所。

图 3-7　展厅内部氛围

（2）展厅内部设施管理的目的是为了促进销售，提升客户满意度，进而达到创造终身客户的目标。

（3）通过在展厅营造轻松欢乐的购车环境，减轻顾客压力，增强顾客对经销店的信心是展厅内部设施管理的目的，展厅的每一个员工都有内部设施管理和维护的责任和义务。

（4）创造良好的营销氛围，提升品牌的市场竞争力。

2．管理要点和要求

（1）顾客接待区

① 目的

接待区域是客户进入展厅后的第一印象，直接影响客户对品牌级经销商的总体评价。

② 具体标准

a．展厅入口

• 入口平坦、宽阔，出入方便，入口右侧放置方便客户在特殊天气的出行工具（如配置雨伞及雨伞架）。

• 展厅入口前方不可停放任何车辆。

• 有明确的营业时间提示，方便客户阅读。

• 玻璃门干净、无手痕。

• 门上玻璃提示条干净完好。

• 展品上市和促销信息有序摆放在入口两侧资料架上。

b．接待咨询台与背景墙

• 接待咨询台（见图 3-8）必须备齐产品以及经销店宣传资料，并整齐摆放。

• 接待咨询台上，销售顾问名片紧临资料摆放整齐。

• 接待办公用品（如纸、笔）齐全。

• 电话摆放整齐，铃声大小以接待人员刚能听到为宜。

• 桌面线路整洁有序。

• 办公电脑要定时清洁，保持干净。

• 主接待台前不设客户接待座椅。

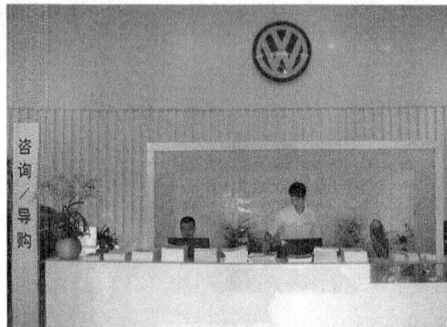

图 3-8　接待咨询台与背景墙

（2）产品展示区

① 目的

产品展示区是客户选车、决定购买车的最为重要的区域，展区环境会影响客户所做的决定。

② 具体标准

a．车辆展示区（见图 3-9）

• 展车布置在大厅两侧，主力车型放置于主展台。

• 展位前方放置介绍牌，方便客户阅读。

• 区域空间宽松，方便客户从各方面观看。

图 3-9　车辆展示区

b．促销区（见图 3-10）

• 按照要求配备资料架、海报架。

- 所有车型资料齐备，分类恰当，资料架上每种展示资料不得少于 15 份。
- 注意随时补充短缺资料，例如，POP 广告、各种广告馈赠品等，并随时注意整理。
- 促销活动结束后，应立即撤去店内有关促销活动的 POP 广告，不允许放过期杂志和招贴。

图 3-10　车辆促销区

（3）客户休息区

① 目的

客户休息区可让客户心情放松，为进一步建立相互信任创造良好的条件。

② 具体标准

a. 客户休息区（见图 3-11）

- 客户休息区茶几上烟灰缸必须及时清洁，无客户访谈时，不可有烟蒂。
- 客户休息区应放置饮水机，饮水机侧面应有可自行取用的纸杯架，且纸杯不可短缺。
- 休息区布置报纸杂志架，同一架上必须配 3 种以上报纸、3 种以上汽车专业杂志和适量的休闲类杂志，报纸、杂志要为最新出版的。
- 当销售顾问请客户进入客户休息区休息或洽谈业务时，应确保客户能够方便看到所需介绍的展车。
- 视听设备齐全、完好，并适时播放××汽车相关的产品或活动的节目。

图 3-11　客户休息区

图 3-12　车辆精品展示区

b. 精品展示区（见图 3-12）

- 精品展示区设置于展厅销售服务一侧，靠侧面玻璃幕墙；展厅内只保留两个展示柜，保证展厅作为车辆展示销售的区域最大化。
- 精品展示区保持干净整洁，展示柜玻璃、精品实物和包装盒等每日早上清洁一次。
- 精品项目每月检查，适时调整。展示的精品需明码标价，标注名称、价格、适用车型。

c．文化墙（见图 3-13）

- 视觉元素和规格体现企业文化与产品品牌理念。
- 宣传画干净整洁、无破损，要定期更换。

d．儿童游乐区（见图 3-14）

- 儿童游乐区有专人负责儿童活动时的看护工作（建议为女性），不宜离楼梯、展车、电视、斜立展示牌、汽车车型说明架等太近，但要能使展厅内的顾客看到儿童的活动情况。
- 儿童游乐区要能够保证儿童的安全，所用的儿童玩具应符合国家有关的安全标准要求，应由相对柔软的材料制作而成，不许采用坚硬锐利的物品作为儿童玩具。

图 3-13　4S 店精品文化墙

图 3-14　儿童娱乐区

（4）办公区

① 目的

体现经销店企业风采，增加员工的归属感和自豪感，弘扬企业文化。

② 具体标准

a．办公室

- 办公区域干净整洁。
- 桌面无杂物，桌上物品干净、整洁、摆放整齐。
- 工作人员离开时需要整理干净整洁。
- 玻璃通透，看板、张贴文件整齐。
- 办公区内无与行业无关的报纸、杂志。

b．会议室

- 会议室整齐干净，桌椅摆放有序，由专人负责定期清扫并填写清扫记录备查。
- 影音设备要定期维护、保养，保持良好工作状态。
- 会议专用物品：水杯、饮水机、纸笔等准备齐全。
- 会议室装饰物要能够体现企业文化和特色。
- 会议结束后，会议组织者负责将会议室恢复原样。

c．卫生间

- 清洁、无异味、灯光明亮、通风良好，卫生间内不得随意堆放其他杂物。
- 卫生间设施齐备、完整、工作正常、备有纸巾，并经常使用芳香剂或香水清除脏臭气味。
- 盥洗台上应配备洗手液等用品。
- 清扫工具使用之后，必须放回原处，不应出现在客户的视线内。

● 规定卫生间、坐便器、盥洗台的清扫时间及卫生间用品的检查时间，如有短缺应及时补充，同时店内任何员工有责任和义务去检查、清洁，保持卫生间内的环境和设施，尤其是卫生用品是否齐备。

（5）展厅销售氛围管理

① 灯光照明（见图 3-15）

a. 每日检视灯光亮度，营业时间内维持明亮的照明，准备好备用灯泡。

图 3-15　4S 店展厅灯光

b. 展厅外照明必须经常检查维护，如有损坏立即更换。

c. 每日下班后展厅内灯光照明延长 2 小时，强化夜间的品牌展示效果。

② 绿色植物

a. 展厅内盆景、盆栽应保持长青，以绿叶植物为主，叶面无尘土、无枯黄现象，盆内无杂物。

b. 靠近玻璃幕墙区域以低矮绿叶植物为主，不能影响展厅外客户视线。

c. 所有办公区域均有绿叶植物点缀。

③ 背景音乐

a. 展厅在早班前适合播放节奏欢快的音乐，活跃员工气氛。

b. 营业时间内须不间断地播放轻松音乐，放松心情，创造美好的赏车氛围。

c. 下班后宜放舒缓音乐，放松员工心情。

④ 空调

a. 展厅内的温度适宜，冬季最低在 16℃，夏季最低为 26℃。

b. 空调机每半年检查清洗 1 次，确保功能正常及空气洁净。

⑤ 茶水饮料

a. 展厅内必须准备饮料推车。

b. 推车上各种免费饮料应在 3 种以上，且数量充足。

（6）展厅车辆管理

① 展厅展车

a. 展车不得上锁，钥匙一律取下，集中于展厅经理处统一保管。

b. 展车外表光洁明亮，轮胎上蜡且品牌标识摆正，车轮下放置轮胎垫。

c. 展车前后牌照框处粘贴"××汽车"统一的车型标牌。

d. 展车车窗前排全开、后排关闭，有天窗的则将遮阳内饰板打开。

e. 展车内座椅、内饰板塑料保护膜全部拆除，行李箱干净、整洁，无杂物；座椅头枕调整至最低位置，转向盘调整至最高位置，前座椅背维持在 105°，前排座椅的位置和椅背角度须对齐一致。

f. 展车采用专用脚踏垫，每台 2 套，每日营业前清理，每周六或过于脏污时应更换清洗。

g. 展车时钟与音响频道预先设定，设定时选择常用且信号清晰的电台，并准备 3 种不同风格的音乐光盘备用。

h. 展车轮毂内侧、保险杠下方、铰链、雨水槽，及发动机舱内可见、可触及部位应清洗和擦拭干净。

i. 展车要电量充足，不允许营业时间充电。

② 试乘试驾车

a. 要确保规定的试乘试驾车车型和数量，做到专车专用。

b. 试乘试驾车须粘贴统一的车辆品牌标识。

c. 试乘试驾车必须随时保持清洁、车况良好，每次使用后必须要复原。

d. 试乘试驾车时钟与音响频道预先设定（与展车一致），并准备 3 种不同风格的音乐光盘备用。

e. 钥匙由展厅经理统一保管。

③ 库存车

a. 库存车辆按车型分类存放。

b. 所有入库、出库、移库车辆必须进行 PDI 检查和清洁，以确保新车品质。

c. 库存车辆每周清洁 1 次。

d. 库存车辆每周进行常规检查（胎压、蓄电池、油液、漆面外观、鸟粪灰尘等）。

e. 车辆橡胶件每月检查 1 次，长期存放的车辆每月移动 1 次并做好防锈处理。

四、汽车 4S 店（展厅）接待流程执行标准

1. 电话接待

（1）准备工作

① 电话机旁放置来店顾客登记表及电话记录表。

② 公司内部电话本。

③ 有关车型资料、按揭资料、库存信息资料、促销信息资料。

④ 售后服务有关信息资料。

（2）电话接待

① 电话响铃 3 声内接听。

② 主动告知公司名称和自己的姓名（如：您好，××4S 店，我是××，有什么可以帮到您）。

③ 主动询问来电原因：

a. 销售咨询时使用来店顾客登记表；

b. 交办、交代业务事项时使用电话记录表。

④ 如需转接，20s 内顺利转接电话。

⑤ 销售咨询时，主动邀请来店（如：欢迎您来店洽谈，欢迎您来店试乘试驾）。

⑥ 询问客户联系方式与方法。

⑦ 给来店者介绍进一步的联络方式。

⑧ 结束时感谢顾客的来电。

⑨ 确认顾客是否还有询问，在客户挂线后，方可挂线。

⑩ 必要时给客户发短信告知地址、姓名。

2．展厅来店客户的接待

（1）接待前准备

按员工礼仪形象标准和办公行政规范标准执行。

（2）销售工具

① 准备充足的名片。

② 随身携带笔和文件夹，随时准备记录。

文件夹清单：

a．办公用品、计算器、咨询笔记本；

b．报价单、精品单、按揭一览表、保险文件；

c．竞争对比车型剪辑、产品特性说明；

d．订单、合同等。

3．顾客进入展厅时

（1）第一顺位和第二顺位值班人员在展厅门口值班，观察到达顾客动态。

（2）顾客进店（不限于购车客户，指所有进店客户，售后、销售及兄弟公司领导）时，主动问好（如：您好，欢迎光临）热情迎接。

（3）询问顾客的来访目的：

① 售后维修保养或理赔客户，指引、带领到售后前台；

② 精品部客户则指引至精品超市；

③ 办理其他业务，如找指定人员、部门则按客户需求指引，找公司领导或集团领导，如未预约的则带领客户先到休息区等待，电话通知客户所找的领导。已有预约的请按来访要求指引。

（4）看车客户则按以下程序执行：

① 及时递上名片，简短自我介绍并请教顾客尊姓；

② 与顾客同行人员一一招呼；

③ 引导并带领顾客到需求车型看车；

④ 第一顺位值班人员离开接待台时，第二顺位值班人员接替第一顺位值班，同时通知第三顺位派人到接待台。

4．顾客自行看车

（1）按顾客意愿进行，请顾客随意参观。

（2）明确说明自己的服务意愿和所在的位置，让顾客知道销售人员在旁边随时恭候。

（3）保持一定距离（在视觉和听觉上都关注顾客的距离），在顾客目光所及的范围内关注顾客的动向和兴趣点。

（4）顾客表示有疑问时，销售人员要主动询问。

（5）扩大答疑范围，主动向客户介绍卖点和特性，旁引竞争车型说明汽车的优点，转入商品说明程序。

5．展厅巡视接待

（1）展厅巡视接待指固定在展厅旁的销售顾问在展厅旁的巡视，接待非展厅门口进来的客户。

（2）第一顺位者（展厅巡视）巡视所辖展车，并检查展车，确保展车清洁及功能正常，并随时注意非展厅门口进入看车的顾客。

（3）执行上述顾客自行看车流程（1）～（5）程序。

（4）第一顺位者要与顾客进行深入的合同洽谈或试车时，第一顺位者离开所辖展车区，通知第二顺位者接替。

（5）在展厅巡视的值班人员应站于展厅的前部或中央，站立位置应距展车不超出 1 米，保证各科组负责的区域均有销售员在值班巡视，当无客户看车时，应至少每小时清洁展车一次，随时清洁车表、车里，随时补充展示架资料；当有客户看车时，应积极主动打招呼，并进一步接待介绍；站立时应将双手轻松至于身前，左手交握右手，挺胸抬头。

6．顾客愿意交谈时

（1）先从礼貌寒暄开始，扩大谈话内容，给顾客机会引导对话方向。

（2）回应顾客提出的话题，倾听，不打断顾客谈话。

（3）第一时间奉上免费饮料、茶水。请顾客入座，顾客入座销售员方可入座。

（4）争取适当时机请顾客留下其信息。

（5）主动邀请客户试乘试驾。

（6）进入需求分析，促进成交。

（7）未在现场成交，试乘试驾后可将该客户作为潜在用户，后续跟进；未试乘试驾则直接转入潜在用户，跟进流程。

7．顾客离开时

（1）放下手中其他事务，送顾客到展厅门外，再次递上名片。

（2）感谢顾客光临，并诚恳邀请再次惠顾。

（3）目送顾客离开，直至顾客走出视线范围。

（4）目送顾客时，销售员站立在顾客车辆后视镜范围内，让顾客体验到您在目送他（她）。

（5）回到展厅门口登记来店顾客信息。

8．其他要求

（1）按店内值班图进行接待轮值。

（2）展厅经理对展厅接待值班进行现场调配。

五、4S 店展厅 5S 管理

1．5S 管理概述

5S 是现场管理的一种方法，5S 来自 SEIRI（整理）、SEITON（整顿）、SEISO（清扫）、EIKETSU（清洁）、SHITSUKE（修养）的第一个字母 S，所以统称为 5S。5S 活动不仅能够改善生产环境，还能提高生产效率、产品品质、员工士气，是其他管理活动有效展开的基石之一。

2．5S 现场管理的内容

5S 现场管理包括整理、整顿、清扫、清洁、修养五方面的内容。

（1）整理

整理就是将必需品与非必需品区分开，必需品摆在指定位置挂牌明示，实行目标管理，不要的东西则坚决处理掉，在岗位上不要放置必需品以外的物品。

（2）整顿

除必需品放在能够立即取到的位置外，一切乱堆乱放、暂时不需放置而又无特别说明的东西，均应受到现场管理干部（小组长、车间主任等）的责任追究。这种整顿对每个部门都同样重要。

（3）清扫

将工作场所、环境、仪器设备、材料、工具等上的灰尘、污垢、碎屑、泥砂等脏东西清扫擦拭干净，创造干净整洁的环境。

（4）清洁

清洁就是在"整理""整顿""清扫"之后的日常维持活动，即形成制度和习惯。每位员工随时检讨和确认自己的工作区域内有无不良现象，如有，则立即改正。

（5）修养

修养就是培养全体员工良好的工作习惯、组织纪律和敬业精神。每一位员工都应该自觉养成遵守规章制度、工作纪律的习惯，努力创造一个具有良好氛围的工作场所。如果绝大多数员工能够将以上要求付诸实践的话，个别员工就会抛弃坏的习惯，转向好的方面发展。

3．展厅 5S 管理

（1）展厅 5S

① 展厅内、外墙面，玻璃墙等保持干净整洁，应定期清洁。

② 展厅内部相关标识的使用符合公司品牌标识要求。

③ 应按照公司要求挂有标准的专营店营业时间看牌。

④ 展厅的地面、墙面、展台、灯具、空调器、视听设备等保持干净整洁，墙面无乱贴的广告海报等。

⑤ 展厅内摆设有型录架，型录架上整齐放满与展示车辆对应的各种型录。

⑥ 展厅内保持适宜、舒适的温度，依照标准保持在 25℃左右。

⑦ 展厅内的照明要明亮、令人感觉舒适，依照标准照度在 800lx 左右。

⑧ 展厅内须有隐藏式音像系统，在营业期间播放舒缓、优雅的轻音乐。

⑨ 展厅应使用公司提供的标准布置物布置。

⑩ 每辆展车附近的规定位置（位于展车驾驶位的右前方）设有一个规格架，规格架上摆有与该展车一致的规格表。

⑪ 展车间相对的空间位置和距离、展示面积等参照《展示布置规范示意图》执行。

⑫ 其他项目参照《展车规范要求》及《展示布置规范示意图》执行。

⑬ 顾客休息区保持整齐清洁，沙发、茶几等摆放整齐并保持清洁。

⑭ 顾客休息区设有杂志架、报纸架，各备有 5 种以上的杂志、报纸，其中含有汽车杂志、报纸，报纸应每天更新，杂志超过 3 个月以上需更换新版。

⑮ 顾客休息区需摆放绿色植物盆栽，以保持生机盎然的氛围。

⑯ 顾客休息区配备有大屏幕彩色电视机（29 英寸以上）、影碟机等视听设备，在营业期间内可播放××品牌广告宣传片或专题片。

⑰ 业务洽谈区的桌椅摆放整齐有序，保持洁净。

⑱ 接待台保持干净，台面上不可放有任何杂物，各种文件、名片、资料等整齐有序地摆放在台面下，不许放置与工作无关的报纸、杂志等杂物。

⑲ 接待处的电话、计算机等设备保持良好的可使用状态。

⑳ 卫生间应有明确、标准的标识牌指引，男女指引标识明确，客人和员工分离，由专人

负责卫生打扫与清洁，并由专人负责检查与记录。

㉑ 卫生间的地面、墙面、洗手台、设备用具等各部分保持清洁，台面地面不许有积水，大小便池不许有黄垢等污物。

㉒ 卫生间内无异味，应采用自动喷洒香水的喷洒器来消除异味。

㉓ 卫生间内相应位置应随时备有充足的卫生纸，各隔间内设有衣帽钩，小便池所在的墙面上应悬挂有赏心悦目的图画。

㉔ 适度布置一些绿色植物或鲜花予以点缀。

㉕ 在营业期间播放舒缓、优雅的背景音乐。

㉖ 儿童活动区有专人负责儿童活动时的看护工作（建议为女性），不宜离楼梯、展车、电视、型录架、规格架等距离太近，但能使展厅内的顾客看到儿童的活动情况。

㉗ 儿童游戏区要能够保证儿童的安全，不许采用坚硬锐利的物品作为儿童玩具。

㉘ 儿童游戏区的玩具具有一定的新意，色调丰富，保证玩具对儿童有一定的吸引力。

（2）展车 5S

① 展车车身经过清洗、打蜡处理，保持清洁，挡风玻璃和车窗玻璃保持干净明亮。

② 展车 4 个轮胎下方放置车轮垫板，位置正确，车左侧（驾驶席侧）放置礼貌地毯。

③ 轮胎经过清洗、上光；轮毂盖上的品牌标志与水平线对齐、摆正，各轮胎内侧护板要刷洗干净，没有污渍。

④ 车顶正上方摆放 POP 板。

⑤ 车前方与后方均配备有标准的车铭牌。

⑥ 除特殊要求外，展车的车门保持不上锁的状态，可供客户随时进入车内。

⑦ 展车左右对应车窗玻璃升降的高度保持一致。

⑧ 车身上不许摆放价格板、型录、宣传资料等其他物品。

⑨ 汽车发动机室内可见部分、可触及部位等经过清洗，擦拭干净；发动机舱内左右两道边槽、排气管、前挡风玻璃与其下方塑料件结合部应无灰尘。

⑩ 后备箱保持干燥洁净，工具、使用手册等物品摆放整齐，无其他杂物；汽车油箱内备有一定的汽油（不少于 5 升），确保汽车可随时发动。

⑪ 车厢内部保持清洁，除掉前后座椅、遮阳板、转向盘（包括后车灯）等部件上的塑料保护套。

⑫ 中央扶手箱内放置电话遥控器，此外不放置其他任何杂物。

⑬ 副驾驶位的手套箱内放置车载电话系统，此外不放置其他任何杂物。

⑭ 车门内侧杂物箱、前座椅靠背后的物品袋内均不得放有杂物。

⑮ 前座椅在前后方向上移至适当的位置（保持正常身高的驾乘者较方便驾驶），并且两座椅靠背向后的倾角保持一致。

⑯ 车内后视镜和左右后视镜配合驾驶位相应地调至合适的位置，并擦拭干净，不留手印等污迹。

⑰ 各座椅上的安全带摆放整齐一致。

⑱ 车内备有装好的电话卡（有足够的话费）和与该车适配的移动电话，同车内的 AUDIO PHONE 系统连接、调试完好，保证电话可供随时拨打使用。

⑲ 车内 CD 机盒中装有 CD 试音碟或 VCD（旗舰型），可供随时播放，收音机预设有已

调谐完好的收音频道（调至调频立体声音乐台或当地交通台）。

⑳ 车内的时钟调至准确的时间。

㉑ 在汽车手制动杆下方放置固体香水。

㉒ 车内地板上铺有脚踏垫，并保持干净整齐。

㉓ 车厢内不许有价格板、CD 碟片、型录、报刊等其他物品。

㉔ 自动空调置于（OFF）的位置。

（3）人员 5S

① 销售人员的着装应为标准的职业装。

② 男士着装以深色西装/淡色衬衫为主；女士着装夏天以裙装为主，冬天以女士西装为主，以显得大方稳重。

③ 在工作时间应着皮鞋，女士的鞋跟不宜过高。

④ 销售人员应佩戴工作牌（附照片），随身携带标准的名片。

⑤ 销售人员应随身携带笔和记录本，便于记录客户的信息。

⑥ 销售人员举止应大方自然、彬彬有礼，与客户的言谈要适合顾客的性格、个性。

⑦ 销售人员在接待中保持良好的形象与情绪，以愉悦的心情与客户进行交流。

⑧ 头发保持干净、整洁，给人以清爽感，不宜留奇特、少见的发型。

⑨ 女士上班时间不要浓妆艳抹，女士应以淡妆为主。

|任务拓展|

展车管理检查评分表见表 3-1。

表 3-1　　　　　　　　　　展车管理检查评分表

序号	检查项目	评价			
		优	良	中	合格
1	展车严格按照 CI 标准进行布置摆放				
2	车身无划痕				
3	车身漆面光滑光亮，显示车辆质感				
4	玻璃内外擦拭干净，无手纹或水痕				
5	车身外饰各种装饰条，车型标示、标牌齐全无损				
6	车辆的轮胎、轮罩及装饰件齐全无损，轮胎气压正常				
7	轮胎导水槽整洁、无异物、打过轮胎蜡				
8	展车有统一规格标明车型的前后牌				
9	营业期间，前后排车窗保持 1/3 开启状态				
10	中控门锁、遥控门锁开关正常				
11	四门两盖开关灵活无干涉、反弹				
12	营业期间所有展车均不上锁				

序号	检查项目	评价			
		优	良	中	合格
13	座椅上无塑料罩，方向盘去除保护套				
14	内饰、仪表板、门护板、顶棚、座椅、地毯清洁无破损				
15	展车内设置了专用地毯或脚垫				
16	至少每周都要调整展车，在非营业时间进行				
17	每周一次营业时间结束后对所有展车进行全面保养				
18	展厅内应备有专门的擦车布				
19	展车蓄电池均有电				
20	行李箱干净整洁无杂物				

| 任务检验 |

任务检验单

姓名		班级		成绩	
任务咨询					

一、填空

1. 汽车 4S 店展厅的主要功能_____、_____、_____、_____。

2. 汽车 4S 店展厅 5S 管理_____、_____、_____、_____、_____。

二、论述

汽车 4S 店展厅管理的要点是什么？

任务描述
汽车 4S 店展厅文化氛围的创建是 4S 店延伸企业文化的体现，论述你的展厅文化设计理念。

服务作业	
作业内容	作业标准
1. 品牌文化设计	品牌文化理念（任选一款品牌）
2. 展厅氛围设计	

任务四
汽车 4S 店销售管理

| 任务导入与目标 |

任务导入

　　一对刚结婚的客户，到 4S 店选购车辆，店内汽车营销人员的个人素养与职业动作的规范及标准销售流程使他们感受到了一次愉悦的购物体验，最后非常高兴地选购了自己心仪的车辆。

任务目标

　　1. 能够描述汽车 4S 店人员职业素质要求

　　2. 能够叙述展厅销售流程管理规范，展示销售人员的销售技巧和工作效率

　　3. 培养自己的职业素养与专业技能

　　4. 培养学生职业规范，注重行业接待礼仪及品牌文化的内涵与要求的学习

华丽蜕变——长城汽车
龙吟虎啸前行之路

学习步骤

　　4S 店营销管理人员素质培养—展厅销售流程管理—DCC 营销

| 任务基础 |

一、汽车 4S 店销售员工素质要求

1. 概述

　　销售是 4S 店获利的重要途径之一。4S 店的销售一般可以分为展厅销售、二级网络销售和集团客户销售 3 部分，4S 店日常的管理工作都是为了更好地规范和促进销售业务的开展。

　　4S 店展厅是销售活动发生的主要场所，为更好地为客户提供优质的专业化的服务，便于经营者的日常管理，提升 4S 店的社会美誉度及销售业绩，同时吸引足够多的客户来到展厅参与营销活动，说服来店客户完成购买汽车的行为，成为本品牌的忠诚客户。就必须建立一套标准销售流程来规范展厅销售行为，提升营销人员的专业素养及建立完整的、标准化展厅

2．汽车 4S 店销售人员专业素质

（1）销售顾问服务礼仪

① 礼仪的定义

礼仪是指在社会交往中，必须遵循的律己、敬人的行为规范，礼仪起源于宗教祭祀活动，后发展为人们道德行为的规范。

② 服务礼仪

a．服务的含义：服务是指服务方遵照被服务方的意愿和要求，提供相应满意活动的过程。

服务过程包括两个方面，一是服务方，属被支配地位；二是被服务方，属支配地位，与一般的商品相比，服务是一种特殊的商品。

b．服务礼仪的含义：服务礼仪是礼仪在服务行业内的具体运用，是礼仪的一种特殊形式。

c．服务的特征

• 无形性，指服务与有形的实体相比，其特质及组成的元素是无相物质的，服务的生产与消费大都是同时进行的，服务的生产过程也是服务的消费过程。

• 差异性，服务的构成成分及质量水平经常变化，很难控制。服务行业是以"人"为中心的产业，服务虽然有一定的标准，但也会因人、因时、因地而表现出差异性。例如，有经验和无经验，有服务热情和缺乏服务热情，效果都不一样。

• 不可储存性，服务不像有形产品可以储存起来，以备将来销售，只能在生产的同时即被消费。

• 质量测评的复杂性，服务无法像有形产品一样，按照统一的技术标准进行质量测评。

d．服务礼仪的重要意义

• 服务礼仪可以提升企业的竞争力。服务礼仪能帮助服务人员养成良好的服务意识，具有良好服务意识的人员，能够长期赢得服务对象的认可，从而可以有效地提高本企业的竞争力。

• 服务礼仪有助于塑造维护企业的整体形象。良好的企业形象是吸引消费者，扩大市场份额的有效保障，而良好的服务礼仪是一个企业树立良好企业形象的有效手段。

• 服务礼仪有助于企业创造更多的经济利益和社会效益。企业之间的竞争再也不是有形产品的竞争，更多的是无形产品的竞争，企业已经意识到，良好的服务可以给企业带来客观的经济效益。

• 服务礼仪有助于提高服务人员的个人素质和服务质量。

（2）汽车销售顾问职业形象

职业形象是指在职场中、公众面前树立的印象，具体包括外在形象、品德修养、专业能力和知识结构这四大方面。它是通过衣着打扮、言谈举止反映出专业态度、技术和技能等，如图 4-1 所示。

（3）销售顾问仪容要求

① 男员工（见图 4-2）

a．短发，头发清洁、整齐，不得染发（黑色除外）；无胡须，短指甲，牙齿干净，口中不能有异味。

b．穿经销店统一的制服，大方、得体，不得佩戴墨镜或有色眼镜；胸卡正面朝前佩戴于胸前，铭牌佩带左胸西装或衬衣口袋处。

c．制服干净，领口保持洁净，穿前熨烫平整，衬衣需扣紧袖口，着西装需系胸前纽扣。

d．裤线笔直，皮带高于肚脐，松紧合适，不要选用怪异的皮带扣，皮带光亮无灰尘；搭配黑色或深色袜子、与服装相配色的皮鞋，并保持干净；不得佩戴首饰和与工作无关的胸饰。

图 4-1　汽车 4S 店员工优雅仪态

② 女员工（见图 4-3）

a．发型文雅、庄重，梳理整齐，长发要用发夹夹好，精神饱满。

b．化淡妆，不画眼影，不用人造睫毛，不得佩戴墨镜或有色眼镜；不用深色或艳丽口红，指甲不宜过长，并保持清洁，不涂指甲油。

c．穿经销店规定制服，大方、得体；制服干净，领口保持洁净，穿前熨烫平整，衬衣需扣紧袖口，穿西装需系胸前纽扣；着裙装时，一律搭配肤色丝袜，无破洞和脱丝；胸卡正面朝前佩带胸前，铭牌佩带左胸西装口袋处。

d．皮鞋保持光亮、清洁，有尘土及时清理，鞋跟不宜过高，过厚；除结婚戒指外，上班时销售人员严禁佩戴其他饰品。

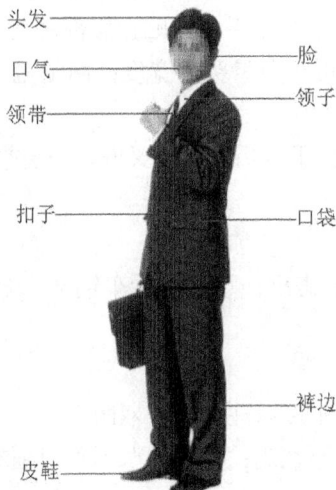

图 4-2　汽车 4S 店男员工礼仪要求

图 4-3　汽车 4S 店女员工礼仪要求

（4）销售顾问仪态要求

汽车 4S 店员工仪态如图 4-4 所示。

① 微笑

a．微笑要主动，在开口说话之前，主动微笑，发自内心，真诚、自信。

b．高于对方视线的微笑会让人感到被轻视。

c．低于对方视线的微笑会让人感到有戒心。

② 坐姿

a．一般左侧入座，后背轻靠椅背，挺直端正，不前倾或后仰，如果坐沙发，应该在沙发的前端，不仰靠沙发，双膝自然并拢（男性可略分开）。

b. 女性应双脚交叉或并拢，双手轻放在膝盖。

c. 对坐谈话时，身体稍向前倾，表示尊重和谦虚。

（a）站姿　　　（b）引导　　　（c）蹲姿　　　（d）坐姿　　　（e）走姿

图 4-4　汽车 4S 店员工仪态

d. 如果长时间端坐，可将两腿交叉重叠，但要注意将腿向回放；禁忌：双腿分开较大、跷二郎腿，脱鞋，把脚放到自己或别人的椅子上。

③ 行姿

a. 女员工：抬头、挺胸、收腹；手臂自然摆动，步伐轻柔自然，避免做作。

b. 男员工：抬头挺胸，步履稳健，充满自信。

④ 站姿

a. 目视前方，挺胸直腰，平肩，双臂自然下垂，收腹，表现出自信的态度。

b. 女员工：双臂自然下垂，处于身体两侧，右手搭在左手上，贴在腹部。两脚呈"V"字形立正时，双膝与双脚的跟部靠紧，两脚尖之间相距一个拳头的宽度；两腿呈"T"字形立正时，右脚后跟靠在左足弓处。

c. 男员工：两双手相握，可叠放于腹前，或者相握于身后，双脚叉开，与肩平行，身体的重心放在两脚之间。

⑤ 手势

引导：指引方向要四指并拢，掌心向上，用邀请的态度；请客户看车辆某一个部位，也需要此手势。

⑥ 视线

a. 与客户交谈时，两眼视线落在对方的鼻尖，偶尔可以注视对方双眼。

b. 切勿斜视或光顾他人他物，避免让客户感觉心不在焉；也不可长时间盯看客户双目，避免出现针锋相对的感觉。

⑦ 销售顾问接待礼仪（见表 4-1）

表 4-1　　　　　　　　　　　　　　　汽车销售顾问礼仪规范

礼仪动作	礼仪规范
握手	伸手的先后顺序是上级在先、客人在先、长者在先、女性在先；握手时间一般在 2～3 s 或 4～5 s
鞠躬	角度在 15°
指引	需要用手指引某样物品或接引客户和客人时，食指以下靠拢，拇指向内侧轻轻弯曲，指示方向
招手	向远距离的人打招呼时，伸出右手，右胳膊伸直高举，掌心朝着对方，轻轻摆动，不可向上级和长辈招手
视线	与客户交谈时，两眼视线落在对方的鼻间，偶尔也可以注视对方的双眼，恳请对方时，注视对方的双眼

礼仪动作	礼仪规范
介绍顺序	把职位低者、晚辈、男士、未婚者分别介绍给职位高者、长辈、女士和已婚者
	介绍时不可单指指人，而应掌心朝上，拇指微微张开，指尖向上。被介绍者应面向对方，介绍完毕后与对方握手问候，如：您好！很高兴认识您！
坐姿行走	坐着时，除职位高者、长辈和女士外，应起立
	并肩——女士在右；前后——女士在前；上楼——女士在前；下楼——女士在后
递交名片	双手的拇指、食指和中指合拢，夹着名片右下部分，使对方好接拿，以弧状的方式递交于对方的胸前
接拿名片	双手接拿，认真过目，然后放入自己名片夹的上端，同时交换名片时，可以右手递名片，左手接名片
微笑	工作中必须随时保持微笑，无论是在打电话还是在面对客户还是同事之间的打招呼
问候	在公司与客户相遇，应主动为客户让路并目视客户微笑说："您好！"
	有客户来店时，前台、销售顾问等销售岗位人员必须竭诚相待，主动问候客户，站立、鞠躬微笑着亲切地说"您好，欢迎光临！"
	看到客户想询问事情，或是客户与您说话时，要主动对应；同时设法将客户带至会客区，端上饮料
电话	销售顾问要认真对待每一个咨询电话，不管客户语气、态度如何，购车意向是否强烈，都要当成有希望成交的潜在客户，一定要主动寻找机会留下客户信息，主动邀请客户在适当时机来展厅
	接听电话动作要迅速，在铃响不超过 3 遍时就接，并立即应答好，问候语要简洁、明快；声音要清晰、甜美、态度要热情，就好像对方（客户）在眼前一样

（5）汽车销售顾问专业术语

在汽车销售人员接待客户的过程中，语言规范性很重要。语言能传递汽车销售人员的素质和水平，对汽车销售人员来说，文明礼貌的用语是十分重要的（见表 4-2）。

表 4-2　　　　　　　　　　　　汽车销售顾问专业术语案例

专业术语类型	专业术语案例
迎宾用语	"您好，您想看什么样的车？"
	"请进，欢迎光临我们的专卖店！"
	"请坐，我给您介绍一下这个车型的优点。"
友好询问用语	"请问您怎么称呼？我能帮您做点什么？"
	"请问您是第一次来吗？是随便看看还是想买车？"
	"我们刚推出一款新车型，您不妨看看。不耽误您的时间的话，我给您介绍一下好吗？""您是自己用吗？如果是的话您不妨看看这辆车。"
	"好的，没问题，我想听听您的意见行吗？"
招待介绍用语	"请喝茶，请您看看我们的资料。"
	"关于这款车的性能和价格有什么不明白的请吩咐。"
道歉用语	"对不起，这种型号的车刚卖完了，不过一有货我马上通知您。"
	"不好意思，您的话我还没有听明白。""请您稍等。""麻烦您了。""打扰您了。""有什么意见，请您多多指教。""介绍得不好，请多原谅。"
恭维赞扬用语	"像您这样的成功人士，选择这款车是最合适的。"
	"先生（小姐）很有眼光，居然有如此高见，令我汗颜。"
	"您是我见过的对汽车最熟悉的客户了。"
	"真是快人快语，您给人的第一印象就是干脆利落。""先生（小姐）真是满腹经纶；您话不多，可真正算得上是字字珠玑啊。""您太太（先生）这么漂亮（英俊潇洒），好让人羡慕。"
送客道别用语	"请您慢走，多谢惠顾，欢迎下次再来！"
	"有什么不明白的地方，请您随时给我打电话。"
	"买不买车没有关系，能认识您我很高兴。"

（6）销售顾问需要了解的专业知识

① 具备丰富的汽车专业知识

作为一名汽车销售人员，必须具备专业的汽车基础知识。只有这样，你才能引起客户的关注和重视；也只有这样，才能塑造自己在客户心中的专业形象。汽车销售人员应掌握以下基本的汽车知识。

a. 汽车类型

根据不同的标准，可以把汽车分为不同的类型。通常，人们大多是按照汽车的功能、用途和动力装置来分类的。

根据汽车功能的不同，可以把汽车分为货车、客车、轿车、皮卡以及吉普车和休闲车等；根据汽车用途的不同，可以把汽车分为专用车、多用车、家用车和农用车；根据汽车动力装置的不同，可以把汽车分为活塞式内燃机汽车、电动汽车、燃气轮机汽车等。汽车销售人员在给客户作介绍时，应把汽车的类型跟客户介绍清楚。

b. 汽车型号

与其他的机械产品一样，除了具有名称和牌号外，汽车还有具体型号。选择车辆的型号是客户在购买汽车时首先要做的事情。汽车销售人员只有具备车辆型号的有关基本知识，才能在销售过程中向客户介绍，帮助客户了解车辆的基本情况。

每一款汽车都有自己的产品型号，汽车的产品型号是为了识别车辆而指定的由英文字母和阿拉伯数字等组成的编号。我国生产的汽车产品一般是按《汽车产品型号编制规则》的规定编制汽车型号的，其主要组成部分包括企业代码、类别代号、主要特征参数代号、产品序号和企业自定代号。

c. 汽车识别代码

专业的汽车销售人员都会向客户讲明汽车识别代码。当今社会，汽车工业迅猛发展，车辆的保有量也在迅猛增加，随之而来的是交通事故、车辆被盗等案件不断发生。编制车辆识别代码的目的就是为了更好地识别每一辆车。汽车识别代码（VIN）是制造厂为了识别每一辆汽车而给每一辆车指定的一组字码，由字母和阿拉伯数字组成，共 17 位。车辆识别代码包括世界制造厂识别代号（WMI）、车辆说明（VDS）和车辆指示（VIS）3 个部分。按照识别代码编码顺序，从 VIN 中可以识别出该汽车的生产国别、制造公司或厂家、车的类型、品牌名称、车型系列、车身形式、发动机型号、车款年份、安全防护装置型号、检验数字、装配工厂名称和出厂顺序号码等。

目前，世界上绝大部分汽车公司都使用了汽车识别代码。它的重要性也越来越被更多的人所认识和重视。无论是汽车整车的销售人员，还是配件销售人员，无论是汽车维修工、车辆保险人员、二手车的评估人员，还是车辆交通管理人员，以及与汽车相关的其他人员，都应该对汽车的规格参数和性能特征等信息有一个清楚的了解、认识和掌握，汽车识别代码正是他们必不可少的信息工具。

在我国，《车辆识别代码（VIN）管理规则》是由原国家机械工业部发布的第一个车辆管理规则，于 1997 年 1 月 1 日生效。它的适用范围是我国境内生产的汽车、挂车、摩托车和轻便摩托车等车辆。

d. 汽车总体构造

一辆汽车的零部件有成千上万只，但其总体构造通常由发动机、底盘、车身、电气设备 4 个部分组成。汽车销售人员只有对汽车的构造非常熟悉，才能熟练地为客户介绍和演示车辆。

e. 汽车主要性能指标

汽车主要性能指标是汽车销售过程中应重点介绍的内容之一。汽车的性能是影响客户购买汽车的最重要因素之一。汽车的主要性能包括动力性、燃油经济性、制动性、操控稳定性、行驶平顺性、通过性等。专业的汽车销售人员应对自己所销售的汽车的各种性能指标都了如指掌。

f. 汽车车型配置

汽车的车型配置是指在同一系列的车辆上，各个分系统和零部件的有无、大小、功能强弱、质量差别等。汽车销售人员应熟悉汽车的各种配置，因为一个系列的汽车往往包括配置不同的很多型号。它们可能在外形上没有很大区别，但各种零部件数量、汽车质量及功能、汽车价格不尽相同。汽车销售人员要恰当地给客户做推荐、介绍，必须熟练掌握汽车的各种配置情况。

g. 现代汽车技术

汽车的安全性和舒适性是人们在购车时比较关心的问题。为了达到这个目的，许多先进的技术广泛地被运用在汽车上面。汽车销售人员应熟悉各种常用的现代汽车技术，如电子控制防抱死制动（ABS）系统、导航控制系统、电子控制空气囊（SRS）及安全带装置、防撞雷达报警和自动制动系统、智能空调系统和智能钥匙。

② 掌握丰富的汽车销售知识

优秀的汽车销售人员之所以优秀，不仅因为他们具备专业的汽车基础知识，还因为他们具备丰富的汽车销售知识。以下 3 点是汽车销售人员应掌握的汽车销售知识。

a. 汽车消费信贷。在汽车销售的过程中，客户经常会在付款方式和价格方面提出异议。如果汽车销售人员在说服客户时能向他们解释清楚分期付款的好处，对促进成交非常有利。所以，汽车销售人员必须了解汽车消费信贷的有关知识，如汽车消费贷款的对象及条件、汽车消费贷款的额度、汽车消费贷款的期限、汽车消费贷款的利率、贷款买车后的还款方式和汽车消费贷款的程序等。

b. 新车上户及年检。在我国，随着汽车市场的逐渐成熟，服务成为各个汽车经销商在激烈的竞争中更加关注的问题。很多商家把帮助客户新车上户作为吸引客户的促销手段。因此，汽车销售人员必须熟悉新车上户的各个环节，对新车上户的程序、车辆上路前需要交纳哪些费用和汽车的年检都能向客户讲解清楚、明白。

c. 新车保险。通常汽车销售人员并没有义务为客户办理汽车保险事宜，但是，为了赢得客户的信任，树立顾问的形象，汽车销售人员必须掌握汽车的保险知识，以随时解答客户的疑问，处理有关保险的异议，实现顺利成交。汽车销售人员应对车辆损失险、第三者责任险、机动车附加险、车辆损失险的附加险和第三者责任险的附加险都有非常透彻的了解。

二、展厅销售前准备

1. 展厅销售前准备概述

准备是展厅销售一天工作的开始，准备的充分与否直接影响着销售工作的成败。销售前准备工作做得充分，可以让客户感觉到销售人员的专业性，可以提升车辆产品的价值，可以为客户创造一个舒适、值得信赖的环境，从而提高销售的成交率。展厅销售的准备包括：销售人员的准备、展车的准备、展厅的准备。

（1）销售人员的准备

① 销售态度的准备

销售人员的态度是销售工作展开的基础，正确的态度不仅能够帮助销售人员开展销售工作，也能够促进业绩目标的完成，而且在遇到拒绝的时候，也能够调整自我心态，良好的态度是对成功销售人员最重要的职业要求。

a. 对待客户的态度

一定要热情，热情的态度是成功销售关键，还要站在客户的角度，考虑客户所能得到的利益，帮助客户做正确的选择。

b. 对待销售的态度

销售是一件非常有挑战性的工作，它会有很多失败的打击，所以一定要投入精力、勤奋去争取每一个客户，更重要的是要热爱销售工作，可以从中得到乐趣，这样面对挫折的时候才能振奋精神继续迎接挑战。

c. 对待企业的态度

企业提供了优良的销售环境和多方位的销售支持，它是销售工作开展的舞台与后援，所以应该感谢企业，并对它保持忠诚，从企业的利益出发去考虑事情，这对于个人和公司来讲都是非常重要的。

② 销售知识的准备

销售人员应该具备全面的知识，专业的销售顾问不仅仅要了解本行业内的知识，而且还要了解跨行业的知识动态，另外必要的商务礼仪知识也是销售人员所需要的。

a. 行业内知识

- 了解××品牌汽车的历史、理念和品牌背景优势。
- 了解××品牌汽车的产业状况、行业趋势以及国家地方政策。
- 了解××品牌汽车的产业状况、产业趋势。
- 掌握××品牌汽车产品定位、卖点、配置、技术指标、奖项等知识。
- 熟练掌握××品牌汽车产品相对于竞争产品的独特技术特点，并组织好相关话术。
- 了解竞争对手的技术特点、相关信息，并针对竞争对手卖点组织好相关话术，做到知己知彼。
- 了解经销店在本地的优势、特点；明确知道经销店在当地所处的地理位置；了解经销店的银行开户账号；了解当地××特约服务站的电话号码。

b. 跨行业知识

客户可能涉及的行业知识都是我们了解的重点，另外还有其他的新闻、知识，以便与客户拉近距离，例如：

- 主要客户群体的行业知识；
- 主要客户所在地的地区背景、地理分布、地区优势、地区风俗习惯等；
- 主要客户群体所关注的信息，如本地区新闻、本地经济、体育娱乐新闻等；
- 其他国家新闻，如金融、股票、体育、经济、时事等。

　　c．商务礼仪知识

　　礼仪的本质体现在真诚与相互尊敬。汽车销售作为一种商务活动，在此期间销售人员需要注意一定的商务礼仪。这不仅可以表现出公司的文化水平和管理境界，更重要的是可以帮助销售人员给客户留下深刻、美好的印象，让客户感觉到销售人员的个人修养和专业素质，增强客户的信任感。

　　③ 销售工具的准备

　　a．销售顾问必备：名片、公司简介、 产品宣传单页、计算器、笔和纸。

　　b．销售表格必备：竞争对手分析表、报价单、当日库存表、试乘试驾保证书、保险说明书、合同、订单。

　　c．辅助销售工具必备：小礼品、订书机、公司获奖证明、产品获奖证明、各地区销量数据、各地的服务网络清单、成功签订的订单等。

　　d．其他：业务相关的资料、工具。

　　④ 处理当天事务的准备（见图 4-5）

　　a．准备当天客户看车、试乘试驾、客户维修等各种预约安排。

　　b．准备当天所要办理手续的证件，如上牌时所用的手续。

　　c．准备当天需要做装饰的车辆安排。

　　d．准备当天所交车辆，包括车辆本身、车辆所有附表、车辆所有手续证件、所有配件饰品。

图 4-5　汽车 4S 店员工销售准备　　　　　　图 4-6　汽车 4S 店展车准备

　　（2）展车的准备（见图 4-6）

　　① 销售顾问根据车辆管理的规定，进行展车的清洁（包括脚垫、座垫），把手处没有指纹印。

　　② 销售顾问根据车辆管理的规定，进行试乘试驾车的清洁和检查。

　　③ 库管员根据车辆管理的规定，进行库存车辆的清洁和检查。

　　④ 每辆展车附近的规定位置（位于展车驾驶位的右前方）设有一个规格架，规格架上摆有与该展车内容一致的规格表。

　　⑤ 展车间相对的空间位置和距离、展示面积等参照 CIS（企业识别）手册执行。

　　（3）展厅的准备

　　① 销售顾问根据展厅设施管理的规定，进行展厅（展厅内、外墙面、玻璃墙等）设施的清洁整理。

② 销售顾问根据展厅设施管理的规定，进行展厅内部设施（地面、墙面、展台、灯具、空调器、视听设备等）的清洁整理。

③ 销售顾问根据展厅内部相关标识规定，设置符合品牌企业文化的标识、布置物。展厅内摆设有型录架，型录架上整齐放满与展示车辆相对应的各种型录。

④ 销售顾问根据环境要求，保持展厅适宜、舒适的温度（25℃左右）、照明要求（照度在 800lx）、音响系统完整。

2．晨会与检查

（1）概述

晨会（见图 4-7）是汽车 4S 店销售部经理一天工作的开始，也是启动销售部门正常运转的钥匙。晨会内容包括：布置一天的工作，交流各种信息，进行销售技巧的交流，产品知识培训等工作。会后的检查是对销售顾问准备情况的强化，保证销售工作正常开展。

① 晨会时间

晨会在销售顾问各项准备工作做完之后开始，会议长度在 10～20min。

② 晨会的作用

a．鼓舞销售团队士气，解决工作冲突，进行团队建设。

b．安排一天的工作内容，使销售工作有条理。

c．是信息的上传下达的场所。

d．强化产品知识，提高销售技能。

图 4-7　汽车 4S 店晨会

③ 晨会的内容

a．在晨会通报厂家价格促销信息，传达经销店的各种文件，销售部门的促销价格信息、库存车辆的信息的详细了解。

b．销售顾问汇报一天的工作安排，寻求销售部经理支援，告知库存中短缺的车辆。

c．在晨会上销售部经理根据销售顾问当天的计划布置销售工作。

d．在晨会上销售部经理分配销售资源，包括库存车的分配、装潢顺序的分配、销售用车的分配等。

e．在晨会上检查销售顾问的准备情况。

f．在晨会上进行专题性的培训，时间控制在 5 分钟之内，如 ABS 的概念与作用。

g．晨会上对销售部门进行激励，使销售人员斗志高昂。

h．解决部门内部的工作冲突，调节销售人员之间的矛盾。

i．销售顾问如当天因公外出，必须在晨会上向销售部经理提出申请，并填写外出去向登记表。

④ 晨会的注意事项

a．晨会时间不宜过长。

b．晨会上不应对销售顾问提出批评。

c．会议主题集中，不跑题。

d．讨论的问题会应在议期间得出解决方案。

e．晨会之后销售部经理要完成晨会报告的填写。

（2）销售部经理检查准备情况

① 按照销售顾问检查表检查销售顾问的准备情况，同时检查销售辅助工具。

② 根据展厅设施管理的规定，检查展厅外部设施。

③ 根据展厅设施管理的规定，检查展厅内部设施。

④ 根据车辆管理的规定，进行展车情况的检查。

⑤ 根据车辆管理的规定，进行试乘试驾车情况的检查。

⑥ 根据车辆管理的规定，进行库存车辆情况的检查。

三、展厅销售流程管理

1．概述

汽车销售业绩直接决定着汽车企业的成败，获得客户的"满意度、忠诚度和回头率"是衡量汽车销售业绩的主要指标；就目前中国的汽车销售行业而言，展厅是销售活动发生的主要场所，因而建立完整展厅销售流程各专业化的销售服务，吸引足够的客户来到展厅进行相关营销活动并完成汽车采购，以提高汽车品牌的社会占有率。

2．汽车销售流程

（1）汽车销售规范

① 客户开发

客户开发是汽车销售的第一个环节，这一环节主要是关于如何去寻找客户，在寻找客户的过程当中应该注意哪些问题。

② 客户接待

在客户接待环节，应注意的是怎样有效地接待客户，怎样获得客户的资料，怎样把客户引导到下一环节中去。

③ 需求咨询（分析）

需求咨询也叫需求分析。在需求分析里，我们将以客户为中心，以客户的需求为导向，对客户的需求进行分析，为客户介绍和提供一款符合客户实际需要的汽车产品。

④ 车辆的展示与介绍

车辆的展示与介绍中，我们将紧扣汽车这个产品，对整车的各个部位进行互动式的介绍，将产品的亮点通过适当的方法和技巧进行介绍，向客户展示能够带给他哪些利益，以便顺理成章地进入到下一个环节。

⑤ 试乘试驾

试乘试驾是对第四个环节的延伸，客户可以通过试乘试驾的亲身体验和感受以及对产品感兴趣的地方进行逐一的确认。这样可以充分地了解该款汽车的优良性能，从而增加客户的购买欲望。

⑥ 处理客户的异议

在这一环节，销售人员的主要任务就是解决问题，解决客户在购买环节上的一些不同的意见。

⑦ 签约成交

在签约成交过程中，主要是汽车销售人员帮助客户完成汽车购置的思维过程，解决在成交的这个环节上所面临的"临门一脚"的问题。

⑧ 交车服务

第八个环节是交车服务，交车是指成交以后，要安排把新车交给客户。在交车服务里销售顾问应具备规范的服务行为。

⑨ 售后跟踪

最后一个环节是售后跟踪。对于保有客户，销售人员应该运用规范的技巧进行长期的维系，以达到让客户替你宣传以及替你介绍新的意向客户来看车、购车的目的。最后使客户成为你的忠诚客户，售后服务是一个新客户开发的过程。

（2）汽车销售流程管理具体要求

汽车销售流程如图 4-8 所示。

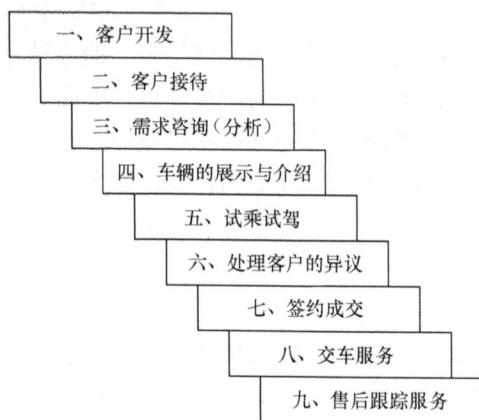

一、客户开发
二、客户接待
三、需求咨询（分析）
四、车辆的展示与介绍
五、试乘试驾
六、处理客户的异议
七、签约成交
八、交车服务
九、售后跟踪服务

图 4-8　汽车销售流程

① 客户开发

a．一般渠道

寻找客户的渠道比较多，大概可分为"走出去"和"请进来"两种。

• "走出去"。"走出去"是通过制订开发计划，利用各种形式的广告、参加车展、召开新闻发布会、进行新车介绍、进行小区巡展、参加各类汽车文化活动、发送邮件、进行大客户的专访、参与政府或一些企业的招标采购等。

• "请进来"。"请进来"主要是指在展厅里接待客户，邀请客户前来参加试乘试驾，召开新车上市展示会，或接受客户电话预约等。

b．特有渠道

除了上述的一般渠道，4S 店客户开发还有一些特有渠道。

• 定期跟踪保有客户。这些保有客户也是 4S 店开发客户的对象，因为保有客户的朋友圈子、社交圈子也是 4S 店的销售资源。

• 及时跟踪保有客户的推荐客户。

• 售后服务站外来的保有客户。比如，奔驰汽车的维修站也会修沃尔沃、宝马车等，而这些销售顾问也是我们开发的对象。

c．客户开发的准备工作

• 销售顾问要详细了解和熟悉产品的品牌、车型、技术参数、配置等，要做到在与客户交流的时候，对于相关问题都能流利地回答。

- 要熟悉公司对这个汽车产品销售的政策、条件和方式。
- 要详细了解汽车销售过程中的各项事务，如付款方式、按揭费用的计算、上牌的手续、保险的内容、保险的费用等。
- 要了解竞争对手的产品与所售车型的差异。了解客户真实想法，以便给客户提供专项服务，并且能够满足客户的特殊需求。
- 了解客户。了解客户属于哪个类型，以便与客户进行交流时，能够有的放矢，占据主动。
- 了解客户真实的购买动机、付款能力、采购时间等。

d. 客户开发技巧

- 寻找潜在客户

寻找潜在客户的主要途径：电话黄页、行业名录、朋友或熟人介绍、保有客户介绍等。在这个阶段，销售人员应努力收集尽量多的信息。

- 访前准备

一般来说，访前准备是正式接触到客户前的所有活动，汽车销售人员应对自己收集到的潜在客户信息进行分类整理，制订客户拜访计划，根据计划逐一拜访客户。

在拜访客户前，首先与客户电话预约，确认客户的方便时间，然后准备齐各种资料（名片、产品资料、公司简介、车辆使用和维护费用测算表、车辆上牌和保险费用表等），按时赴约。

对于单位采购，需要销售员找准 4 个人：车辆选型人、主要使用人、决策人、上级主管，根据获得的信息，依据先易后难的接触原则逐一拜访。

- 初次拜访

初次拜访是汽车销售人员与潜在客户的首次真正接触，在初次见面中，销售人员必须引起潜在客户的注意，对销售人员产生较深的、良好的印象，否则销售人员以后的行动可能会不起作用。

在这一阶段，销售人员要进行大量的提问和倾听。提问（如需要什么样的车、喜欢哪些车、对油耗的看法）有助于吸引客户的注意力；在倾听的过程中，一旦发现问题，销售人员就可以向潜在客户介绍解决问题的方法，并努力创造一个轻松愉快的氛围，尽量不要让客户产生"你是来推销汽车的"印象。及时找到客户的兴趣和关注点，要让客户尽快认可并信任销售人员。

- 记录客户信息

依据初次拜访获得的信息，依次登记在销售拜访登记表上，并分级分类管理。首先把个人购车和单位购车分开管理，个人用户依据购买意向 1 周内购车、1 个月内购车、3 个月内购车、6 个月内购车，分 O、A、B、C 级进行跟踪管理；对于单位购车客户依据其采购周期和平均的采购批量分 A、B、C 三级管理，A 级是采购周期短和采购批量大的客户，B 级是采购周期短采购批量小的客户，C 级为采购周长采购批量大的客户。

- 持续回访

针对个人用户，O 级客户要 1 周回访两次，这类客户一般情况下已经看过并试过各个品牌的车辆，正在圈定的两三个车型之间进行比较并做出最终选择。如果我们的产品是被选车型，那么就了解其在哪里看的车、谁接待的，如果已经有其他的销售员正在跟踪回访就迅速放弃；如果其未把我们的产品列入被选车型，了解原因和客户的需求，要站在客户的立场上把我们的产品介绍给客户。A 级客户 1 周回访 1 次，B 级客户 1 月回访 2 次，C 级客户 2 月回访 1 次。

针对单位客户，回访时间不定期，要利用一些恰当的理由多次与客户接触，要能够获得客户的信任，建立朋友式的关系，最终能升华到兄弟般的情谊。A 级的客户是重中之重，销售员要充分利用一切社会关系，尽快建立与其的紧密联系；B 级和 C 级客户，要通过不断的接触，加强联系。同时，要注意回访的频率，不要给客户的工作带来不便，恰当地赠送一些小礼品能让其对销售人员的好感倍增。

- 消除成交障碍

通过持续的回访，引导客户一步步走向成交，但是在成交前总会存在一些异议，如客户在两三个被选车型之间难于取舍，或是购车的家庭成员之间有争议，对成交价格有异议等。在这种情况下，销售人员首先要肯定客户的异议，分析异议存在的原因，利用销售技巧，把影响成交的障碍一一消除，要在满足客户主要需求的前提下，让客户感觉到我们的车辆的性价比最高。

针对单位采购，成交障碍主要存在两个阶段：选型和采购（或招标）。在选型期，要确保我们的车型能够顺利入围，主要的公关对象是车辆使用人和选型人，巧妙地把我们的产品优势与客户的需求结合在一起介绍产品。在采购（或招标）阶段，如果是一般采购，要在赢得采购负责人信任的基础上，通过最大化地满足他的一些利益需求，即能消除成交障碍。如果是招标，消除成交障碍就会麻烦一些，一定要在选型阶段做好公关——只选我们的车型，那么评标时我们只要报价合理即能成交；若是还有其他车型入围竞标，就需要我们对评标的人进行公关，但是此项工作难度系数很大，因此我们要在选型阶段尽可能多地消除成交障碍。

- 成交

在此阶段，销售人员要尽量缩短交车等待的时间，但不要忙中出错。按着公司规定的流程一项一项来，首先签订合同，然后带领客户付款开票，同时通知服务站洗车并做好交车前的 PDI 检查，请客户喝茶（咖啡）等待，把随车资料和注意事项一一介绍给客户，并询问是否需要提供协助上牌服务，如需要则和客户约好上牌的时间，带领客户验车，介绍售后服务经理，合影留念，最后欢送客户离去。

- 售后回访

及时地售后回访和节日问候，提醒客户及时来维修站做保养、维修，不但增加我们的售后服务收益；而且还能提高客户的满意度，形成良好的"口碑"宣传效应，更好地促进产品的销售。

② 客户接待

展厅接待流程如图 4-9 所示。

a. 展厅内接待礼仪要求

基本礼仪符合销售顾问仪容仪表标准。

- 交换名片时机、方法

销售顾递交名片时，需将名片上的名字反向对己，双手食指弯曲与大拇指夹住名片左右两端，恭敬地送到对方胸前，并将自己的姓名自信而清晰地说出来（见图 4-10）。

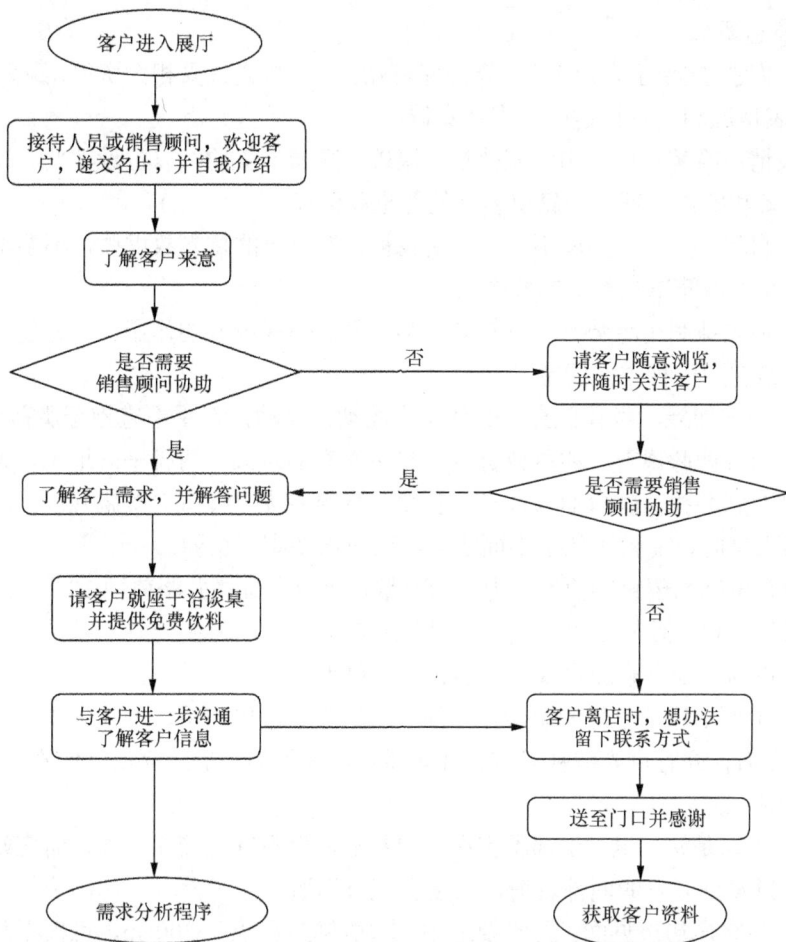

图 4-9　展厅接待流程

　　初次相识，可在刚结识时递上自己的名片，并将自己的姓名自信而清晰地说出来，这有利于客户迅速知晓自己的基本情况，加速交往进程。

　　有约访问或有介绍人介入，客户已知你为何许人，可在告别时取出名片交给对方，以加深印象。

　　销售顾问接受名片时，应用双手去接，接过名片，要专心地看一遍，并自然地朗读一遍，以示尊敬或请教不认识的名字，如对方名片上未留电话，应礼貌询问。不可漫不经心地往口袋中一塞了事，尤其是不能往裤子口袋塞名片；若同时与几个人交换名片，又是初次见面时，要暂时按对方席位顺序把名片放在桌上，等记住对方后，及时将名片收好。

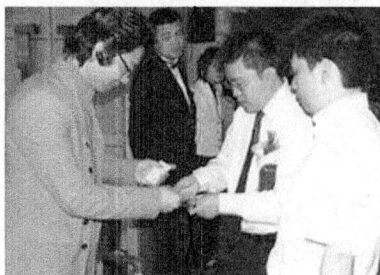

图 4-10　销售人员与客户交换名片

- 交谈姿态要求

坐于洽谈桌时，应坐于客户右侧，姿态保持端正，并事先备妥相关资料；距离维持在 70～200cm，面部表情温和，音调适中，表现真诚。

➤ 面部表情：给客户展现出一张热情、温馨、真诚的笑脸，以拉近彼此心理距离，消除客户本能的戒备和警惕心理，来赢得客户的尊重和信任。

➤ 目光：自然、大方、不卑不亢。放松精神，把自己的目光放虚些，不要聚集在对方的某个部位，而是好像笼罩在对面的整个人。

➤ 手势：适当地利用手势，可以起到加强、强调交谈内容的作用。注意使手势不要过分夸张，否则会给客户一种浮夸的感觉。

➤ 站姿：四肢伸展、身体挺直，身体不宜晃动、抖动，双手不宜抱于胸前或插口袋等。

➤ 坐姿：男性两膝离开，约可放进两个拳头左右的距离，两脚平落地上，大腿和小腿约成 90°。女性两膝并拢，腿弯曲与椅子呈直角，脚跟并拢，脚前尖微微开放。两手轻轻放于膝盖上。面桌而坐时，前臂可放于桌面之上，而肘部要离开桌面。

如果客户是位德高望重的前辈，为表示尊敬，应坐直身体并略前倾 10°～20°；若客户的年龄、经历等与自己差异不大，则可把身体靠在椅背上，随便一些，以拉近双方的心理距离。若有女士在场，则应略加收敛，以示礼貌和尊重。

➤ 握手：手要洁净、干燥和温暖，先问候再握手。伸出右手，手掌呈垂直状态，五指并拢，握手 3 s 左右，同时目光注视对方并面带微笑，握手的先后顺序是上级在先、主人在先、长者在先、女性在先。

➤ 位置：无论是站、坐、走都不宜在客户身后，也不宜直接面对面，而应站或坐在客户的一侧，即可以看到对方的面部表情，又便于双方沟通。

➤ 距离：与客户初次见面，距离要适中，一般维持在 70～200cm，可根据与客户的熟悉情况适当缩短彼此空间距离，但一般至少要保持在伸出手臂不能碰到对方的距离。

b. 展厅内接待前准备

- 准备饮水机、饮品、杯子、糖果、雨伞等；
- 查看商品车库存（品种、颜色、数量、优惠标准等）情况及即将到货情况；
- 浏览当月工作计划与分析表；
- 桌面整理干净，需布置装饰品（如鲜花等），保持室内空气清新自然；
- 电脑开机，随时方便输入客户信息或调出客户档案等；
- 销售顾问必须配备工具包（人人配备，随身携带）；
- 准备计算器、笔、记录本、名片（夹）、面巾纸等；
- 准备公司介绍材料、荣誉介绍、产品介绍、竞争对手产品比较表、媒体报道剪辑、客户档案资料等；
- 准备产品价目表、（新、旧）车协议单、"一条龙"服务流程单、试驾协议单、保险文件、按揭文件、新车预订单等。

c. 展车

- 需备有展车管理名册及检查表；
- 展车清洁工作要落实到每个销售顾问，保证车辆清洁，车内空气清新；
- 展车车门不用上锁，方便来客进入车内观看、动手体验。

d. 展厅内接待

• 客户进入展厅

客户上门需 30s 内觉察客户来临并趋前打招呼 "欢迎光临××展厅"，2min 内与客户进行初步接触，注意不要以貌取人。

• 客户要求自行看车或随便看看时

➢ 回应 "请随意，我愿意随时为您提供服务"。

➢ 在客户目光所及范围内，随时关注客户是否有需求；

➢ 在客户自行环视车辆或某处 10 分钟左右，仍对销售顾问没有表示需求时，销售顾问应再次主动走上前 "您看的这款车是××，是近期最畅销的一款……" "请问……"。

➢ 未等销售员再次走上前，客户就要离开展厅，应主动相送，并询问快速离开的原因，请求留下其联系方式或预约下次看车时间。

• 客户需要帮助时

➢ 亲切、友好地与客户交流，回答问题要准确、自信、充满感染力；

➢ 提开放式问题，了解客户购买汽车的相关信息，如：××车给您的印象如何？您理想中的车是什么样的？您对××产品技术了解哪些？您购车考虑的最主要因素是什么？（建议开始提一些泛而广的问题，而后转入具体问题）；

➢ 获取客户的称谓 "可以告诉我，您怎么称呼吗？" 并在交谈中称呼对方（×先生、×女士等）；

➢ 主动递送相关的产品资料，给客户看车提供参考；

➢ 照顾好与客户同行的伙伴；

➢ 不要长时间站立交流，适当时机或请客户进入车内感受，或请客户到洽谈区坐下交流。

• 客户在洽谈区（见图 4-11）

➢ 主动提供客户饮用的茶水，并于此时运用客户洽谈卡，收集潜在客户的基本信息，递茶水杯时，左手握住杯子底部，右手伸直靠到左前臂，以示尊重、礼貌；

➢ 交换名片 "很高兴认识你，可否有幸跟您交换一下名片？这是我的名片，请多关照"；"这是我的名片，可以留一张名片给我吗？以便在有新品种或有优惠活动时，及时与您取得联系"；

图 4-11 销售人员与客户愉快交流

➢ 交谈时，多借用推销工具，如公司简介、产品宣传资料、媒体报道、售后服务流程，以及糖果、小礼物等；除了谈产品以外，寻找恰当的时机多谈谈对方的工作、家庭或其他客户感兴趣的话题，建立良好的关系。

• 客户离开时

➢ 陪同客户走向展厅门口，送客户上车，预约下次来访时间，挥手致意，目送客户离去；

➢ 递交名片，并索要对方名片（若以前没有交换过名片）；提醒客户清点随身携带的物品以及销售与服务的相关单据；

➢ 预约下次来访时间，表示愿意下次造访时仍由本销售顾问来接待，便于后续跟踪。

- 客户离去以后

➢ 10min 之内整理洽谈桌，恢复原状，整理展车，调整至最初规定位置并进行清洁；

➢ 当天完成客户信息整理，并在 CRM 系统（客户关系管理系统）中建立或更改客户档案，记录下次回访时间，制订下一步联系计划。

e．电话营销

- 主动打电话

销售顾问依据客户相关信息做好事先准备、谈话要点，礼貌、简洁、清晰地说明打电话的目的；

➢ 首先查阅潜在客户信息档案，准备谈话要点及相关材料及产品资料；

➢ 称呼对方并问候，再陈述公司名称及自己的姓名，"汪经理您好！ 我是××汽车××经销商的销售顾问×××，您还记得吗？上周六您到我们公司看过××……"；

➢ 简洁、清晰、礼貌、微笑地说明打电话的目的，对于客户谈及的主要内容，应随时记录，并在谈话结束前进行总结确认；

➢ 感谢客户接听电话，并等客户先挂断电话后挂电话。

- 接听电话

➢ 在 3 次铃声前微笑着依据展厅接电话标准接电话（××汽车公司，您好！我是销售顾问××，很高兴为您服务）；认真倾听，热情回应，并随手做好记录；

➢ 若为咨询购车的客户，应于 3 句话内先探询客户的称呼，获取客户的姓名，交流中礼貌地称呼对方；

➢ 谈话结束时，感谢客户来电话，等客户先挂断电话后挂电话。

- 后续工作

当天完成客户信息整理，并在 CRM 系统中建立或更改客户档案，记录下次回访时间，制订下一步联系计划。

③ 客户需求分析

a．概述

切实了解客户购买汽车的需求特点，为推荐、展示产品和最终的价格谈判提供信息支持；让客户体验到汽车 4S 店"客户至上"的服务理念和品牌形象。

b．需求分析流程

客户需求分析的流程如图 4-12 所示。

c．观察方法

- 衣着：一定程度上反映经济能力、选购品位、职业、喜好；
- 姿态：一定程度上反映职务、职业、个性；
- 眼神：可传达购车意向、感兴趣点；
- 表情：可反映情绪、选购迫切程度；
- 行为：可传达购车意向、感兴趣点、喜好；
- 随行人员：其关系决定对购买需求的影响力；
- 步行/开车：可以传达购买的是首部车/什么品牌、置换、预购车型等信息。

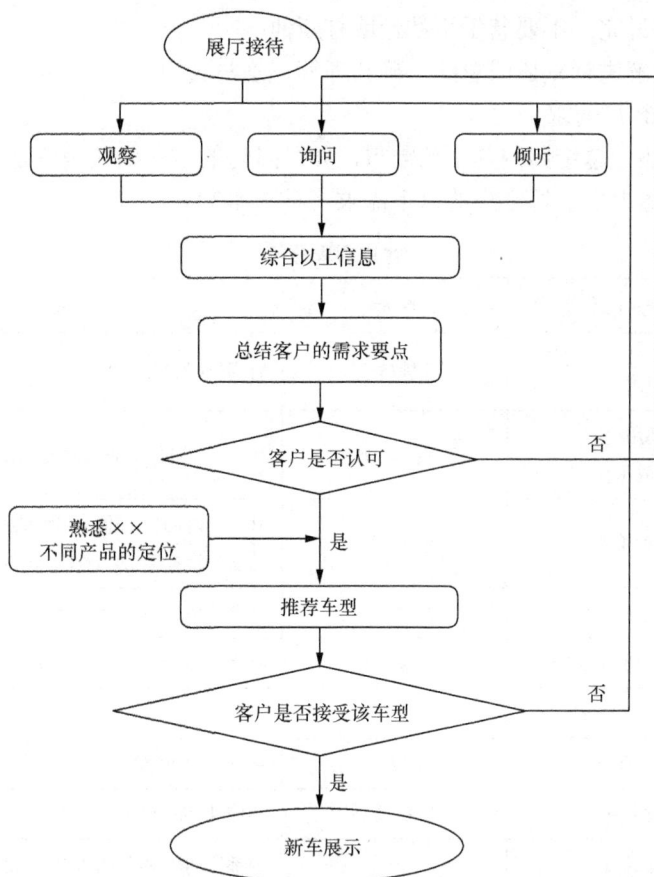

图 4-12 客户需求分析流程

d．询问技巧

探询客户需求需运用 5W1H 的方法，采用开放式询问，并用封闭式问答得到具体结论。

• 开放式询问——适用于希望获得大信息量时，了解客户信息越多，越有利于把握客户的需求。

5W1H 指的是：谁（who）：您为谁购买这辆车？何时（when）：您何时需要您的新车？什么（what）：您购车的主要用途是什么？您对什么细节感兴趣？为什么（why）：为什么您一定要选购三厢车呢？哪里（where）：您从哪里获得这些信息的？您从哪里过来？怎么样（how）：您认为××车动力性怎么样？

• 封闭式询问（肯定或否定）——适合获得结论性的问题。

您喜欢这辆××车吗？我们现在可以签订单吗？

e．倾听的技巧

善于倾听，形成一个良好的交流氛围。真正成功的销售顾问都是一个好的听众。

• 创造良好的倾听环境与人文环境，没有干扰，空气清新、光线充足；

• 眼神接触，精力集中，表情专注，身体略微前倾，认真记录；

• 用肢体语言积极回应客户的表达，如点头、眼神交流等和感叹词；

• 忘掉自己的立场和见解，站在对方角度去理解对方、了解对方；

• 根据客户的思路，适度地提问，明确含糊之处；

- 让客户把话说完，不要急于下结论或打断他；
- 将客户的见解进行复述或总结，确认理解正确与否。

f. 综合与核查客户需求

听完客户的陈述，总结归纳其主要需求，并以提问的方式确认理解是否正确，销售顾问必须在需求分析中尽力去了解客户的以下需求（见表 4-3）。

表 4-3　　　　　　　　　　　　　　　客户需求分析

项目	了解信息内容	分析	主攻角度
购买愿望	对车辆造型、颜色、装备的要求	品牌/车型	时尚/声誉/舒适/安全
	主要用途 年行驶里程	品牌/车型	底盘/发动机/操控性/安全/舒适/经济
	谁是使用者	品牌/车型	女——时尚/操控便利/健康/舒适/安全/经济 男——操控性/动力性/安全/舒适/声誉
	对××品牌车的了解程度	品牌倾向	品牌价值/品牌口碑/品牌实力
	选购车时考虑的主要因素	购买动机	时尚/声誉/安全/舒适/经济/健康/同情心
个人信息	姓名、联系方式	—	—
	职业、职务	品牌/车型	声誉/赞美/感情投资
	兴趣爱好	品牌/车型	操控性/动力性/投其所好
	家庭成员	—	内部空间/后备箱/感情投资/舒适性
使用车的经历	品牌、车型	品牌/车型	同品牌——产品升级
	当初选购的理由	—	不同品牌——品牌价值/品牌口碑/品牌实力 旧车满意之处——××新车有提高
	不满意的因素	品牌/车型	旧车不满意之处——××新车早改善或不存在
购买时间	—	重要程度	早买早享受/价格/国际接轨/后续跟踪

g. 有针对性地推荐车型

销售顾问须在分析客户需求的基础上，有针对性地推荐车型，满足客户的实际需要，完成顾问式销售。

通过交流，获得大量信息的基础上，进行分析，提炼出客户 1～2 个主要购买动机，并通过询问来得到客户的确认。再结合××品牌车现有车型的产品定位，进行有针对性的产品推荐。

④ 车辆展示

a. 概述

通过全方位车辆展示××品牌车特点，使客户确信××品牌产品的物有所值，有效的产品优势和异议处理来解决客户对于产品及服务的问题和困惑，来进一步满足客户的购买需求，促成交易的完成。

b. 新车展示

新车展示程序如图 4-13 所示。

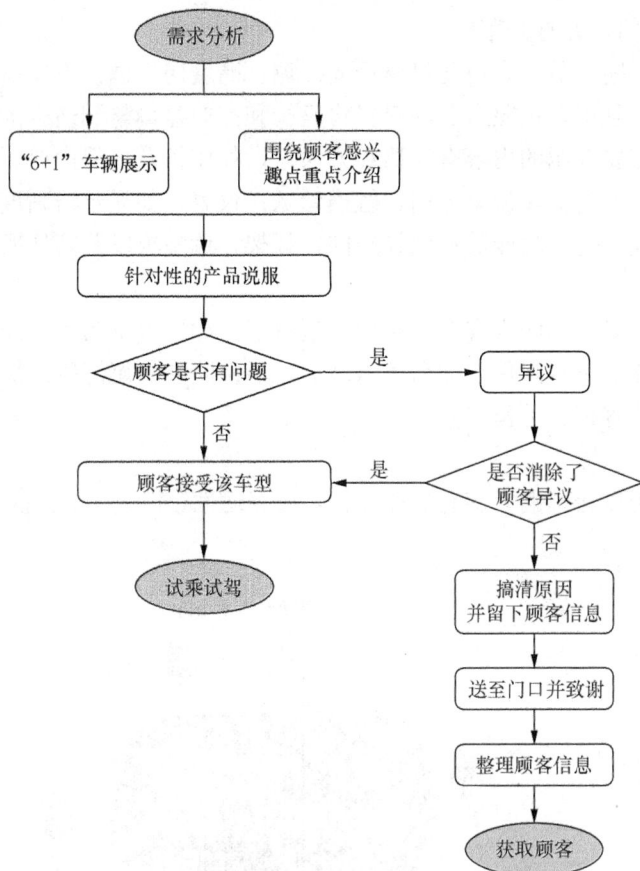

图 4-13　新车展示程序

c．六方位介绍要点（见图 4-14）

• 展车左前方

展车总体介绍。如这款车是××公司生产的××品牌汽车，整车造型特点圆润、饱满、线条流畅、简洁、富有现代感。它动力强劲、操控灵活、行驶稳定、驾驶乐趣十足。它是用最先进的技术和出色的使用价值为客户提供了舒适的驾驶环境和安全的可靠保障。

产品定位。如捷达——理性的选择；宝来——驾驶者之车；高尔夫——世界经典；奥迪——高顶多功能商务车等。

• 展车正前方

在这个位置可以介绍的内容有车前部造型特点，如前脸、前大灯等；车身附件，如前大灯、保险杠、散热格栅、前风挡玻璃等；

指导客户开启发动机舱的方法，并请客户亲自开启。可以介绍的内容有舱内布置规则性、发动机技术、车身材料与新工艺。

• 展车右侧前

在这个位置可以介绍的内容有车身制造工艺，如不等厚钢板、激光焊接、空腔注蜡、车身衔接处零间隙、低部装甲等；车身附件，如侧保险杠、车轮及尺寸、防盗螺栓、车门及把手、门锁、绿色玻璃、防夹功能等；油漆质量，如 7 层车身工艺，表现为硬、亮、平、耐刮擦；底盘，如制动盘、悬架等。

- 展车右侧后门，并打开车门

在这个位置上，销售员应先将司机座椅向后调，高度向下调；方向盘向上、向里调整，以便客户方便进入，且可以按照自己的身材将座椅和方向盘调整到适合的位置。接下来，请客户坐进驾驶室。需要介绍的内容有座椅和方向盘，如座椅及环保面料、包裹性、硬度、调整方向、调整距离、方向盘及调整方向、触摸感觉；仪表，如显示清晰度、布局合理性；配置，如安全、舒适及其使用功能等；储物空间、杯架、遮阳板以及其他所有人性化设计。

- 展车正后方

在这个位置上可以介绍的内容有车尾部造型特点，如以方形为主，配小圆角弧度，形状规则、美观且人性化；车身附件，如后挡风玻璃、后保险杠、尾灯等；后备箱如开启及其便利性、角度、弹簧、容积、毛毡。

- 驾驶舱

在这个位置上可以介绍的内容有后排座椅，如舒适性、折叠、中央扶手、安全带，空间，视野。

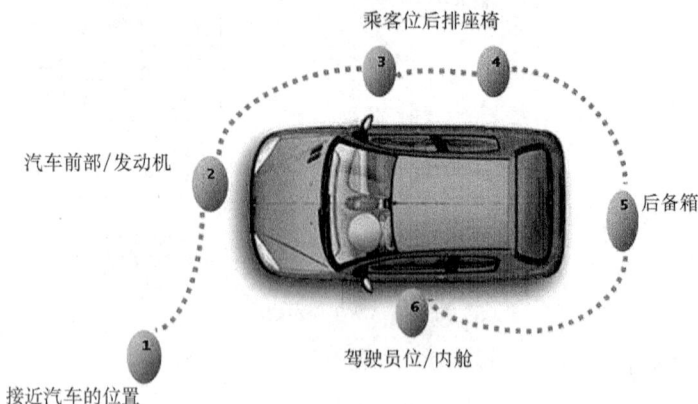

图 4-14　新车展示路线

d. 展示车辆要点

- 介绍展车需让客户看到、听到、触摸到、操作到，运用情境销售让客户确实了解 FAB 法则；
- 介绍产品应使用客户听得懂的语言，专有名词须加说批注；
- 多与客户互动，鼓励客户提问，并耐心回答其关注的问题；
- 介绍车舱时应主动邀请客户实际进入试乘，销售顾问应在门口采用半蹲式，或坐于客户侧边进行介绍；
- 介绍车辆时应仔细聆听客户反馈意见，了解客户关注重点，强调客户利益，利用 FAB 法将车的特性转化成客户利益表达出来。

FAB 法：F（function）是指属性，也叫配置；A（action）是指作用；B（benif）是指利益。我们通过 FAB 这种方法，把产品的亮点展示给客户。

⑤ 试乘试驾

a. 试乘试驾前操作步骤如表 4-4 所示。

表 4-4   试乘试驾前操作步骤

操作步骤	操作要求
第一步：试乘试驾邀请	1. 销售顾问对有购买意愿的客户发出试乘试驾邀请 2. 有技巧地引导客户同意试乘试驾
第二步：准备资料	1. 试乘试驾线路图 2. 试乘试驾协议书 3. 试乘试驾意见调查表 4. 试乘试驾试音碟
第三步：车辆检查	1. 保证车内外清洁，车内部安装专用地毯 2. 检查油量：20L 为宜 3. 确保车辆性能：灯光、空调、音响以及发动正常
第四步：审核驾照	1. 请客户出示本人合法有效驾驶证件 2. 注意发证机关、有效期、准驾车型（C1 及 C1 以上）、驾龄（一年或一年以上） 3. 留下相关有效证件，试车完毕后退回
第五步：签协议书	1. 请客户在《试驾协议书》上签名 2. 提醒客户写明驾驶证号、联系人、电话号码、时间 3. 请客户再次核对驾驶证号
第六步：路线图说明	1. 向客户解释行驶路线、范围 2. 向客户说明试乘试驾安全注意事项
第七步：提醒客户填写意见表	1. 提醒客户在试乘试驾结束后回展厅填写《试乘试驾意见表》 2. 告知有礼品相赠

b. 试乘试驾时的操作步骤。

第一步：引导客户到车旁

客户在试乘试驾时，往往会和自己的亲朋好友一起来参加，如果销售顾问要想取得积极的试驾体验，就必须做好试乘试驾中的人际沟通（见表4-5）。

表 4-5   试乘试驾中的人际沟通

步骤	注意事项	话术
第一步：主动结识客户的朋友	在客户进门后，一旦发现与客户同行的人从未出现过，就要主动要求客户给你介绍	"×先生，您能给我介绍一下您的这位朋友吗？"
第二步：和对方打招呼并递名片	客户介绍后销售顾问就要和对方打招呼，并递上名片，最好说一点赞美的语言	"×先生提到您很多次了，一直说您是行家呢，一会儿您一定得给我指点指点"
第三步：试驾过程中的主动沟通	此阶段的要诀就是销售顾问要主动、多说好话、多向客户请教。尽量不给客户留下挑剔的时间和机会	"×先生，刚才这个起步您的感受如何？""程先生，你觉得呢？"

第二步：出发前给客户的静态展示

• 请客户入座副驾驶座及后排，协助客户完成座椅、方向盘调节及系好安全带。

• 车内空间和布局展示（静态介绍）：座椅调节便捷、方向盘调整便捷、空间宽敞、仪表台布局典雅、显示鲜明，座椅舒适度、空调舒适度、体验音响效果等。

• 启动后：点火启动后声音沉稳，发动机怠速状态下发动机安静无抖动。

第三步：客户试乘阶段

• 首先由销售人员先驾驶。

- 给客户做示范驾驶（针对驾驶技术不熟练的客户）。
- 动态介绍重点：在车辆起步、加速、制动、匀速、转弯等工作状态下操作优势、特点。

第四步：中途换乘

- 行驶一段距离，到达预定换乘处，选择安全的地方停车，并将发动机熄火。
- 取下钥匙，由销售人员自己保管。
- 帮助客户就座，确保客户乘坐舒适。
- 待客户进入驾驶位置后，亲手交给客户钥匙。
- 提醒客户调节后视镜、方向盘、系好安全带、关好车门。
- 请客户亲自熟悉车辆操作装备，如制动踏板、离合器、转向器、节气门踏板、手制动器等五大操纵机件及本品牌特殊操纵开关。
- 销售顾问请客户再次熟悉试车路线，再次提醒安全驾驶事项。

第五步：客户试驾阶段

- 驾驶中让客户充分体验驾驶快乐，适当指引路线。
- 适当引导客户体验车辆性能（动力性、舒适性等）、强化动态优势，寻求客户认同。
- 注意观察客户驾驶的方式，控制客户驾驶的节奏，若客户有危险驾驶动作，及时提醒并在必要时干预。
- 尽量多赞美客户，让客户拥有满足感。

c. 试乘试驾后操作步骤见表 4-6。

表 4-6　　　　　　　　　　　　　　试乘试驾后操作步骤

步骤	操作细节	话术
第一步： 试乘试驾车停放	1. 乘试驾车回到指定区域，按规定停放	
	2. 销售顾问应首先下车，主动替客户开车门，防止客人头部碰到车门	"先生，您这边请，小心别碰头。" （站到门后，面向客户，一手拉门一手护住门框）
	3. 提醒客户确认无东西遗忘在车内	"先生，请您确认下是否还有东西遗忘在车里了。"
	4. 环车一周检查车辆，确认外观	
第二步： 邀请客户回展厅休息	1. 邀请客户回到展厅，帮客人递送茶水、毛巾	"先生，我们先回展厅休息下。" "今天您辛苦了，请喝茶，这里有热毛巾，擦一下会舒服些。"
	2. 请客户填写意见表	"先生，感谢您试驾我们的汽车，为了给您提供更好的产品服务，希望您能给我们一些意见，这里有张意见表，麻烦您填在上面。"
	3. 归还证件，表示感谢	"这是您的驾驶证，请您收好。" "非常感谢你能参加我们这次活动。"
第三步： 适机促成成交	1. 回答客户需求重点和疑问	
	2. 适机深入洽谈促进成交	"我想这部××汽车非常适合您的要求，也希望您成为××汽车大家庭的一员，如果您对这部车感觉满意，我们可以马上为您办理手续。"
	3. 若成交，转入订单操作流程。若未成交，做A卡（潜在客户卡），转入A卡操作流程	

续表

步骤	操作细节	话术
第四步： 送走客户	1. 赠送礼品	"先生，这是我们的小礼品，请笑纳。"
	2. 礼貌送客到门口	"感谢您的光临，期待您再次来到我们××4S专卖店"（送客户至展厅外，并目送离去，挥手致意）。
第五步： 交回车匙，做 好登记	1. 交回车匙	
	2. 填写试乘试驾登记表	
	3. 在洽谈完毕，客户离店后向库管人员汇报车辆状况，油量，包括预警功能故障，卫生污点等	

d.试乘试驾说明。

· 基于配合政府驾驶安全考虑，驾车人员必须具备合格车辆驾驶证（需先行复印客户合格车辆驾驶证）。

· 必须有销售团队成员亲自参与试驾，不可答应客户独自试驾。

· 由试车专员先行做试驾示范，再换手让客户试驾。

· 在试驾开始之前，销售顾问请试驾的客户签署"试乘试驾客户协议书"；做适当的产品介绍及安全驾驶须知；在试驾后，销售顾问请试驾的客户签署"试乘试驾客户信息及意见反馈表"。

· 请依照事先规划试驾路线进行试驾，不得超越试驾范围。

· 不得做出危险驾驶动作，如高速过弯、甩尾、不当换挡、非指定位置紧急刹车等；试驾过程中请依照交通规则行驶，途中若产生违规事项驾驶者应全权负责。

⑥ 处理客户的异议

a.客户异议的含义

· 通过异议可以判断出客户的购买需求程度。

· 异议可以反馈客户对产品的了解和接受程度。

· 异议能够反馈客户存在的购买障碍。

b.客户异议产生的根源

· 销售顾问原因

➢ 销售顾问的言谈举止不能获得客户的好感，服务不周到。

➢ 销售顾问不恰当的沟通（欺瞒客户的言语、过多的专业术语、姿态过高等）。

· 客户原因

➢ 没有购买需求（或者没有激发出兴趣）而且拒绝改变。

➢ 客户情绪或内在原因（没有支付能力、不想在这个时候与你交谈等）。

· 汽车产品原因

汽车产品在品质、功能、价格、需要、服务等方面不能让客户满意。

c.客户异议的分类

· 真实的异议

由于价格、信心等原因提出的异议。

· 虚假/隐藏的异议

用来敷衍、应付销售顾问，目的是不想和销售顾问会谈或不希望被打搅，希望获得自己独立的思考空间。

d. 处理异议（见图 4-15）的方法

• 三个原则：正确对待；避免争论；把握时机。

• 五个技巧。

第一，忽视法。装作站在对方的立场上，让对方感觉到他有这样的想法，你能理解，你同意他的观点等。

图 4-15　客户异议处理

第二，迂回否定法。重复客户提出来的问题。在这个过程当中，你可以根据客户的想法，迂回说出自己的观点，由于你在认真听他说话，又阐述了站点的立场，客户对你怀有的敌意会慢慢淡薄。

第三，认同和回应法。你可以对客户说，"你有这样的想法，我认为这是可以理解的"。你这么一说，客户肯定会说，"我们总算找到共同语言了"。

第四，直接反驳法。客户对企业的服务、诚信提出怀疑时，要及时纠正客户的疑惑。

第五，询问法。探询客户购车疑虑，鼓励客户说出心中的疑虑，努力消除疑虑从容地解答。

⑦ 报价和达成交易

a. 了解客户是否有购买意向

• 宣传××产品优良品质、良好的信誉、完善的服务；确认客户所购车型，以及保险、装饰、按揭、上牌等代办意向。

• 根据客户需求填写报价单，并给予讲解。

• 成交的关键时刻，在公司政策允许范围内，可适度折让，以避免交易失败；但应遵循折让原则：尽可能用赠品、服务代金券、服务优惠券等代替现金折让，最多只能提供一次现金折让，达到双方共赢。

b. 与客户达成交易

• 当客户对价格无异议时，及时提出成交要求，交预订金；客户所购车型无现货时，填写《购车协议书》，有现货，请客户验车、并协助客户确认所有车辆交接细节。

• 将车送至车间，请机修工进行 PDI 有关项目的检测。

• 销售员带客户办理付款手续（包括车款、装饰费、代办上牌、保险等各种手续等），说明交车时间，所需手续和文件可提供的特殊服务。

• 将客户所需花费的费用依报价单内容详细填写。

c. 履约与余款处理

• 销售员确定客户预订车辆已到，提前通知客户准备余款，并确定补交时间。

• 销售员跟踪确认直至客户完成交纳款。

• 若交车时间有延误，第一时间通知客户，说明原因并表示道歉，获得客户的谅解，重新协商交车时间，客户确认。

d. 成交失败时

即使成交失败，销售顾问仍应保持良好的服务态度，将客户送至门口，表示感谢，并说明会再努力达成客户要求。

> **注 意**
>
> 把失败当作一次提高的机会，找出失败的原因。

e. 报价与达成交易

报价与达成交易程序如图4-16所示。

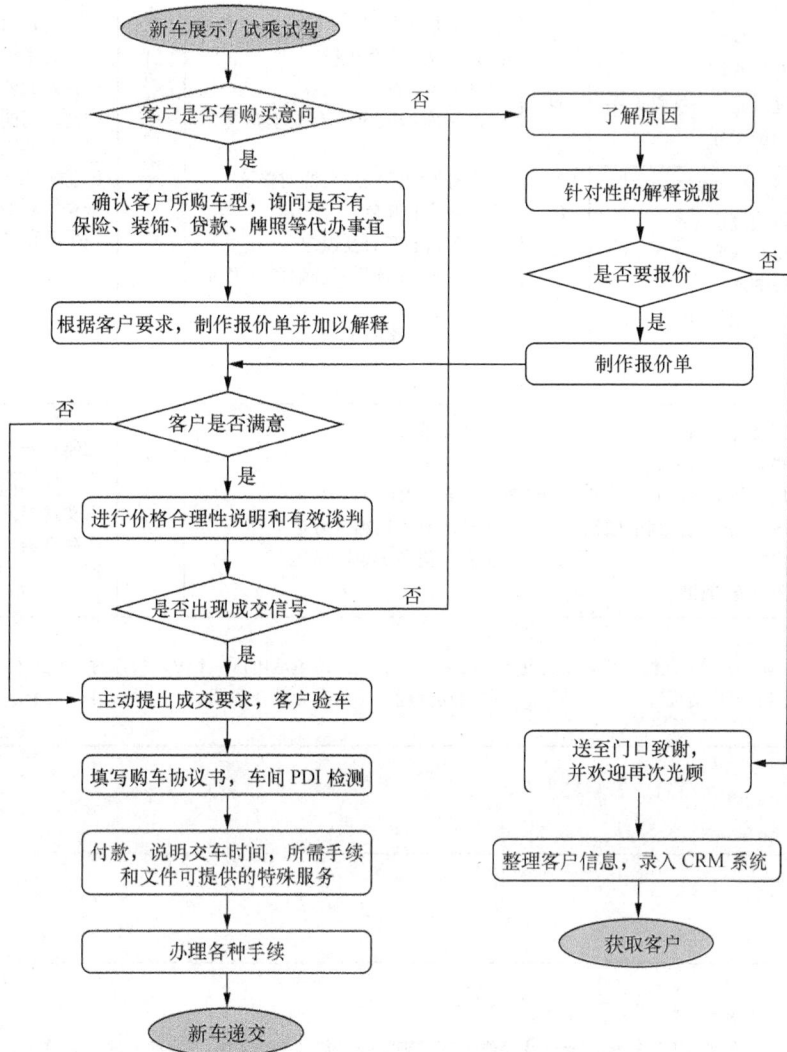

图4-16 报价与达成交易程序

f. 交车前的PDI检查

• PDI含义及意义

含义：出厂前检查（pre delivery inspection，PDI）即车辆的售前检验记录，如表4-7所示。

表 4-7　　　　　　　　　　　　**新车交接 PDI 检查表**

服务商名称：＿＿＿＿＿＿＿＿　服务商代码：＿＿＿＿＿＿＿＿　经销商名称：＿＿＿＿＿＿＿＿

车型：＿＿＿＿＿＿＿＿　发动机号：＿＿＿＿＿＿＿＿　运输商名称：＿＿＿＿＿＿＿＿

车身颜色：＿＿＿＿＿＿＿＿　车架号＿＿＿＿＿＿＿＿　检查日期：＿＿＿＿＿＿＿＿

外观与内饰	□内部与外观缺陷（如变形、擦伤、锈蚀及色差等） □油漆、电镀部件和车内装饰 □关闭车门检查缝隙情况 □车玻璃有无划痕 □随车物品、合格证、工具、备胎、使用说明书 □VIN 码、铭牌 □示宽灯及牌照灯 □大灯（远近光）、雾灯开关 □制动灯和倒车灯	室内检查与操作	□离合器踏板高度与自由行程 □制动踏板高度与自由行程 □油门踏板自由行程与操作 □方向盘自由行程 □收音机调节 □方向盘自锁功能 □驻车制动调节 □遮阳板、内后视镜 □室内照明灯 □前后座椅安全带及安全带提示灯 □座椅靠背角度及头枕调整 □加油盖的开启 □手套箱的开启及锁定 □前后雨刮器及清洗器的工作情况 □点烟器及喇叭的操作	点火开关及车门装置	□组合仪表灯及性能检查 □门灯、中门儿童锁 □车门、门锁工作是否正常 □门边密封条接合情况 □钥匙的使用情况 □滑动门的工作情况，必要时加润滑脂 □蓄电池和起动机的工作及各警告灯的显示情况 □手动车窗及开关
发动机舱	□制动液位及缺油警告灯 □发动机机油液位 □冷却液位及浓度 □玻璃清洗剂液位 □传动皮带的张紧力 □油门控制拉线 □离合器控制拉线				
底部及悬架系统	□底部状态及排气系统　　　　□变速器液位 □制动管路有无　漏或破损 □轮胎气压（包括备胎）（前轮：220kPa；后轮：250kPa） □燃油系统管路有无　漏或破损　□确认所有车轮螺母扭矩 □悬架的固定　　　　　　　□齿轮、齿条护罩情况 □确认保安件螺母扭矩			驾驶试验	□制动器及驻车制动的效果 □方向盘检查与自动回正 □变速器换挡操作 □离合器、悬架系统工作情况
热态检查	□燃油、防冻剂、冷却液、制动液及废气的渗漏　　□蓄电池电压　12V，怠速时　13.5V □冷却风扇的工作情况　　　　□热启动性能　□有无其他异响				
故障描述					
处理方法					

说明：

1. 以上检查项目：合格"　"、异常"×"；

2. PDI 检查：对以上项目的正确安装、调试及操作进行详细检查，简述故障现象及处理方法，并签字确认。

3. 本"PDI 检查表"所列的项目也许是您所检查的特定车型所没有的，为此请结合实际车型进行检查。

4. 此表一式两份，销售部和服务部各保存一份，保存期两年。

　　PDI 检查人员签字：＿＿＿＿＿＿＿＿　运输商签字：＿＿＿＿＿＿＿＿

　　接车员签字（经销商公章）：＿＿＿＿＿＿＿＿

　　意义：PDI 检测是一项售前检测证明，是新车在交车前必须通过的检查。因为新车从生产厂到达经销商处经历了上千公里的运输路途和长时间的停放，为了向顾客保证新车的安全性和原厂性能，PDI 检查必不可少。越是高档车辆，其电子自动化程度越高，PDI 项目的检查也就越多。

> 使用户对车辆有初步了解；

> 提高经销商的服务质量和形象；

> 提高用户对产品的满意度；

> 对售后出现的纠纷起依据作用；

> 发现、消除质量缺陷的重要环节。

- PDI 检查流程

> 接车检查流程：保证物流到　车辆完好。检查内容：内部与外观缺陷，并确认；VIN 码与发动机号与整车合格证的一致性；油漆、电镀部件和车内装饰；随车物品、工具、备胎、千斤顶、使用说明书、保修手册、随车钥匙。

判断缺陷车辆为物流质损或非物流质损，并按相应的规定进行处理。

> 车辆入库库存检查流程：使库存车辆处于完好状态。

保持适度的轮胎气压、拆除蓄电池的负极端子、拉紧手动制动器、雨刮杆立起，对车辆四门两盖锁体进行润滑操作，对关键部位的螺栓进行检查、紧固操作，对故障车辆进行及时处理。

> 销售交车检查流程：使客户初步了解车辆。

销售交车原则：需销售的车辆提前一天进行检测，确认车辆完好状态，避免以后纠纷。

⑧ 交车服务

a．交车前准备

- 准备好需要签字的各种文件。

- 检查车辆是否清洁、清新，车内地板铺上保护纸垫。

- 确认并检查车牌、发票、随车文件和工具等。

- 再次确认客户的服务条件和付款情况。

- 将车放在已打扫干净的交车区内。

- 协调好售后服务部门及客服中心，保证交车时相关人员在场。

- 电话联系客户，确定交车时间，询问与客户同行人员、交通工具，并对交车流程和所需时间简要介绍。

- 特殊安排的准备（照相机、礼品、服务优惠券等）。

- 准备好车辆出门证。

b．交车流程（含交车过程客户接待）

递交新车流程如图 4-17 所示。

- 销售员到展厅门口等候、热情地迎接客户。

- 介绍交车程序，并得到客户认可。

- 引导客户依报价单所列各项金额带至各相关部门缴款。

- 对各项费用进行清算（超过或不足部分给予说明）。

- 按照"售前检查证明 PDI"与客户一起逐项检查，客户无异议时，请客户签字。

- 用"安全使用说明"，讲解车辆规范操作要领。

- 介绍保养周期和质量担保规定。

- 说明发生故障的有关手续和联系方法。

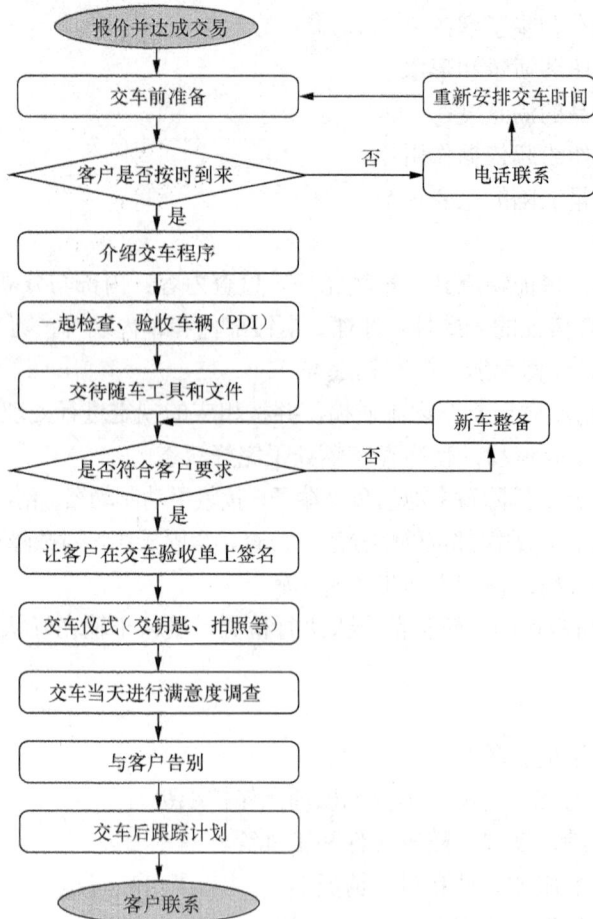

图 4-17 递交新车流程

c. 车辆文件说明

• 合格证、发票、车辆钥匙及条码、保险手续、行驶证等，当面核对并要求保管好；

• 移交并讲解随车文件（包括保养手册、售后服务网通讯录、7500 公里免费保养凭证、安全使用说明）。

d. 交车仪式

• 向客户介绍服务顾问，由服务员介绍服务部的时间、预约流程以及××的服务网络、服务顾问并递交名片；

• 向客户及其家属赠送鲜花、小礼品，拍纪念照等，并鼓掌表示祝贺；

• 主动询问周围是否有潜在客户；

• 陪同试车/提供送车服务（如果客户有需要）；

• 请客户填写"客户满意度调查表"，由客服部负责。

⑨ 售后跟踪服务

a. 售后跟踪准备

• 查阅 CRM 系统中的客户信息，包括基本信息、购买车型、维护保养、投诉、索赔等历史信息；

• 分析、选择跟踪形式（电话跟踪、上门拜访、信件等）及时间段；

- 准备记录用的笔、本。

b. 售后回访

销售顾问交车后，必须在 48 小时内完成售后回访。

- 以饱满、热情的态度进行跟踪回访，体现服务的延续；

- 若新购车辆使用没有问题，则祝贺客户的正确选择（"您非常有眼光，选择××品牌是明智之举"）；

- 若新购车辆使用有问题，耐心听取，做好记录，并积极与服务部门进行协调，督促尽早答复客户，并得到客户的认可；

- 记录整个联系过程，并录入 CRM 系统中。

c. 保持与客户的联系

保持与客户的联系流程如图 4-18 所示。

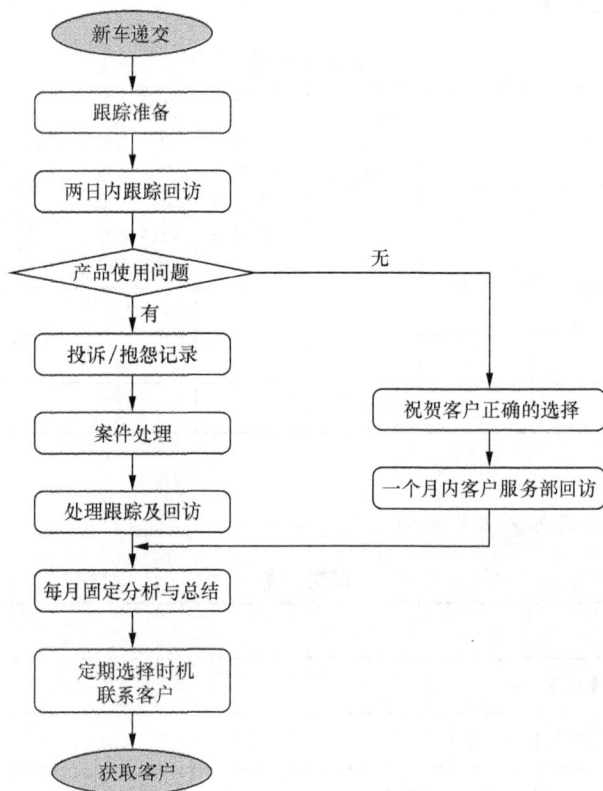

图 4-18　保持与客户的联系流程

d. 后续联系

- 销售顾问交车后，必须在 2~3 周内完成售后二次回访；进行车辆使用方面的关怀；

- 销售顾问于回访中适度运用 123 法则（1 个客户、2 个月之内、介绍 3 个潜在客户）；

- 客服中心于销售顾问交车后，3~4 周内完成售后回访关怀，并建立客户满意度记录。

|任务拓展|

电话营销（DCC）

DCC 是电话营销组织的简称。DCC 是以电话为工具，通过有效的聆听与沟通来挖掘并满足客户需求的营销模式。这是对传统销售模式的补充，旨在通过精准的手段管理潜在客户。下面介绍启动 DCC 的流程。

1. 客户调研分析

（1）电话调研

电话调查表如表 4-8 所示。

表 4-8　　　　　　　　　　　　　　　电话调查表

序号	客户姓名	联系电话	使用车型	购车时间	问题1：购车前是否进行过电话咨询	问题2：（如果是）通过何种渠道知道经销商电话热线	问题3：经销商电话接听是否让您满意	问题4：希望通过电话咨询得到哪些信息	问题5：您觉得哪个行业的电话业务最好
1									
2									
...									

（2）现场调研

现场调研的调查问卷如表 4-9 所示。

表 4-9　　　　　　　　　　　　　　　调查问卷

1	如何称呼您？
2	请问您的联系电话？
3	请问您目前使用的是哪款车型？
4	请问是在什么时间购买的××汽车？
5	您当时在购车前是否进行了电话咨询？
6	（如果是）您当时是通过何种渠道知道经销商电话热线？
7	（如果是）您当时对经销商的电话接听是否满意？
8	您希望通过电话咨询得到哪些信息？
9	您觉得哪个行业的电话业务最好？

2．DCC 业务模块

电话接听标准如下所述。

（1）铃声三声内或彩铃 10 秒内是否有人接听。

（2）主动介绍××经销商名。

（3）电话营销顾问主动表明自己的岗位和姓名。

（4）主动询问客户称呼并在电话中使用客户称呼。

（5）主动询问客户通过何种方式了解到××经销商。

（6）主动邀请客户到访××经销商。

（7）主动邀请客户试驾××汽车。

（8）主动介绍××和经销商当期的优惠活动。

（9）主动询问客户联系方式。

（10）详细介绍经销商所在区域及乘坐公共交通的到达方式。

（11）感谢客户致电××经销商，等客户挂断电话后再挂电话。

（12）挂机后 30 分钟内给客户发送短信。

3．DCC 业务流程

根据 DCC 管理的客户分类，制定业务流程图，明确电话坐席业务、设定目标、到店处理以及与销售部配合。

（1）客户来电资料记录

客户来电资料记录表如表 4-10 所示。

表 4-10　　　　　　电话营销顾问 2012 年×月客户来电资料记录表

序号	日期	来电时间	客户姓名	联系方式	信息渠道	意向车型	购车意向	通话描述	预计到店时间	预计下次回访时间	电话营销顾问
1	5.1	10:30	张××	1880…	网站	××	温	对比××，家住附近	5.12	5.4	高六
2	5.1	10:45	王××	1860…	百度	××	热	计划月底之前购车	5.4	5.2	何七
…											
合计											

（2）回访客户资料记录

回访客户资料记录表如表 4-11 所示。

表 4-11 　　　　　　　　　　**电话营销顾问 2012 年 × 月回访客户资料记录表**

序号	回访日期	回访时间	客户姓名	联系方式	客户来电日期	意向车型	购车意向	上次通话描述	回访次数	本次回访描述	是否战败	预计到店时间	预计下次回访时间	电话营销顾问
1	5.2	9:15	××	1860…	5.1	××	热	计划月底之前购车	1	后天上午 11 点到店	否	5.4	5.2	何七
2	5.4	10:30	张××	1880…	5.1	××	温	对比××，家住附近	1	已经试驾××，想在 12 日下午三点试驾宝马	否	5.12	5.10	高六
…														
合计														

（3）电话录音

电话录音是对经销商电话管理制度的一种完善，对每个来电或回访电话，DCC 应以此作为日后业务跟踪的基础。一方面，DCC 经理或主管可以通过抽样考察电话营销顾问的礼仪和业务能力并有效指导；另一方面电话营销顾问可以解决电话繁忙时可能出现记录遗漏的问题；同时，利用录音也是发现自身不足的工具。

4．绩效指标考核法（Key Performance Index，KPI）设定

（1）来电量

客户通过经销商销售热线拨打进来进行购车咨询的呼入总量。

（2）客户留资

电话营销顾问通过来电渠道留存客户信息，包括经过客户同意后按照电话机来电显示记录的客户信息。

（3）留资率

留资率=客户信息建档/来电数。

（4）到店量

客户致电后经过电话营销顾问邀约而实际到访经销商的数量。到店率=实际到店人数/客户信息数。

（5）销售量

电话营销顾问邀约到店的客户最终购买××汽车产品。成交率=交车数/实际到店人数。

| 任务检验 |

任务检验单

姓名		班级		成绩	
任务咨询					

一、填空

1. 汽车六方位介绍车法顺序为：_____、_____、_____、_____、_____、_____。

2. 汽车 4S 店接待要求主要有：_____、_____、_____、_____。

二、论述

汽车 4S 店现场报价时注意事项有哪些？

任务描述

在市场竞争越来越激烈的汽车 4S 店销售服务市场，如何使新客户变成忠诚客户，成为销售服务顾问不断努力的课题。

服务作业	
作业内容	作业标准
1. 接待礼仪	1. 礼仪要求
2. 六方位介绍法	2. 规范介绍
3. 成交	3. DCC 反馈

| 任务导入与目标 |

任务导入

一位刚毕业的大学生，在开展业务工作过程中，需要一台汽车，提高工作效率，但他没有资金买新车，请帮助他完成贷款购车手续。

任务目标

1. 能够描述汽车 4S 店贷款购车手续步骤
2. 掌握国家贷款购车法律规定及贷款工作流程
3. 培养学生的职业素养与专业技能
4. 培养学生适应技术优化的能力，恪守日常待人诚实有信原则，提高学生按章办事的规范意识

动能驱动——免征新能源汽车车辆购置税

学习步骤

汽车消费信贷—新车上牌服务

| 任务基础 |

一、信贷的含义与特征

信贷是一种借贷行为。它是指以偿还本金和支付利息为条件的特殊价值运动。

信用贷款是指以借款人的信誉发放的贷款，借款人不需要提供担保。其特征就是债务人无需提供抵押品或第三方担保，仅凭自己的信誉就能取得贷款，并以借款人信用程度作为还款保证的。这种信用贷款是我国银行长期以来的主要放款方式。由于这种贷款方式风险较大，一般要对借款方的经济效益、经营管理水平、发展前景等情况进行详细的考察，以降低风险。

二、汽车 4S 店消费信贷

1．汽车金融公司

汽车金融公司是由汽车制造商出资成立的、为买车人提供金融服务的非银行金融机构。在中国，它的成立与变更必须得到中国银监会的批准，服务内容与范围也要由银监会进行监督。

汽车金融公司的功能就是向消费者提供汽车贷款服务，此外还能为汽车经销商提供采购车辆和营运设备贷款、为贷款购车提供担保等一些经中国银监会批准的其他信贷业务。

2．汽车消费信贷

汽车消费信贷是信贷消费的一种形式，兴起于二战后的西方国家。在中国是指金融机构向申请购买汽车的客户发放人民币担保贷款，再由购买汽车人分期向金融机构归还贷款本息的一种消费信贷业务。

3．汽车消费信贷业务发展

目前汽车消费信贷在全球都得到了广泛的应用。2006 年，美国汽车销售额中靠分期付款方式销售汽车的占 70%，日本和德国分别占 50% 和 60%，而我国仅占 10% 左右。2014 年我国人均 GDP 已经超过 3500 美元，居民消费机构升级加快，汽车消费发展前景广阔，近几年我国汽车销售增长率达到 20%～35% 甚至更高。汽车金融业的发展状况决定了潜在的汽车消费欲望转化为现实消费需求的可能性。不少汽车企业正积极着手开展消费信贷方式的创新，希望缓解当下汽车消费局面疲软的现象。由此可见，汽车消费信贷正作为一种必要的促销手段加以推广，有较强的应用价值。

4．各国消费信贷业务模式比较

（1）美国模式

美国是汽车消费信贷的鼻祖，研究表明，目前在全球范围内流行的汽车消费信贷起源最早可追溯到 1907 年美国兴起的个人购车中的分期付款方式，正式获得合法地位则是 1916 年美国政府出台《统一小额贷款法》。1919 年，美国首家汽车金融服务机构——通用汽车票据承兑公司开始向汽车消费者提供金融信贷服务，成为最早创建金融公司的汽车制造商，也是目前全球最大的三家汽车金融服务机构之一。

在美国，汽车消费信贷体系主要由 3 部分组成，包括专业汽车信贷公司（以汽车制造厂商所属的专业性汽车融资机构为主）、银行及独立财务公司、信贷联盟。其中又以专业汽车信贷公司占据主导地位。

① 美国汽车存货融资模式

图 5-1 所示流程图的解释说明：

A——信贷公司评估经销商信用及销售状况决定贷款额度，并与之签订存货融资贷款合同；

B——信贷公司向州政府以目前及未来融资车辆为抵押融资抵押登记，为流动抵押权；

C——经销商向汽车制造厂商提交订单；

D——汽车制造商按订单生产并销售给经销商；

E——信贷公司代替经销商偿还车款，贷款自此开始；

F——经销商将车辆销售给客户；

G——经销商将车款及利息偿还给信贷公司。

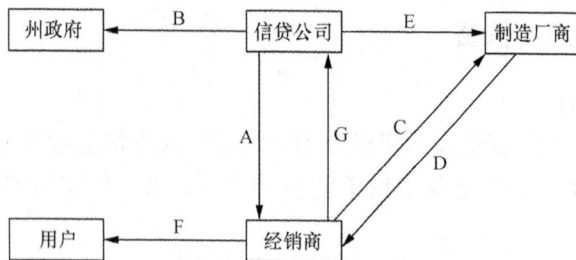

图 5-1　美国汽车存货融资模式

② 美国汽车消费信贷模式

美国汽车消费信贷的模式主要有直接融资和间接融资两种。

a. 直接融资

该模式操作较为简便，即客户直接向银行或信贷公司申请购车贷款，然后用取得的贷款向经销商购买汽车，以分期付款方式归还贷款。特点是借款人的申请不一定与特定的车型挂钩，对借款人在何处购车也没有一定的限制。

直接贷款由银行完成全部作业，借款人的信用度以及还款能力都由银行通过收集借款人的信用资料进行调查，按照银行贷款标准来决定是否发放给借款人贷款，但是全部业务都由银行进行，花费时间较长，这是直接贷款的最大缺陷。

b. 间接融资

间接贷款是指银行通过汽车经销商经办购车人贷款的申请，借款人一般都是先在一家汽车经销店内选好准备购买的汽车，然后由汽车经销商协助办理向银行申请贷款的手续，如图 5-2 所示。

间接贷款是由汽车经销商初步对借款人的信用及其还款能力进行审核，商业银行只要求申请材料齐备，因此借款人的信用及其偿还能力都依赖于汽车经销商的判定，在某种程度上来说，间接贷款的质量要低于直接贷款。但是由于间接贷款耗费时间比较少，筹款、付款、过户的手续都能一次性付清，因而已经成为汽车信贷的主流模式。

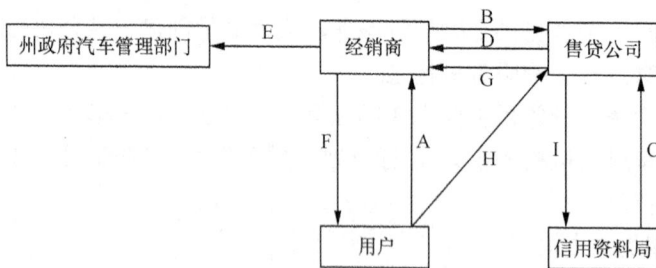

图 5-2　美国汽车间接贷款模式

图 5-2 所示流程图的解释说明：

A——客户在经销商处选定车型并填写贷款申请书；

B——经销商将客户贷款资料通过网络传送到信贷公司当地分公司；

C——信贷公司通过网络向信用资料局调取客户信用资料，进行信用评估；

D——信贷公司通知经销商贷款的核准情况；

E——经销商与客户签订分期付款销售合同，并向州政府汽车管理部门登记上牌，并登记信贷公司为车辆抵押权人，抵押权人将出现在汽车管理部门出具给客户的车辆所有权证明书上；

F——经销商将车辆交给客户；

G——信贷公司在收到经销商的合同文件后，拨放贷款和佣金；

H——客户按合同规定按期支付分期款给信贷公司；

I——信贷公司将客户的定期付款信息提供给信用资料局。

（2）日本模式

① 日本汽车存货融资模式

该模式操作较为简便，经销商的库存车辆由制造商以延期付款方式直接买断经营，并规定还款期限（一般为45～60天）；到期后，无论车辆是否销售，经销商必须付清欠款。对于到期仍未能实现销售的车辆，大部分是以向银行申请流动资金的贷款方式融资（采用该方式的经销商约占75%），或者是向汽车制造商所属的财务公司融资（约占25%）。

② 日本汽车消费信贷模式

日本汽车消费信贷主要以银行为主体，到20世纪60年代前期，日本汽车工业协会提出了通过扩展消费信贷销售内容来增加对国产汽车需求的建议，还建议要创办汽车销售金融公司。日本目前汽车消费信贷的模式主要有三种。

a．直接融资

操作简便，基本类似于美国的做法，即客户直接向银行贷款，并将购买车辆作为贷款担保品，然后向银行分期付款。

b．间接融资

与美国的模式相同。

c．附保证的代理贷款

附保证的代理贷款就是指金融机构提供贷款给客户购车，但是整个贷款的作业从信用核准到贷款后的服务及催收都由信贷公司处理，信贷公司保证在客户不付款时要代替客户向金融机构支付贷款，信贷公司向提供贷款的金融机构收取一定的费用，是一种具有日本特色的业务模式。其业务模式如图5-3所示。

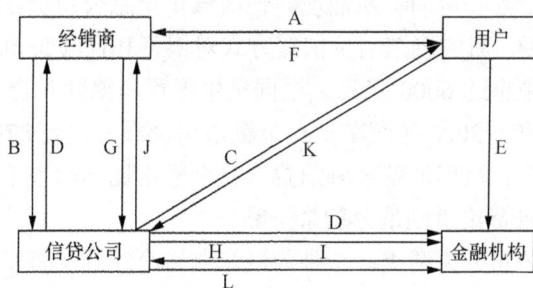

图5-3　日本汽车贷款模式

图5-3所示流程图的解释说明：

A——客户在经销商处选定车型并填写贷款申请；

B——经销商将客户的贷款申请送到信贷公司；

C——信贷公司对客户做信用评估和调查；

D——信贷公司将核准贷款通知经销商及提供贷款的金融机构（一般为保险公司）；

E——客户与提供贷款的金融机构签订融资合同；

F——经销商将车辆交给客户；

G——经销商向信贷公司请求支付车款；

H——信贷公司向金融机构请求拨发贷款；

I——金融机构拨发贷款给信贷公司；

J——信贷公司将贷款转拨给经销商；

K——客户向信贷公司进行分期付款；

L——信贷公司向金融机构支付客户到期的分期付款并收取相应的收入。

这种业务模式高度分工，其融资特点是融资市场主体由信贷公司、银行、汽车制造厂专属的信贷公司以及经销商组成，其中专业的信贷公司占业务比例最大，银行所占业务比例逐年下减。

（3）我国汽车消费信贷的主要模式

① 传统模式——银行信贷模式

传统模式下，银行为购车人提供贷款，保险公司为购车人提供车贷险。车贷险的存在有利于购车人顺利获得贷款，同时减小了银行贷款的还款风险。这一模式中，银行和保险公司都因此获益。

传统模式的主要优势表现在消费者可选择汽车品牌和品种较多，银行利率较低，所需偿还的利息少。但缺点在于首付比例高，为车款的 30%，贷款期限短，一般为 3 年左右。而且手续繁琐、速度慢，购车者从支付首期款到提车往往要等十几天。再加上银行业务缺乏汽车专业人士的指导，售后服务难以跟上。

传统的贷款购车模式如图 5-4 所示。

图 5-4　我国传统汽车贷款模式

② 发展模式——汽车金融公司模式

近几年，随着汽车金融公司的不断涌现，使得汽车金融公司贷款作为一种新的购车融资方式正在逐步被市场接受。新的汽车消费信贷方式对银行和保险公司冲击较大。2013 年，我国汽车消费金融产品余额超过 6000 亿元。根据民生银行和德勤联合发布的《2012 中国汽车金融报告》预测，2015 年～2020 年汽车消费金融市场余额将达到 8700 亿元，其中商业银行消费贷款余额占 50%左右；汽车消费金融消费贷款余额占比 24%左右；信用卡车贷分期余额占比 20%左右，其他的融资渠道则瓜分剩余份额。

目前国内汽车金融公司分为两类：一种为汽车制造公司的全资子公司，是该汽车品牌的专属金融机构；另一种为汽车制造公司与银行等金融机构合资成立的独立的汽车金融机构（简称银企合作的汽车金融公司）。截至 2014 年，国内共有包括北京现代汽车金融有限公司、梅赛德斯·奔驰汽车金融有限公司、重庆汽车金融有限公司、广汽汇理汽车金融有限公司、瑞福德汽车金融有限公司、上汽通用汽车金融有限责任公司、大众汽车金融（中国）有限公司、丰田汽车金融（中国）有限公司、东风标致雪铁龙汽车金融有限公司、丰田汽车金融（中国）有限公司等在内的 10 家汽车金融公司。

汽车金融公司的优势显著，具体表现在：此信贷模式手续简单方便且首付比例低，一般汽车金融公司要求的首付款最低为车价的 20%；贷款时间长，最长贷款年限为 5 年；不用缴纳抵押费，只要消费者在厂家授权的销售店办理"一站式"购车，贷款、保险等全部业务就可以；可选择的还款方式多，大致可分为等额本金、等额本息和智慧，手续简单、速度快、杂费少（以福特金融公司为例，购车者提供贷款申请资料到完成审批最快只要一天时间），大大缩短了购车者等待的时间，提高了顾客满意度。另外，汽车金融公司凭借汽车厂商的强大背景，有专业团队作为支撑，精技术、懂市场，在售前、售中、售后都能和购车者保持密切联络，使风险更容易掌控，这是商业银行无法拥有的先天优势。因此这一模式使生产商掌握大量顾客信息，对消费者的需求能够做出迅速反应。其优势大体归结为两点：一方面满足消费者的需求，同时又为汽车企业注入资金。汽车金融公司的劣势在于购车者所需支付利率较银行高出不少，虽有一些低息或者是无息购车，但都仅限于一些非畅销车型。

③ 创新模式——一对一银企合作信贷模式

因为受《汽车金融公司管理办法》的制约，成立汽车金融公司的门槛比较高，而且管制多，利润较之国外相对微薄，于是一对一银企合作模式在我国应运而生。该模式与传统的泛银行模式的最大区别：银企合作是某一汽车制造企业与特定的某一银行进行合作，银行利用自身资源为合作汽车制造企业提供贴身的金融服务。目前业内采取银企合作模式的主要有两家：宝马—招行模式和北京现代—中信模式。

一对一银企合作信贷模式的优劣势分析：一对一银企合作模式属于中国汽车信贷的创新，此模式的显著优点在于克服了传统银行模式专业化程度不高、售前售后服务不到位等特征。避免了汽车金融公司单独依靠汽车制造企业等非银行金融机构融资渠道不够畅通、经营风险比较集中、利率较高等不足。但是银企合作的最大隐患在于汽车制造企业将信贷业务完全托附于特定的某家银行，容易受银行的牵制。且单独依靠一家银行的资产，信贷规模扩张相对较难。同时合作银行网点的分布在很大程度上不利于银行提供及时、有效、便捷的服务，容易给消费者造成不满。

我国汽车信贷模式目前呈现出多元化发展方向。然而目前我国发展汽车消费信贷的宏观环境存在许多不完善的地方，如信用体系不完善，相关的法律法规不健全、贷款市场竞争不规范、汽车价格波动幅度太大、贷款人道德水平低等，使得每种模式都难以尽善尽美。从长远发展看，银企合作的汽车金融公司将是今后国内汽车信贷模式的主体。这类公司负责金融产品开发、销售和风险管理。这样就能将汽车金融公司的专业化优势与银行的资金优势、网络结算优势结合起来，从而大大改善国内汽车金融服务水平，有力推动汽车消费信贷的发展。此模式集中了银行、汽车企业优势，将两者利益统一起来，又属于独立于两者之外的机构，运作起来效率大大提高。

三、汽车消费信贷的主要业务流程

汽车消费信贷的业务流程设计可归纳为信贷申请、资信调查与评估、信贷审查和审批、签订信贷合同、发放贷款合同等步骤。其业务流程可分为 4 个阶段。

1. 信贷申请阶段

申请信贷的个人和经销商通过与汽车消费信贷机构的资信评估部门接触，对申请信贷业务进行咨询及索取有关部门资料。在确定需要申请信用贷款后，需按要求填写有关表格及提供有关材料（如身份证、户口本、个人银行存折等）。汽车消费信贷机构的资信评估部门对申请个人和企业进行立项，对其资信进行初步审核，决定是否接受其申请，对于不合要求的个人和企业，及时回复。这是汽车消费信贷机构筛选服务对象的第一关，主要集中在对申请个人和企业的文字材料的分析。通过这一关的筛选，将一些风险很高的申请贷款的个人和企业剥离出去，这一方面可以提高公司的整体运营效率，另一方面也大大降低了风险。

2．汽车信贷申请的审批阶段

对于符合汽车信用要求的申请个人和企业，汽车消费信贷机构的资信评估部通过实地考察、采集申请者资信材料，开展资信评估和分析，然后将评估结果交信贷审查批准部门进行审查与审批，对于不符合汽车信贷条件的申请个人和企业予以回复，对于符合条件的申请个人和企业发给同意申请汽车信贷意向书，并启动贷款审批程序。这是汽车消费信贷机构筛选服务对象的第二关。在这一环节，汽车消费信贷机构资信评估部门需要到申请贷款的个人和企业实地考察，采集分析数据，并对申请贷款的个人和企业做出资信评估，作为汽车信贷审批的重要依据。通过第二关的筛选，汽车消费信贷机构能够挑选出符合公司风险控制规定的申请贷款的个人和企业，并对之提供汽车信贷。

3．汽车信贷监控阶段

汽车消费信贷机构正式发放汽车贷款后，风险监控部门需要定期、不定期地检查已得到信贷的个人和企业的财务情况和偿付能力，追踪个人和企业的资信变化情况，监测预警系统，及时发现风险并采取措施进行控制。

4．违约处理阶段

风险监控部门一旦发现预警信号，应立即通知资产管理部门，并通过紧急止损措施，收回抵押资产等。汽车消费信贷机构的法律部门则负责各项法律事务，保证公司利益。

四、汽车贷款流程步骤

汽车按揭贷款流程可以分为以下几个步骤。

（1）购车人到银行营业网点进行咨询

购车人到银行营业网点进行咨询，网点为用户推荐已与银行签订《汽车消费贷款合作协议书》的特约经销商。

（2）到经销商处选定拟购汽车，与经销商签订购车协议

到经销商处选定拟购汽车，与经销商签订购车协议，明确车型、数量、颜色等。

（3）到银行网点提出贷款申请

到银行网点提出贷款申请必需的资料：个人贷款申请书、有效身份证件、职业和收入证明以及家庭基本状况、购车协议、担保所需的证明文件、贷款人规定的其他条件。

（4）银行审核用户资信

银行在贷款申请受理后 15 个工作日内通知购车借款人，与符合贷款条件的借款人签订《汽车消费借款合同》。汽车消费贷款额度最高不超过购车款的 60%～80%（各贷款银行有所不同），贷款期限最长不得超过 3～5 年（各贷款银行有所不同）。若用户不符合贷款条件，银行将申请材料退回申请人。

（5）签订借款和担保合同

若申请人符合贷款条件，银行与其签订借款合同和有关担保合同。担保方式及相应手续如下所述。

① 用户提供第三方连带责任保证方式（银行、保险公司除外）的，保证人与银行签订保

证合同，也可以由保险公司提供连带责任履约保证或由银行提供保函。

② 用户以抵押或质押方式担保，应与银行签订抵押或质押合同。以房屋作抵押的，须经指定评估机构评估确认后，由银行会同抵押人到房屋所在区县房地产登记处办理抵押登记，在取得权证后合同生效。以质押方式担保的，质押合同以权利凭证移交给银行后合同生效。

③ 以上手续完成后，银行应及时向特约经销商发出贷款通知书。

④ 以所购汽车作抵押的，银行应及时向特约经销商发出贷款通知书，并在所购汽车上牌后由银行统一到车辆管理所办理抵押登记。

（6）银行发放贷款，用户办理车辆保险、提车

特约经销商在收到贷款通知书15日内，将客户购车发票、缴费单据及行驶证（复印件）等移交银行。银行在客户办理财产保险手续后发放贷款。险种包括：车辆损失险、第三者责任险、盗抢险和自燃险等。各类保险期限均不得短于贷款期限。

（7）客户按时还款

汽车贷款流程步骤如图5-5所示。

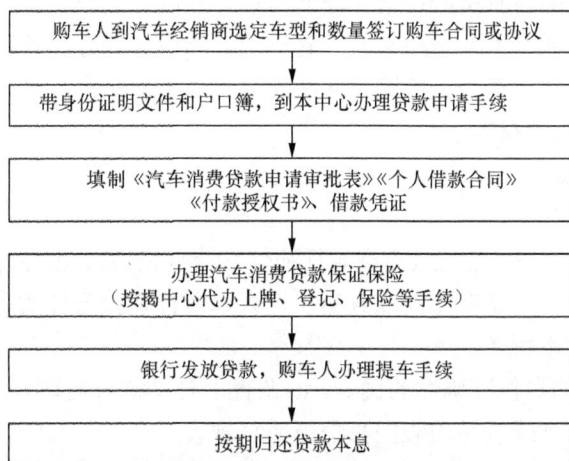

图5-5 汽车贷款流程步骤

五、个人汽车消费贷款操作流程

1．贷款条件

（1）贷款范围

汽车消费贷款只能用于购买由贷款人确认的，并与贷款人签订了《提供汽车消费贷款合作协议》的经销商销售的指定品牌国产汽车。

（2）贷款对象及条件

① 年满18周岁，具有完全民事行为能力。

② 有正当职业和稳定的收入来源，具备按期偿还贷款本息的能力。

③ 持有与贷款人指定经销商签订的指定品牌汽车的购买协议或合同。

④ 愿意并能够提供贷款人认可的有效担保。

⑤ 财产共有人应认可其有关借款及担保行为，并愿意承担相关法律责任。

⑥ 支付不低于所购车辆价款20%的首付款项。

⑦ 愿意接受贷款人规定的其他条件。

2．商业贷款所提供的材料

（1）购车协议；

（2）夫妻双方身份证复印件（核对原件留复印件）；

（3）夫妻双方户口本复印件（核对原件留复印件）；

（4）结婚证复印件（或离婚证\离婚协议\离婚判决书）：申请人的婚姻证明，已婚的需要有结婚证，离异的需要有离婚证书或法院判决及生效书（核对原件留复印件）；未婚的客户要求填写一份《婚姻状况具结书》（核对原件留复印件）；

（5）收入证明（加盖公章，填好单位地址\电话\联系人，金额不填）：需提供申请人及其配偶的收入证明，申请人整个家庭的每月贷款还款总额不能超过其整个家庭每月总收入的50%，可以到中国人民银行的征信系统进行查询购车申请人所有的贷款情况及每月应还款金额；

（6）房产证复印件（如无产权证，需提供土地证）；

（7）申请人的常住证明。购车申请人的户籍可以是全国的，但必须在××拥有常住证明，同时须在××拥有固定的自有房产；常住证明可以在社区、居委会、村委会等组织开立；

（8）购车人或其配偶个人存折往来账（有一定数额或定期存款单复印件亦可）；

（9）营业执照复印件（若为企业股东或法人，请提供股东章程或开具股份证明）；

（10）银行要求补充的材料。

3．车贷操作流程

（1）贷前调查

对收集的材料进行审核，登记《查询人行征信系统登记簿》，由专职人员对购车申请人的信用情况进行查询，对信用状况无问题且初步符合本银行贷款条件的申请人进行贷前调查。贷前调查的主要内容如下所述。

① 对购车申请人的身份准确性的调查。该调查主要是核对购车人及其配偶的身份，重点是有无冒用他人身份贷款或者是用假的身份证明贷款。

② 购车人收入真实性的调查。该调查主要通过观察购车申请人的居住状况；通过交谈了解购车人个人素质、所从事的行业及未来发展情况；通过查看其他财力证明材料（家庭储蓄存折，个人结算账户往来情况，有无为家人投保寿险等）。如果购车人是自己投资办企业或公司，可要求其提供营业执照，公司章程。如果客户能配合本行做调查，可要求其提供企业出资证明等。以上所提到的辅助财力证明需提供复印件。

③ 对购车人购车用途进行调查。

④ 当面对购车人的配偶进行了解，在其不反对购车人买车并以所购车辆做抵押的情况下，予以同意。

⑤ 购车申请人需填写一份《个人消费贷款申请表》，购车人及其配偶需同时签字盖手印。贷款金额不能超过汽车售价的70%。

（2）签约流程

① 在收到购车申请人的材料后，由专员通知客户前来银行签约，签约的内容主要有：

a．借款、抵押合同一式五份；

b．个人汽车消费贷款申请表；

c．汽车信用卡开卡申请表；

d．购车申请人需到银行申请开通储蓄卡，作为用于贷款的还款账号。

以上所有材料都需购车申请人签字盖手印。

② 车辆抵押所需要的材料（由 4S 店提供）

a．购车增值税发票（原件）。

b．购车税发票（原件）。

c．购车保险单（保单上的第一受益人必须是抵押权人，四险必保：车损险、盗抢险、自然险、第三方责任险）（原件）。

d．汽车 4S 店的首付款证明（原件）。

e．车辆完税证明（复印件）。

f．车辆行驶证（车辆外观图与详细资料复印件）。

g．机动车登记证（绿皮本）（原件）。

4．贷款额度、期限和利率

（1）汽车消费贷款额度最高不得超过所购车辆价款的 80%。

（2）以质押方式担保的，借款人应自筹不低于所购车辆价款 20% 的首期付款，贷款最高额不得超过所购车辆价款的 80%。

（3）以抵押方式担保的，借款人应自筹不低于所购车辆价款 30% 的首期付款，贷款最高额不得超过购车款所购车辆价款的 70%。

（4）以第三方保证方式担保的，借款人应自筹不低于所购车辆价款 40% 的首期付款，贷款最高额不得超过购车款所购车辆价款的 60%。若保证人为银行或保险公司，贷款最高额可放宽至不得超过所购车辆价款的 80%。

（5）汽车消费贷款期限最长不超过 5 年（含 5 年）。

（6）汽车消费贷款利率按照中国人民银行规定的同期贷款利率执行。在贷款期内，若遇法定利率调整，对贷款期限在 1 年以内的，按合同利率计息，不再调整利率；贷款期限在 1 年以上的，遇法定利率调整，于次年 1 月 1 日起，按当时相应利率档次执行新的利率，实行分段计息。利率调整后，贷款人应书面通知借款人。

5．贷款担保

（1）借款人可以选择抵押、质押或第三方保证中的一种或一种以上的担保方式为汽车消费贷款提供有效担保。

（2）借款人选择以质押方式担保的，可供质押的质押品包括中华人民共和国财政部发行的无记名国库券、在本行各营业网点购买的凭证式国库券或本行存单、可办理核押业务银行的存单和凭证式国库券以及贷款人认可的其他债券或债权凭证。银行存单和国库券的担保额最高不得超过质押物价值的 80%，贷款人认可的其他债券或债权凭证的担保额最高不得超过质押物价值的 60%。

（3）借款人选择以抵押方式担保的，可供抵押的抵押物范围仅限于可设定抵押的产权房或以贷款购买的汽车。以可设定抵押的产权房作为抵押担保的，借款人应自筹不低于所购车辆价款 30% 的首期款项，贷款最高额不得超过所购车辆价款的 70%。以贷款所购车辆作为抵押担保的，借款人应自筹不低于所购车辆价款 50% 的首期款项，贷款最高额不得超过所购车辆价款的 50%，同时借款人还必须提供第三方保证作为补充担保，在借款人因故不能按期偿还贷款本息，以变卖或拍卖抵押物所得款项仍不足以偿还贷款本息时，由保证人承担代为偿还贷款本息的责任。

（4）借款人选择以第三方保证方式担保的，借款人应自筹不低于所购车辆价款 40%的首期款项，贷款最高额不得超过所购车辆价款的 60%。每个单个自然人的担保限额为 5 万元。配偶不得作为保证人。

6. 贷款偿还方式

贷款期在一年以内的贷款，实行到期还款、利随本清还款方式；贷款期在一年以上的贷款，应当按月等额偿还贷款本息。

六、汽车 4S 店汽车保险服务管理

1. 车辆保险知识

（1）保险的产生和发展

人类社会演进的历史，就是人类改造自然、征服自然的进程。在这一过程中，人类为了抵御自然灾害和意外事故的发生，往往会采用积蓄后备力量和互助方法，从而逐渐出现了保险的萌芽。随着商品经济发展到一定阶段，保险也就应运而生。

（2）机动车辆保险概述

① 机动车保险意义

世界上最早的一份汽车保险出现在 1898 年的美国。美国的旅行者保险有限公司在 1898年给纽约布法罗的杜鲁门·马丁上了第一份汽车保险。

汽车保险对日益增多的伤残和损失事故进行风险防范和风险控制是十分必要的，汽车保险的赔付对社会经济的稳定起到了保障作用。

② 机动车辆保险的概念

机动车辆保险即"车险"，是以机动车辆本身及其第三者责任等为保险标志的一种运输工具保险。其保险客户，主要是拥有各种机动交通工具的法人团体和个人；其保险标的，主要是各种类型的机动车辆。机动车辆是指汽车、电车、电瓶车、摩托车、拖拉机、各种专用机械车、特种车。

③ 机动车辆保险的基本特征

保险标的出险率较高；机动车辆保险业务量大、投保率高；扩大保险利益；无赔款优待。

（3）机动车辆保险的种类

机动车辆保险可分交强险和商业险两大类,而商业险又可以具体分为基本险(也称主险)、附加险和不计免赔特约险 3 个部分，如图 5-6 所示。

基本险分为车辆损失险和第三者责任保险、全车盗抢险（盗抢险）、车上人员责任险（司机责任险和乘客责任险）。

附加险包括玻璃单独破碎险、划痕险、自燃险、涉水行驶险、无过失责任险、车载货物掉落责任险、车辆停驶损失险、新增设备损失险、不计免赔特约险等。保险客户可根据自己的需要选择加保。

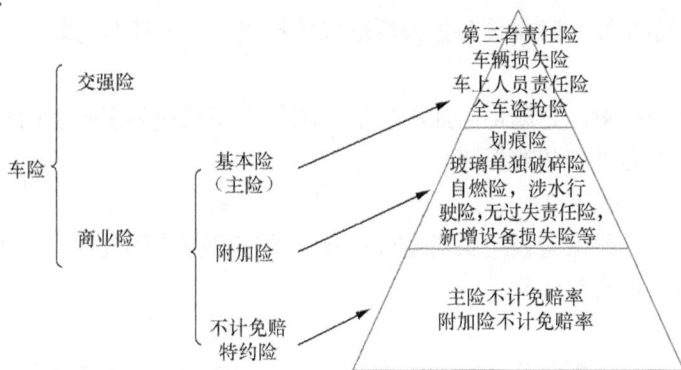

图 5-6　机动车保险分类

① 交强险

交强险（全称机动车交通事故责任强制保险）是中国首个由国家法律规定实行的强制保险制度。

② 车辆损失险

车辆损失险是指保险车辆遭受保险责任范围内的自然灾害或意外事故，造成保险车辆本身损失，保险人依照保险合同规定给予赔偿。

车辆损失险的保险责任：被保险人或其允许的合格驾驶员在使用保险车辆过程中，因下列原因造成保险车辆的损失，保险人负责赔偿。

a. 碰撞：是指保险机动车及其符合装载规定的货物与车体以外的固态物体的意外直接撞击。

b. 倾覆：是指保险车辆由于自然灾害或意外事故翻倒，车体触地，失去正常状态和行驶能力，不经施救不能恢复行驶。

c. 坠落：保险机动车在行驶中发生意外事故，整车腾空后下落，造成本车损失的情况。

d. 火灾：是指保险车辆本身以外的火源引起的、在时间或空间上失去控制的燃烧（即有热、有光、有火焰的剧烈的氧化反应）所造成的灾害。

e. 爆炸：是指物体在瞬息分解或燃烧时放出大量的热和气体，并以很大的压力向四周扩散，形成破坏力的现象。发动机因其内部原因发生爆炸或爆裂，轮胎爆炸等，不属于本保险责任。

③ 第三者责任险

机动车辆第三者责任险，是承保被保险人或其允许的合格驾驶人员在使用被保险车辆时，因发生意外事故而导致的第三者的损害索赔危险的一种保险。由于第三者责任保险的主要目的在于维护公众的安全与利益，因此，在实践中通常作为法定保险并强制实施。

机动车辆第三者责任保险的保险责任，即是被保险人或其允许的合格驾驶员在使用被保险车辆过程中发生意外事故而致使第三者人身或财产受到直接损毁时被保险人依法应当支付的赔偿金额。

④ 盗抢险

盗抢险负责赔偿保险车辆因被盗窃、被抢劫、被抢夺造成车辆的全部损失，以及期间由于车辆损坏或车上零部件、附属设备丢失所造成的损失，但不能故意损坏。

⑤ 划痕险

划痕险即车辆划痕险，它属于附加险中的一项，主要是作为车损险的补充，能够为意外原因造成的车身划痕提供有效的保障。

⑥ 玻璃单独破碎险

玻璃单独破碎险，即保险公司负责赔偿被保险的车辆在使用过程中，车辆本身发生玻璃单独破碎的损失的一种商业保险。

⑦ 自燃险

自燃险即"车辆自燃损失保险"，是车损险的一个附加险，只有在投保了车损险后才可以投保自燃险。在保险期间内，保险车辆在使用过程中，由于本车电路、线路、油路、供油系统、货物自身发生问题，机动车运转摩擦起火引起火灾，造成保险车辆的损失，以及被保险人在发生该保险事故时，为减少保险车辆损失而必须要支出的合理施救费用，保险公司会相应的进行赔偿。

2．机动车投保流程

机动车投保流程如图 5-7 所示。

七、汽车 4S 店上牌代理服务

新车上牌流程见表 5-1。

第一步：选车、购车；第二步：交购置税、保险；第三步：选号、上牌。

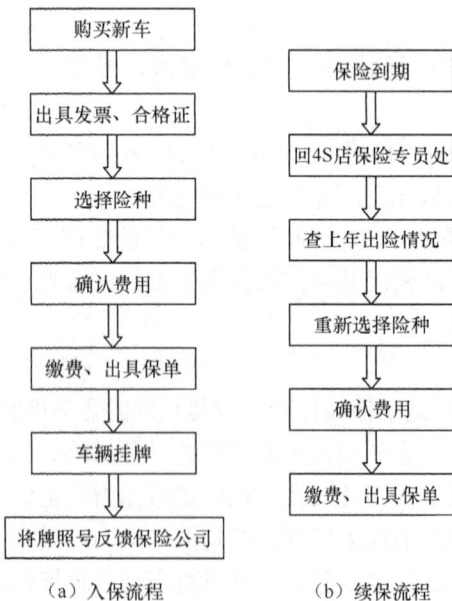

```
购买新车                          保险到期
   ↓                               ↓
出具发票、合格证              回4S店保险专员处
   ↓                               ↓
选择险种                     查上年出险情况
   ↓                               ↓
确认费用                       重新选择险种
   ↓                               ↓
缴费、出具保单                   确认费用
   ↓                               ↓
车辆挂牌                       缴费、出具保单
   ↓
将牌照号反馈保险公司

（a）入保流程                （b）续保流程
```

图 5-7　机动车投保流程

表 5-1 新车上牌流程

步骤	作业名称	作业地点	准备的资料或材料	收到的凭证或物件	备注
1．选车、购车	选车与交款	4S 店	(1) 身份证 (2) 人民币	(1) 发票 (2) 保修手册 (3) 车辆及其他物品	按 4S 店购车要求执行
2．交购置税、保险	购买购置税	国税部门征收处	(1) 购车发票 (2) 汽车出厂合格证明（合格证） (3) 单位代码证或个人身份证（进出口车辆须提供海关证明，商检证明）	(1) 车辆购置税完税证明 (2) 购置税发票	按国家税务标准执行
	买保险（含交强险）	比较大的销售点；4S 店或者保险公司	(1) 购车发票（包含车架号） (2) 发动机号等信息 (3) 个人身份证	保单	按需要购置汽车保险
3．选号、上牌	选号	车管所；网上车管所	受理凭证	(1) 车辆购置税完税证明 (2) 购置税发票	
	上牌	车管所；有的地区车辆安全检测站和车管所是分离的	(1) 购置税完税证明 (2) 购车发票（车管所登记联） (3) 交强险保单（车管所登记联） (4) 身份证复印件 (5) 机动车合格证、机动车免检证（也叫"整车出厂安全检验单"）	(1) 牌照 (2) 行驶证和机动车登记证书	机选或自选

|任务拓展|

中国汽车消费信贷发展历程

汽车消费信贷即对申请购买轿车的借款人发放的人民币担保贷款，是银行与汽车销售商向购车者一次性支付车款所需的资金提供担保贷款，并联合保险、公证机构为购车者提供保险和公证。

中国汽车信贷市场在不同的历史发展时期，具有显著不同的阶段性特征，可划分为起始阶段、发展阶段、竞争阶段和有序竞争阶段。

1．起始阶段（1995 年～1998 年 9 月）

中国汽车消费信贷市场的起步较晚，也就是在 1995 年，当美国福特汽车财务公司派专人来到中国进行汽车信贷市场研究的时候，中国才刚刚开展了汽车消费信贷理论上的探讨和业务上的初步实践。这一阶段，恰逢国内汽车消费处于一个相对低迷的时期，为了刺激汽车消费需求的有效增长，一些汽车生产厂商联合部分国有商业银行，在一定范围之内，尝试性地开展了汽车消费信贷业务，但由于缺少相应经验和有效的风险控制手段，逐渐暴露和产生出一些问题，以至于中国人民银行曾于 1996 年 9 月，下令停办汽车信贷业务。

这一阶段一直延续到 1998 年 9 月，中国人民银行出台《汽车消费贷款管理办法》为止，其主要特点如下所述。

（1）汽车生产厂商是这一时期汽车信贷市场发展的主要推动者。

（2）受传统消费观念影响，汽车信贷尚未为国人所广泛接受和认可。

（3）汽车信贷的主体——国有商业银行，对汽车信贷业务的意义、作用以及风险水平尚缺乏基本的认识和判断。

2．发展阶段（1998 年 10 月～2002 年年末）

央行继 1998 年 9 月出台《汽车消费贷款管理办法》之后，1999 年 4 月又出台了《关于开展个人消费信贷的指导意见》，至此，汽车信贷业务已成为国有商业银行改善信贷结构，优化信贷资产质量的重要途径，与此同时，国内私人汽车消费逐步升温，北京、广州、成都、杭州等城市，私人购车比例已超过 50％。面对日益增长的汽车消费信贷市场需求，保险公司出于扩大自身市场份额的考虑，适时推出了汽车消费贷款信用（保证）保险。银行、保险公司、汽车经销商三方合作的模式，成为推动汽车消费信贷高速发展的主流做法。

这一阶段的主要特点如下所述。

（1）汽车消费信贷占整个汽车消费总量的比例大幅提高，由 1999 年的 1％左右，迅速升至 2002 年的 15％。

（2）汽车消费信贷主体由四大国有商业银行扩展到股份制商业银行；保险公司在整个汽车信贷市场的作用和影响达到巅峰，甚至一些地区汽车信贷能否开展，取决于保险公司是否参与。

3．竞争阶段（2002 年年末～2003 年）

从 2002 年末开始，中国汽车信贷市场开始进入竞争阶段，其最明显的表现：汽车消费信贷市场已经由汽车经销商之间的竞争、保险公司之间的竞争，上升为银行之间的竞争，各商业银行开始重新划分市场份额，银行的经营观念发生了深刻的变革，由过去片面强调资金的绝对安全，转变为追求基于总体规模效益之下的相对资金安全。一些在汽车消费信贷市场起步较晚的银行，迫于竞争压力，不得已采取"直客模式"另辟蹊径。

这一阶段的主要特点如下所述。

（1）银行"直客模式"与"间客模式"并存。银行不断降低贷款利率和首付比例，延长贷款年限，放宽贷款条件、范围。竞争导致整个行业平均利润水平下降，风险控制环节趋于弱化，潜在风险不断积聚。

（2）汽车消费信贷占整个汽车消费总量的比例继续攀升，由 2002 年的 15％提高至 2003 年上半年的 20％左右。

（3）保险公司在整个汽车信贷市场的作用日趋淡化，专业汽车信贷服务企业开始出现，中国汽车消费信贷开始向专业化，规模化发展。

4．有序竞争阶段（2005 年以来）

随着汽车信贷保险政策变动、贷款违约率上升，从 2006 年开始各地汽车贷款余额平稳发展。汽车消费贷款累积放量小有上升，贷款周期长期化趋势明显。

目前，"间客式"和"直客式"这两种汽车信贷模式虽然都有各自特点，但汽消费者在进行汽车消费时需要降低资金风险，从而提高贷款的积极性。目前，既懂车的发展又懂信贷的专业汽车信贷公司是我国汽车信贷较为理想的模式。

|任务检验|

任务检验单

姓名		班级		成绩	
任务咨询					

一、填空

1. 机动车辆保险的种类：＿＿＿＿＿＿＿、＿＿＿＿＿＿＿＿、＿＿＿＿＿＿＿＿、＿＿＿＿＿＿＿。

2. 中国汽车消费信贷发展＿＿＿＿＿＿＿、＿＿＿＿＿＿＿＿、＿＿＿＿＿＿＿、＿＿＿＿＿＿＿、
＿＿＿＿＿＿＿＿ 历程。

二、论述

新车上牌服务流程是什么？

任务描述

贷款是现代青年人常用的购车方式，但在贷款过程中，部分购车者对中间的操作流程感到疑惑，担忧上当受骗，你的服务开始了。

服务作业

作业内容	作业标准
1. 车款选择。	1. 我国汽车贷款政策。
2. 汽车贷款办理。	2. 贷款资料准备。
	3. 贷款办理程序。

| 任务导入与目标 |

任务导入

客户车辆到 4S 店进行 5000km 保养，车间先进设备与氛围给客户留下深刻的印象，优质的专业服务提升了客户满意度。

任务目标

1. 能够描述汽车 4S 店车间管理制度与内容
2. 掌握汽车 4S 店车间及设备安全管理方法
3. 培养学生的职业素养与专业技能
4. 加强学生的质量意识、安全意识、环保意识及健康意识，提高学生运用各种信息化及现代化技术学习和工作的能力

安全精细——助推企业
安全管理可靠可控

学习步骤

4S 店车间与设备管理目标—4S 店车间与设备管理标准

| 任务基础 |

一、汽车 4S 店管理制度

1. 维修质量管理制度

（1）自检、组检

① 操作人员须严格按修理标准检查修理部位的技术状态。

② 修理过程中发现客户漏报项目，应及时与车间主管及客户联系，进行有效的沟通后，决定是否增项，并填制追加项目单。

③ 完工后主修要全面自检，检查维修部位是否正常工作，是否符合维修技术标准，是否按工单指令施工，是否漏项。

④ 自检后班组长必须根据修理项目按完工标准进行技术检验。需路试的车辆要进行路试，不符合标准的应立即返回主修工处再次处理。

⑤ 修理需 2 个或 2 个以上工序的车辆，车辆检验后交到下道工序；有关联的下道工序必须对上道工序进行验收，特别是车辆外观要仔细验收；验收时如发现质量问题，应由上道工序操作者负责，否则由本道工序维修人员负责。

⑥ 在交接验收过程中下道工序发现有质量问题，应退回上道工序由上道工序负责处理。有争议时由服务经理裁决。

⑦ 车间主管要经常巡回检查，发现违规操作，应及时制止。

（2）终检

① 终检主要对总成大修、一般修理、钣喷修理实行交车前的技术检验。

② 车间主管必须对总成大修过程进行检验；记录检验数据，严把质量关；对项目不合格的车做好返工报表；每月上报售后服务经理，作为质量管理的依据。

③ 对质检中出现的质量问题，按相关质量处罚制度报服务经理进行处罚。

2. 车间安全生产制度

（1）安全生产总则

① 所有售后服务站员工，除应遵守本岗位设备操作规程外，均应遵守本规章。

② 操作者启动设备前，应认真检查设备的技术状况和安全防护装置是否有效，发现问题应及时上报。

③ 设备维护保养，应严格执行设备保养制度，并按要求认真填写设备维护保养卡，并存档。

④ 操作者严格遵守本岗位安全操作规范，如发现不安全因素，应立即停机并报告领导处理。

⑤ 操作机械设备时，要精力集中，严禁打闹或擅自离岗。

⑥ 一切带电设备必须接地，导线绝缘一定要符合要求，并注意用电设备温度。

⑦ 凡用手持电动工具，要注意电压是否符合要求，漏电工具严禁使用；工作中，禁止将电线缠在身上。

⑧ 在使用切削工具时（包括砂轮机），当工具与机件接触时，要平稳缓慢施压，用力均匀；换刀具或离开时应关机。

⑨ 员工有权拒绝既无安全规程又无安全措施的工作。

⑩ 设备仪器尽量定人操作及保养。

⑪ 工作完毕后，必须保养设备和清扫现场，做好日常保养工作。

（2）维修车间安全生产制度（见图6-1）

① 车间内应有足够的照明装置，每个工位除配置 3kW 的 380V、220V 电源外，还必须使用低压照明灯（36V）。

② 启动车辆前要做好检查，在确保一切正常情况下，方可启动车辆，如图 6-1 所示；试车员、车间挪车员应有正式驾驶执照，在外出试车时，要遵守交通规则，车间内挪动车辆，在上下架子时，应谨慎驾驶，确保不碰撞。

③ 未经公司批准的移车者，严禁移动车辆，一经发现，按规定给予处罚，由于私自移动车辆造成的损失，由当事人负责赔偿。

④ 在操作设备和使用仪器工具时，应严格按照使用要求，不可不懂装懂以免造成不必要的损失。

⑤ 车间的电气设备维修均由专职机电工负责管理，其他人员未经许可不得擅自拆卸维修。

⑥ 举升设备在举升时，操作人员不得做任何作业，更不能站在车辆下，以免造成人身伤害。

⑦ 禁止以千斤顶代替安全凳，不准在无轮胎和无安全凳的车下作业。

⑧ 车辆启动前，应将工具、零件等移开；如风扇不转，严禁用手拨动。

⑨ 厂区内严禁吸烟，并保证车间内有良好的通风设备，特别是总成大修间。

（3）喷漆车间安全生产制度（见图 6-2）

① 车间内应保持通风良好，严禁烟火，并放置规定数量的消防器材。

② 喷漆时，必须配戴防毒口罩。

③ 车辆进出烤漆房前，应检查制动系统是否正常，避免无制动系统，造成伤人或撞坏设备。

④ 抛光时，严禁将电线缠在身上。

⑤ 车辆在烤房中喷烤时，应关闭发动机及所有车载用电设施。

⑥ 用电设备（如烤灯、调色机）在操作前，应注意检查线路绝缘是否可靠，电源电压是否正确，以免造成设备损坏。

⑦ 严禁无关人员进入烤房，严禁在烤房内吸烟。

（4）钣金车间安全生产制度（见图 6-3）

图 6-1 4S 店质量管理

图 6-2 喷漆车间安全生产管理

① 车辆放置时要留有足够的通道，工具、配件、损坏件要按规定的地方放置、摆放整齐。

② 工作时，必须按规定着装，电、气焊应戴好防护用具，车间严禁吸烟。

③ 使用校正实验台拉伸展时，人员要注意防范，以免脱落伤人。

④ 严禁在存放易燃易爆零件、工具附近进行焊接作业。

⑤ 注意电气设备线路的绝缘，注意手锤牢固情况。

⑥ 点燃的焊枪不准对着人，不用焊枪时，应及时熄灭，严禁将点燃状态的焊枪放下或作照明使用。

⑦ 使用角磨设备时，注意切削零件、工具不可对着人，避免铁削飞溅伤人。

⑧ 现场必须配置足够数量的消防器材。

（5）安全防火管理制度

① 所有员工必须提高警惕，严格遵守用火、用电规定。

图 6-3 钣金车间安全管理

② 每天售后各部门上班前对所属工作范围进行检查，下班后切断电源，消除火灾隐患。

③ 保持火源与可燃物的安全距离，随时清除易燃废弃物。

④ 所有人员都必须掌握消防器材的正确使用方法，定期检查器材是否状态良好。

⑤ 设置防火禁烟标识，油类等易燃零件、工具应由专人保管。

⑥ 对违反防火安全规定的行为，人人都有义务坚决制止，并及时汇报，违反规定操作者，将按公司的有关规定严惩，如图 6-4 所示。

图 6-4　防火安全管理

（6）安全用电管理制度

① 电气工作人员必须熟悉用电管理制度，必须具备必要的技术理论知识和实际操作技能；电气工作人员必须持证上岗，严禁非电气工作人员从事电气工作。

② 配电系统分级配电，配电箱和开关箱外观应完整、牢固、防雨防尘、外涂安全色并统一编号，其安装形式必须符合有关规定，箱内电器可靠、完好，造型、定值符合规定，并标明用途。

③ 动力电源和照明电源分开布设，在带电设备周围不得使用钢卷尺和皮卷尺进行测量工作，应使用木尺或木杆。

④ 所有电气设备及其金属外壳或构架均应按规定设置可靠的接零及接地保护；连接电动机械、电动工具的电气回路，应设开关或触电保护器，移动式电动机械应使用软橡胶电缆，严禁一闸控制多台电动设备。

⑤ 现场所有用电设备的安装、保管和维修应由专人负责，非专职电气值班人员，不得操作电气设备，检修、搬迁电气设备（包括电缆和设备）时，应切断电源，并悬挂"有人工作，不准送电"的警告牌。

⑥ 露天使用的电气设备及元件，均应选用防水型或采取防水措施；在有易燃易爆气体场所，电气设备及线路均应满足防火、防爆要求。

⑦ 手持式电气设备的操作手柄和工作中必须接触的部分，应有良好的绝缘，使用前应进行绝缘检查。手动操作开启式自动空气开关、闸刀开关及管形熔断器时，应使用绝缘工具。

⑧ 施工现场所有的用电设备，必须按规定设置用电保护装置，要定期检查，发现问题及时处理解决。

⑨ 对地电压在 127V 及以上的电气设备及设施，均应装设接地或接零保护。

（7）车间工具、资料管理制度

① 工具管理制度

a．工具的入库

• 到货的工具，工具管理员必须与采购员当面进行清点，确认无误后填入库单，双方签字确认。

• 入库工具应存放工具室相应的位置，并摆放整齐有序。

• 入库工具必须做唯一性标识，并建立台账。

b．工具的出库

• 各班组主修人员在工具室领用常备工具时，要签字确认并存档，常用的专用工具由班组负责人负责领用保管，如有遗失或损坏，由其负责赔偿。

- 不常用专用工具，每次只能借用，如有丢失或损坏由借用者负责赔偿；每次借用，工具保管员必须在台账上登记并要求借用者签字确认，还件时注明归返时间，保管员也须签字确认收到。

c．工具使用

- 严禁违章使用专用检测工具，如用扭力扳手拆卸螺丝等。
- 未经他人同意，不许滥用他人工具。
- 严格按检测工具、仪表的使用规定进行使用，严禁野蛮使用和用作他用。
- 凡由个人领用，借用的工具、仪表、工具车，由个人负责保管，正常损坏，以旧换新，如有遗失，由领用人负责按原值赔偿。

d．工具的归还

- 工具使用完毕，必须清理整洁、干净，归还库房，所有外界工具必须于当天归还；特殊情况向保管人员说明。
- 离职人员应于 3 日内交还所有领借用工具，工具员检查签字确认后方为有效。
- 工具在保管过程中遗失，由保管员负责赔偿。

② 技术资料管理制度

a．相关技术资料到货后，保管员应立即登账入库，分类保管，建立技术资料台账。

b．技术资料仅限本中心员工借阅，严禁复印、传抄或将资料带出公司以外。

c．每次借阅资料，保管员应在台账上记录，借阅者签字确认，资料才可借出。

d．借阅者应爱惜资料，妥善保管；如有缺损或遗失，将处以 100～500 元罚款。

e．每次借阅，必须于当日归还，特殊情形需车间主管确认。

f．资料借还手续与工具管理手续一致。

（8）车间车辆管理制度

① 车辆停放制度

a．车间内一切车辆的摆放及挪车、试车由服务经理指定人员负责；非指定人员，未经许可，严禁移动车辆。

b．待修车辆在车间没有相应工位时，白天应停放在车间外的待修工位。

c．准备修理的车辆，根据维修内容，由送车员送到相应工位。

d．修理完工的车辆停放在车间外的竣工工位。

e．企业（公司）内部车辆在营业时间内应驶离作业车间，对违反以上规定的，车间提出申请报行政部处理。

② 试车制度

a．由服务中心专门指定试车员，非试车员禁止试车。

b．试车路线、时间应预先告知车间主管或服务经理，如试车遇不遵守试车路线和时间，甚至用在路试的车辆干私活，发生交通事故或其他原因造成的经济损坏全部由责任人承担。

c．试车时由车间主管或服务经理开试车证，门卫见路试车辆放行证后方可放行。

d．在试车过程中试车员发生交通事故，按交通管理部门的裁定承担责任，所造成的经济损失按有关规定做相应赔偿处理。

③ 移动车辆规定

a．在车间内移动车辆时，时速不得超过 5 km/h。

b. 移动车辆工作人员在厂区移动车辆时，发生事故造成的经济损失由移动车辆工作人员视情况承担 10%～50% 的赔偿。

3. 售后卫生管理制度

（1）车间主管将车间的作业组为单位划分，清洁责任区分配给员工，每日下班后将其打扫干净。

（2）组长负责，兼管每天的卫生情况。

（3）每周五下班前 30min 开始进行一次彻底的清扫，包括排水沟、窗台、大型设备、总成大修间及休息室等，由车间主管进行全面检查，站长或服务经理抽查，合格为止。

（4）由于施工原因造成的卫生问题，要随时发现，随时处理。

（5）大型设备（如大梁校正仪、烤房等）的卫生由设备负责人负责清洁并保持。

（6）车间员工要搞好个人卫生，宿舍要求每天清扫，整理并保持干净，零件、工具摆放整齐。

（7）售后管理各部门都应划分卫生责任区，每周抽查 2 次。

4. 零配件仓库管理制度

（1）配件仓库必须始终保持整洁，有序，存放系统要科学明了，便于查找，定期进行卫生清扫及货物整理。

（2）配件仓库光线要明亮、充足，符合安全、防火要求，易燃易爆品应有效隔离；保证仓库配件存放和发送通道的畅通，严禁在过道上堆放配件。

（3）保证仓库区域明显，配件分类标志准确，退还的或有质量问题的配件要标识清楚，以防混淆。

（4）配件仓库严禁吸烟，非仓管人员非请勿入。

（5）仓管人员不得离岗、串岗、吃零食、闲聊或干私活，不得向售后业务以外人员或组织透露有关储存信息。

（6）实行配件领用以旧换新，严格按售后流程的要求进行，督促售后服务人员填制领料单，并向售后结算员提供配件领用的有关依据。

（7）配件分发实行先入先出原则。

（8）如遇外出救援等特殊情况需借用配件时，需由服务经理或车间主管签字确认方可，救援工作结束应立即消账处理。

二、汽车 4S 店售后 6S 管理

1. 6S 的含义

车间 6S 管理内容如图 6-5 所示。

（1）整理（SEIRI）：区分必需品和非必需品，现场不放置非必需品。

目的：腾出空间，防止误用。

（2）整顿（SEITON）：合理布局，将寻找时间减小为零。

目的：场所一目了然，工作秩序井井有条，消除找寻零件、工具的时间。

（3）清扫（SEISO）：将岗位保持无垃圾、无灰尘、干净整洁状态。

目的：保持良好的工作环境，稳定品质，达到零故障、零损耗。

（4）清洁（SEIKETSU）：将整理、整顿、清扫进行到底，并且制度化。

目的：成为惯例和制度，是标准化的基础，企业文化开始形成。

（5）素养（SHITSUKE）：对于已规定的事，大家都要遵守执行。

目的：员工遵守规章制度，培养良好素质习惯的人才，铸造团队精神。

（6）安全（SECURITY）："安全第一、预防为主"。

目的：系统地建立防伤病、防污、防火、防水、防盗、防损等保安措施；杜绝安全隐患。

2．6S 管理推进步骤

（1）整理

① 步骤

a．现场检查：对工作场所进行全面检查，包括看得见和看不见的地方，如文件柜顶部、桌子底下等。

b．区分必需品和非必需品：管理必需品和清除非必需品同样重要，先判断出零件、工具的重要性，然后根据其使用频率决定管理方法，对于非必需品区分是需要还是想要是非常关键的。

c．整理非必需品：清理非必需品的原则是看零件、工具现在有没有使用价值，而不是原购买价值。非必需品的处理方法如表 6-1 所示。

表 6-1 非必需品的处理

类　别	特　性	处理方法
无使用价值	转为其他用途	折价变卖
		另作他用
		作为训练工具
		展示教育
有使用价值	涉及机密专利	特别处理
	普通废弃物	分类后出售
	影响人身安全和污染环境零件、工具	特别处理

d．每天循环整理：现场每天都在变化，昨天的必需品在今天可能是多余的，每天的要求可能有所不同，所以整理贵在时时做，偶尔突击就失去了意义。

② 具体实例

a．工具箱、抽屉和锁柜

• 是否有其他人带来的工具，如锤子、扳手和切削工具。

• 是否有断裂的测量工具，如螺旋测微器、游标卡尺和千分表。

• 是否在工具中有杂物如脏抹布、棉手套和机油。

• 是否空间被个人用品占据，如杂志。

• 是否有损坏的工具。

b．车间地面

• 是否有你不使用或不能使用的设备、大型夹具、台车和其他。

• 是否堆积有更换的零件、分散的垃圾或溅出的机油。

- 是否有空的零件盒或不需要的工具混乱放置。
- 在车间地面的角落里、墙边或室内是否有零件或装置混乱放置。
- 是否有机油或汽油。

c. 零件仓库和材料仓库

- 是否有多年未使用的零件或材料（这些零件、工具可以通过它们的肮脏程度识别出来）。
- 是否储存了一堆被更换的零件，这样的结果是，如果仓库混乱放置，没有人知道在哪储存的是什么零件、工具。

d. 车间内外

- 是否有多年未使用的零件或原材料。
- 是否有残余的消耗品（抹布、油液等）。

（2）整顿

① 步骤

a. 分析现状

从零件、工具等的名称、分类、放置等方面的规范化情况进行调查分析，找出问题所在，对症下药。例如，不知道零件、工具放在哪里，不知道要取的零件、工具叫什么，是否借用等。

b. 零件、工具分类

根据零件、工具的特征，把具有相同特点、特性的零件、工具划为一个类别，并制定标准和规范，为零件、工具正确命名，标识零件、工具的名称。

c. 决定储存方法

零件、工具的存放，采用"定置管理"。定置管理是根据物流运动的规律性，按照人的生理、心理、效率、安全的需求，科学地确定零件、工具在工作场所的位置。

d. 定置管理两种基本形式

- 固定位置：场所固定，零件、工具存放位置固定，零件、工具的标识固定，即"三固定"。

此法适用于在物流系统中周期性地回归原地，在下一生产活动中重复使用的零件、工具，如仪器仪表、工艺装备、搬运工具等，这可使人的行为习惯固定，从而提高工作效率。

- 自由位置：相对地固定一个存放零件、工具的区域，非绝对的存放位置；具体存放的位置，是根据当时生产情况及一定规则决定，与上一种相比，零件、工具存放有一定自由度，称为自由位置。此法适用于物流系统中那些不固定不重复使用的零件、工具，如原材料、半成品，自由位置的定置标志可采用可移动的牌架、可更换的插牌标识，对不同零件、工具加以区分。

e. 标识与定置管理

- 标识分类

➤ 引导类标识：引导信息可告诉人们零件、工具放在哪里，便于人与物的结合，如仓库的台账，每类零件、工具都有自己的编号，这种编号是按"四号定位"的原则来编码的，四号即库区架位。

➤ 确认类标识：是为了避免零件、工具混乱和放错地方所需的信息，各种区域的标志线、标志牌和色彩标志告诉人们"这是什么场所"。废品存放区与合格品存放区的不同标志可避免混淆，各种零件、工具的卡片和悬挂卡片的框、架也是一种确认信息，在卡片上说明零件、工具名称、规格、数量、质量等，相当于零件、工具的核实信息。

• 定量管理

良好的定置管理，要求标识达到 5 个方面的要求，即 5 种理想状态：场所标识清楚；区域定置有图；位置台账齐全；零件、工具编号有序；全部信息规范。

② 具体实例

a．处理掉不需要的零件、工具

把身边不需要的零件、工具进行归纳、处理，清理场地，保持场地井井有条。

b．重新布置储物区

通过处理掉不需要的零件、工具，重新安排剩余空间、架子和柜子，或补充一些架子或类似物来重新布置储物区。

c．分配储物空间

• 经常使用的工具放在作业者附近的地方，高度位于肩和肘部之间。

• 很少使用的工具放在架子后面或其他地方。

• 笨重工具放在架子的最下层。

d．储物区标志

• 给每个储物区分配标志代码，这样所有人都能了解某一储物区里储存的是什么零件、工具；例如，在配件仓库没有配件区域及零件代码，可能会找不到配件具体部位。所以，给出储物区的标志代码如 1，2，3 或 A，B，C。

• 标明储存的所有零件、工具的名称。例如，标明架子上储存的零件的名称，这样所有人都能了解什么零件、工具应放置在哪里。因此，即使一个人使用过的工具被其他人放回架子，后者也能够轻易找到正确的放置地点。

e．零件、工具标志

每个零件、工具上都应有标签。这样，员工能够通过比较标签和架子上的标志把工具放回到正确位置。

（3）清扫

① 步骤

a．准备工作

• 安全教育：对员工做好清扫的安全教育，对可能发生的受伤、事故（触电、碰伤）、坠落砸伤、灼伤等不安全因素进行警示和预防。

• 设备基本常识教育：对为什么老化、出现故障、如何减少损失进行教育，学习设备基本构造、工作原理，使员工对设备有一定了解。

• 技术准备：指导及制定相关指导书，明确清扫工具、位置、维护具体步骤等。

b．工作环境

作业人员动手清扫而非由清洁工代替，清除长期堆积的灰尘、污垢，不留死角。

c．机器设备

• 不仅设备本身，连带其附属、辅助设备也要清扫。

• 清理的同时改善设备状况，把设备的清扫与点校、保养、润滑结合起来，清扫就是点检，清扫把污渍、灰尘清除掉，这样松动、变形等设备缺陷就暴露出来，可以采取相应的措施加以弥补。

d．策略

对于清扫应该进行区域划分，实行区域责任制，责任到人，不可存在卫生死角。

② 具体实例

a．清扫工具

抹布和拖把悬挂放置，充分利用空间。随时清理不能使用的拖把、扫帚或抹布，进行数量管理。

b．搬送车辆

在叉车或推车的后边装上清扫工具，可一边作业，一边清扫。准备抹布，放在车辆某一处，以便随时清扫其本身的灰尘。

c．仪器设备要保持洁净

对设备每天清理能发现细小的异常，清扫后及时维护保养。

d．分类垃圾箱

设立分类垃圾箱，便于垃圾分类回收。区分可再生的（塑料、金属）、不可再生的（生活垃圾）垃圾。

e．防止碎屑飞散

安装防护罩，或其他挡网，防止碎屑飞散。

（4）清洁

① 步骤

a．教育实施

彻底贯彻 6S 要素，统一了思想，才能落实工作目标。

b．任务分工

按各工作岗位进行任务分工，对每一工作岗位进行不同的要求。

② 具体实例

a．整理

区分工作区的必需品和非必需品。

带领组员到现场，将目前所有的物品整理一遍，并调查它们的使用周期，将这些物品记录起来，再区分必需品和非必需品。

b．整顿

划分必需品的摆放场所。

迅速撤走各个岗位上的非必需品；根据实际条件，作业者的习惯，作业的要求，合理地规定摆放位置。

c．规定摆放

根据摆放场所规定，确认摆放高度、宽度以及数量，以便于管理。

d．进行标识

必须做一些标识，标示规定的位置，规定的高度，规定的宽度和数量，方便员工识别。

e．责任区分说明

区分保管员与标识人员各自的职责与义务。

（5）素养

① 实施要领

a．持续推动 5S 直至全员成为习惯

通过 6S（整理、整顿、清扫、清洁、素养、安全）的手段，使人们达到工作的最基本要求修养，也可理解为通过推动都能做到的 5S 而达到最终精神上的"清洁"。

b．制定相关的规章制度

规章制度是员工的行为准则，使人们达成共识，形成企业文化的基础，制定相应的《语言礼仪》、《电话礼仪》及《员工守则》等能够保证员工达到最低限度的要求。

c．对员工进行教育，培训是非常必要的

培养员工责任感，激发其热情，要改变员工的消极的利己思想，培养对公司部门及同事的热情和责任感。

② 综合素养推进步骤

综合素养推进步骤如图 6-5 所示。

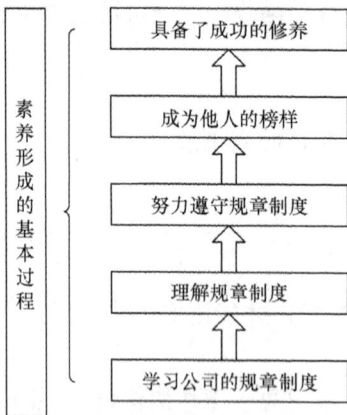

图 6-5　综合素养推进步骤

4S 店作业人员对 6S 管理要求可以通过日常自查表（见表 6-2）进行体现，考核成绩可以作为员工人力资源管理（如加薪、晋升）的依据。

表 6-2　　　　　　　　　　　　员工日常 6S 自查表

分类	要求	自查内容	合格	不合格	备注
整理	要与不要 一留一弃	工具车内只保管必需的且均可正常使用的工具			
		工具车内没有杂物，如脏抹布、换下的零件和个人物品			
		自己负责的设备均处于正常可使用状态			
		自己的工作场地内没有不必要的物品			
整顿	科学布局 取用快捷	工具车内的工具按照定置要求放置			
		工具车、公用工具和设备在使用后放回指定位置			
		严格按照场地规划开展维修工作			
		未使用的剩余材料、耗材和辅料放回规定位置			

分类	要求	自查内容	合格	不合格	备注
清扫	清除垃圾 美化环境	随时维持工作场地的清洁，没有物品掉在地上			
		保持工具设备干净清洁、保养润滑良好			
		垃圾及时处理，防止维修中产生的油液尘土污垢扩散			
		保持服装整洁和个人卫生			
清洁	洁净环境 贯彻到底	明确自己负责的清洁区域			
		重新放置那些错位的物品			
		将地上的物品捡起来，如零件和废料等			
		操作说明、标示、标牌及标签干净，保持字迹清晰			
安全	安全第一 预防为主	遵守各项安全规章制度，并监督他人共同遵守			
		牢记安全第一的观念，防患于未然			
修养	形成制度 养成习惯	熟练掌握 6S 内容			
		熟悉 6S 相关规章制度和礼仪要求			
		积极遵守 6S 各项标准，并持续坚持			
		对现有问题能主动提出改进的意见和建议			
自查情况汇总					

三、车间安全管理

1. 个人安全防护

（1）眼睛的防护

在 4S 店汽车维修车间中，眼睛经常会受到各种伤害，如飞来的物体、腐蚀性的化学飞溅物、有毒的气体或烟雾等，但这些伤害几乎都是可以防护的。

常见的保护眼睛的装备是护目镜和面罩。护目镜（见图 6-6）可以防护各种对眼睛的伤害，如飞来物体或飞溅的液体。在下列情况下，应考虑佩戴护目镜：进行金属切削加工、用錾子或冲子铲剔、使用压缩空气、使用清洗剂等。面罩不仅能够保护眼睛，还能保护整个面部。如果进行电弧焊或气焊，要使用带有色镜片的护目镜或深色镜片的特殊面罩，以防止有害光线或过强的光线伤害眼睛。

⚠ **注　意**

在摘下护目镜时，要闭上眼睛，防止粘在护目镜外的金属颗粒掉进眼睛里。

图 6-6　车间常用护目镜

（2）听觉的保护

汽车 4S 店修理车间是个噪声很大的场所，各种设备如冲击扳手、空气压缩机、砂轮机、发动机等的噪声都很大。短时的高噪声会造成暂时性听力丧失，但持续的较低噪声则更有害。

常见的听力保护装备有耳罩和耳塞，噪声极高时可同时佩戴。一般在钣金车间必须佩戴耳罩或耳塞，如图 6-7 所示。

（3）手的保护

手是身体经常受伤的部位之一，保护手要从两方面着手：一是不要把手伸到危险区域，如发动机前部转动的传动带区域、发动机排气管道附近等。二是必要时应戴上防护手套。不同的场合需用不同的防护手套，金属加工用劳保安全手套，接触化学品用橡胶手套，如图 6-8 所示。

图 6-7　听力保护装备

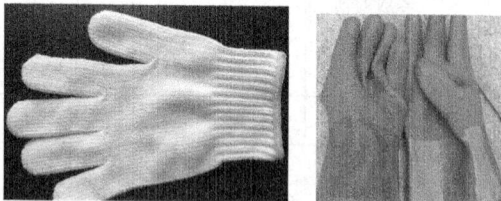

（a）劳保安全手套　　　（b）橡胶手套

图 6-8　车间保护手套

（4）脚防护装置

劳保靴鞋底应该防滑，脚趾部位应有防压铁头，如图 6-9 所示。

（5）呼吸道防护装置

某些工作会产生粉尘或涉及使用会释放烟雾的材料。应该使用正确形式的面具，防止吸入粉尘或烟雾，如图 6-10 所示。

图 6-9　车间劳保靴

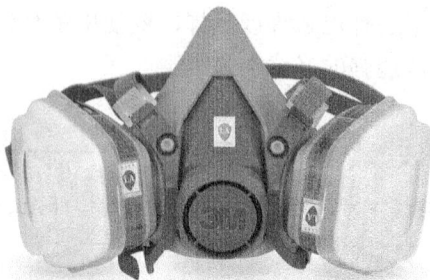

图 6-10　车间呼吸道防护装置

（6）衣服、头发及饰物

宽松的衣服、长袖子、领带都容易卷进旋转的机器中，所以在修理厂中，首先一定要穿合体的工作服，最好是连体工作服，外套、工装裤也可以。如果戴领带则要把它塞到衬衫里。

工作时不要戴手表或其他饰物，特别是金属饰物，在进行电气维修时可能会导入电流而烧伤皮肤，或导致电路短路而损坏电子元件或设备，特别是划伤客户车辆的漆面。

在工厂内要穿劳保鞋，可以保护脚面不被落下的重物砸伤，且劳保鞋的鞋底是防油、防滑的。

长发很容易被卷入运转的机器中，所以长发一定要扎起来，并戴上帽子，如图 6-11 所示。

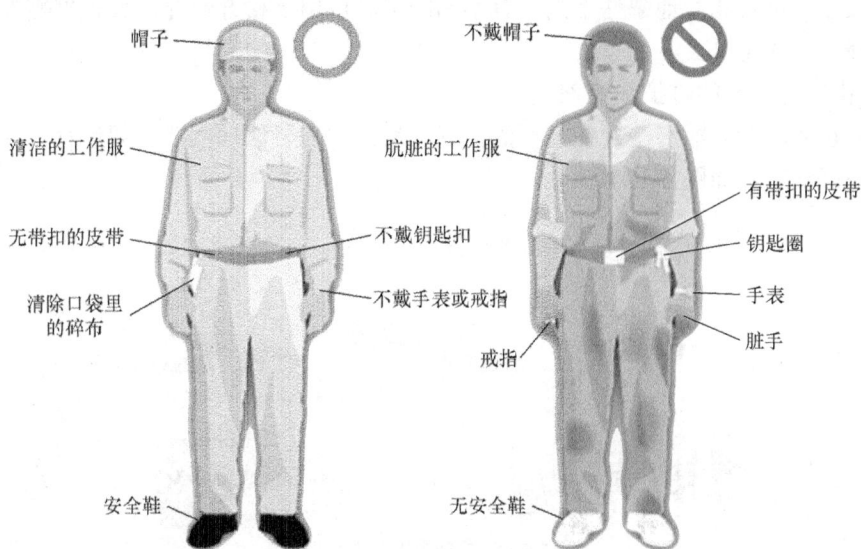

图 6-11　车间服饰穿戴要求

（7）搬运

① 人工搬运

搬抬物体时使用正确的方法有助于减小背部受伤的危险。

关键要点：不要试图抬过多的重量，20kg 通常是一个人的安全极限；从地面抬起物体时，两脚应微微分开，屈膝，背部挺直，用腿部肌肉提供力量抬起重物；不要猛颠物体；搬运重物时，让重物贴近身体。

② 机械搬运

对于超过 20kg 的物体，建议使用活动吊车、举升机或千斤顶等起重装置。每种设备的使用都应进行专门培训，下面是一些常识性的规定：

a. 切勿超过所用设备的安全工作载荷；

b. 在车下工作前，一定要用车桥支架支撑好汽车；举升或悬吊重物时难免有危险，所以，切勿在无支撑、悬吊或举起的重物（如悬吊的发动机等）下工作；

c. 定要保证千斤顶、举升器、车桥支架、吊索等起重设备胜任和适用相应作业，而且状况良好并得到定期维护；

d. 切勿临时拼凑起重装置。

2．工具和设备安全使用

（1）手动工具的安全使用

① 了解正确的用法和功能

学习每件工具和测量仪器的功能和正确用法。如果用于规定之外的用途，工具或测量仪器会损坏，而且零件也会损坏或者导致工作质量降低。

② 了解使用仪表的正确方法

每件工具和测量仪器都有规定的操作程序。要确保在工作部件上正确使用工具，用在工具上的力要恰当，工作姿势也要正确。

③ 正确地选择

根据尺寸，位置和其他条件不同，有不同的工具可用于松开螺栓。要根据零件形状和工作场地选择适合的工具。

④ 严格坚持工具的维护和管理。

工具要在使用后立即清洗并在需要的位置涂油。如需要修理就要立即进行，这样工具就可以处于完好状态，如图 6-12 所示。

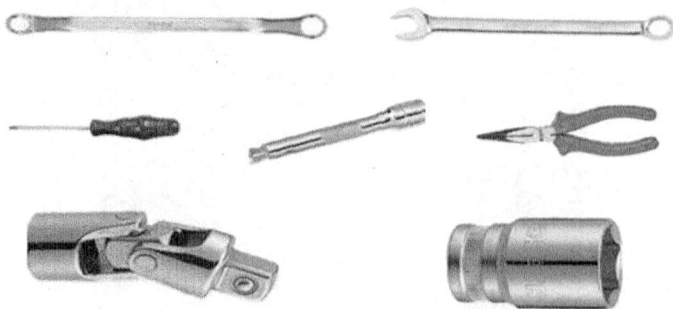

图 6-12　车间常用手动工具

（2）动力工具的安全使用

所有的电气设备都要使用三相插座，地线要安全接地，电缆或装配松动应及时维护；所有旋转的设备都应有安全罩，以免部件飞出伤人。

许多维修工序需要将车辆升离地面，在升起车辆前应确保汽车已被正确支撑，并应使用安全锁以免汽车落下。用千斤顶支起汽车时应当确保千斤顶支撑在汽车底盘大梁部分或较结实的部分。

① 举升机的安全使用

a．举升器的类型：板条型、摆臂型、围栏提升型，如图 6-13 所示。

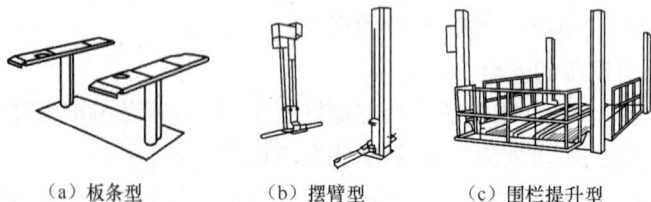

（a）板条型　　　（b）摆臂型　　　（c）围栏提升型

图 6-13　车间举升机

b．操作要求：升起汽车时要先看维修手册，找到正确的支撑点与起吊中心，错误的支撑点不仅危险，而且会破坏汽车的结构。如图 6-14 所示，需要把车辆置于举升器中心。把支撑板和摆臂固定到修理手册所标示的位置上。

- 摆臂型：调整支架直到车辆保持水平为止。要始终锁住臂。

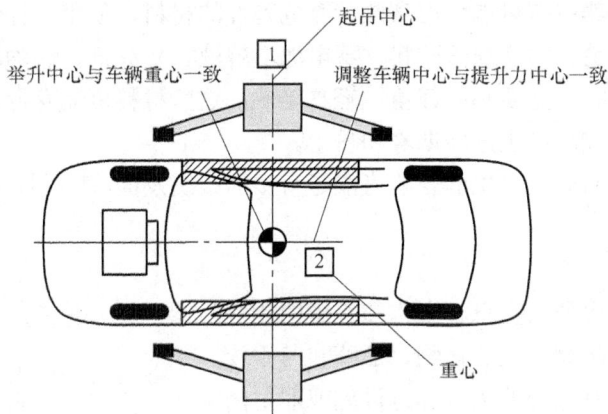

图 6-14　车间举升机使用要求

- 围框提升型：使用车轮挡块和安全机构。
- 板条型：使用板提升附件。

注　意

- 将支撑板提升附件位置对准车辆被支撑部位；
- 切勿让支撑板提升附件伸出板外。

② 千斤顶的安全使用

a. 使用液压提升车辆的一端，在顶升前要检查维修手册中说明的车辆举升点。

b. 一次切勿使用多个修车千斤顶。

c. 撤掉千斤顶时，须降下举升臂并升起操纵手柄，如图 6-15 所示。

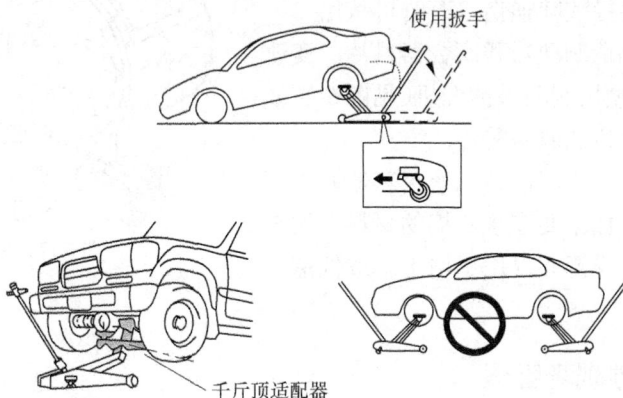

图 6-15　车间千斤顶使用要求

（3）压缩空气的安全使用

使用压缩空气时，应非常小心，不要嬉戏玩耍，不要将压缩空气对着自己或别人，不要对着地面或设备、车辆乱吹。压缩空气会撕裂耳鼓膜，造成失聪；会损伤肺部或伤及皮肤；

被压缩空气吹起的尘土或金属颗粒会造成皮肤、眼睛损伤。

（4）材料

① 化工材料

汽车的生产和保养中有可能使用某些带有危险性的材料，使用、存储和搬运如溶剂、密封材料、胶粘剂、油漆、树脂泡沫塑料、蓄电池电解液、防冻剂、制动液、燃油、机油和润滑脂之类的化工材料时一定要小心谨慎，轻拿轻放。这些材料可能有毒、有害、有腐蚀性、有刺激性、高度易燃或能产生危险烟雾和粉尘。

过度暴露于化学品对人产生的影响可能是直接的或缓发的、暂时性或永久性的、累积的，有可能危及生命。

② 废气

发动机废气中包含使人窒息、有害和有毒的化学成分和微粒，如碳氧化物、氮氧化物、乙醛和芳香族烃。发动机应该只在有充分的废气抽排设施或非封闭空间并且全面通风的条件下运行，如图 6-16 所示。

a. 汽油发动机：在产生有毒或有害影响之前并无充分的气味或刺激警告。这些影响可能是即发的或缓发的。

b. 柴油机：黑烟、使人不适和刺激性，通常是烟雾达到有害浓度的预先警报。

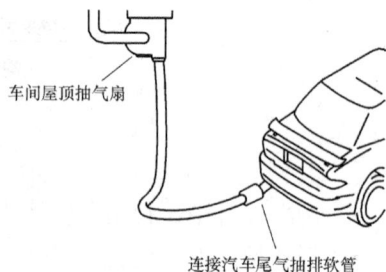

图 6-16　汽车尾气排放

（5）粉尘

粉末、粉尘或烟尘多半有刺激性、有害或有毒。避免吸入来自粉状化工材料或干磨操作产生的粉尘。如果通风不足，应戴呼吸防护装置。

细微粉尘属于可燃物，有爆炸危险。要避免达到爆炸极限并远离火源。切勿用压缩空气清除表面或织物上的粉尘。

（6）石棉

吸入石棉粉尘会导致肺损伤，有时可致癌。

石棉通常用于制造制动器和离合器衬片、变速器制动带和密封垫。使用制动鼓清洗机（见图 6-17）、真空吸尘器或湿擦的方法清除粉尘。

石棉粉尘垃圾应该弄湿，装入密封容器并做标记，确保安全处置。如果要在含石棉的材料上切割或钻孔，应将该零件弄湿并仅用手用工具或低速动力工具加工。

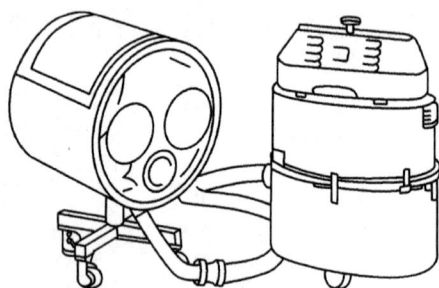

图 6-17　制动鼓清洗机

四、4S 店场地现场管理

1．现场要求

（1）场地要求

① 车间保持清洁整齐，在维修车辆时做到（水，油，泥）不落地。

② 车间悬挂限速标志，车间地面采用涂刷树脂漆或采用水磨石地面（防止泥沙，便于清

扫）。

③ 车间入口画有车辆行驶箭头和行驶路线，一般维修区与钣金喷涂区隔开（防止噪声和油漆污染对维修区的影响）。

④ 车间立柱、铝合金框架、落地玻璃以及地板保持清洁明亮，车间地面有足够的强度，能够长期使用。

⑤ 维修作业区划分设立标识，快修区、诊断区、机电维修区、钣金区、油漆区标识牌。

⑥ 车间地面展厅内接待台干净整洁，无破损，地面涂 4S 店规定的颜色，画好工位线（见图 6-18）。

⑦ 车间设有 2～3 个门，车辆进入门与出去门分开专用，车间的车用道至少 7m 宽。

（2）车间环境

① 在维修场地，举升机凸起的部位均以黄色边框警示，相邻工位间隔 0.7m，在相邻通道间以黄色分区边框标示出工具车停放位置，在工位底线处以黄色分区边框标志线标出三配件箱（新件、费件、待处理件）放置处，车间管线架设合理，压缩空气管线接口和电力输出线安装在离地面 1.2m 处。

② 每个工人位配备一辆工具车，工具车的工具摆放符合要求，工具车内不得放置配件，如图 6-19 所示。

图 6-18　4S 店车间场地要求

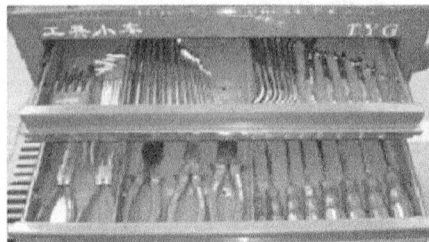

图 6-19　4S 店车间工具车

③ 各管线用不同的颜色区分开来，车间通风良好，有排风设备，炎热的夏季各工位配置驱暑排风扇，车间地面配置地沟，车间有足够的木屑（用桶盛装）用以清除地面油污。

④ 维修工位要标出号码，号码标注在地面上，车间有收集废机油的装置，每日完工后，废机油必须搬离修理间，并在存放处挂有"严禁明火"警示牌，车间设置辅料、工具保管仓库。

⑤ 维修员工统一着装，工作装穿戴整齐、保持清洁。

油漆工、钣金工等特殊工种，在喷漆和电焊作业时要戴好防毒面具和面罩，以保证职工的人身安全。

（3）车间消防与环保要求

① 维修车间必须保证足够的灭火器材，并保证安全有效的使用，如图 6-20 所示。

② 维修工位的地沟不能直接通下水道，并做到定期打扫，保证畅通。

③ 车间保证良好的通风，使臭气、车辆尾气及热量不聚集，各个工位安装排气管，如图 6-21 所示。

④ 易燃、易爆材料及配件存放在专用仓库内，保证温度、湿度、通风等要求，标识明确。

图 6-20　4S 店车间灭火设备

图 6-21　4S 店车间通风要求

2．场地设置

（1）预检工位的设立

① 车间设有 1～2 个预检工位，预检工位布置在车间入口和接待处附近，尺寸在 3.5m×7m 以上，如图 6-22 所示。

② 预检工位配备车辆举升装置，在地面有蓝底白字醒目标记。

（2）快速保养工位的设立

快速保养工位有"快速保养"字样的醒目标识牌，配备 3～6 个快速工位，工位尺寸在 3.5m×7m 以上，如图 6-23 所示。

图 6-22　4S 店车间预检工位

图 6-23　4S 店车间快速保养工位

（3）四轮检测工位

四轮检测工位中可用来检测四轮定位的情况、大梁变形情况，并可进行灯光校正等多项工作，四轮检测仪由专人操作，如图 6-24 所示。

（4）总成修理室的设定

① 一般特约维修中心都设置总成修理室，总成修理室靠近维修工位，面积在 $30m^2$ 以上，如图 6-25 所示。

② 总成修理室的地面和工作台、工作凳由易于清洗的材料覆盖（如覆盖镀锌铁皮等）。

③ 总成修理室配置必需的修理工具工作台、工作凳、移动式提升装置、液压冲压装置（液压机）、发动机支撑架和平台千斤顶等。

④ 总成修理室有充分通风和照明设备。

图 6-24　4S 店车间四轮定位工位

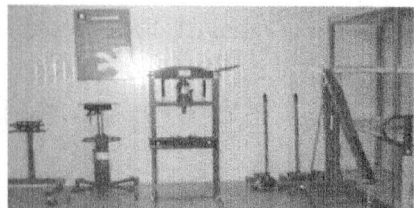

图 6-25　4S 店车间总成修理室

（5）钣喷修理车间的设定

① 车损检验工位

车损检验工位，尺寸在3.5m×7m以上，工位设置在入口附近，便于运输。

② 零件拆卸及重新安装工位

零件拆卸及重新安装工位尺寸在3.5m×7m以上，配有气动工具的空气出口及辅助照明的电源插座。

③ 钣金修理工位

钣金修理工位一般设置安排4～5个，尺寸在3.5m×7m以上。

④ 车体维修工位

车体维修工位尺寸在4.5m×8m以上（地坪式修理工位）。

⑤ 大梁校正仪

大梁校正仪包括附件，一般占位5.5m×8m以上，如图6-26所示。

⑥ 油漆工位

a. 油漆打磨工位，四周设有排水沟，并装有多个水龙头。

b. 打磨工区的墙壁在离地面0～1.8m的高度范围内由瓷砖砌成，便于清洗，防止水渍和灰尘的生成。

c. 压缩空气接口和电力输出接口须离地1.5m以上。

d. 喷漆工位尺寸在3.5m×7m以上，也可在打磨工位上进行喷漆作业。

e. 油漆工区喷漆工位内设有试喷板（可作遮挡飞漆用）。

⑦ 烤漆房

根据工作量可安装1～2间烤漆房（见图6-27），房顶和壁上设置白色荧光灯，确保光照度在800～1000lx；烤漆房的进排气和噪声应符合环保要求；烤漆房内应有灭火器和油水分离器，灭火器要定期检查和更换，油水分离器在喷漆前应放出积水。

图6-26　4S店车间大梁校正仪

图6-27　4S店车间烤漆房

⑧ 调漆房（见图6-28）

a. 尺寸在3.0m×6.0m以上。

b. 要引入自然光线，夜间调漆应在热炽灯下。

（6）车间休息室（见图6-29）

① 车间内设有员工休息室安装空调，室内通风良好，光照良好。

② 休息室内摆放固定座椅若干以及桌子和茶杯架，为每位员工配置茶杯，并配置饮水机。

③ 室内摆放资料柜，柜内存放技术资料和书籍；资料柜由专人保管。

④ 室内装有水龙头2～3个，并配置洗涤剂或肥皂。

图 6-28　4S 店车间调漆房

图 6-29　4S 店车间休息室

（7）其他设置

① 车间辅室安装有剥胎机、轮胎平衡机、制动器修磨机等机械。

② 专用工具间存放专用工具，由专人保管、保养，保持工具及工具间的干净与整洁，使用完毕后按要求进行清洁与保养。

③ 车间用定人、定机的设备使用岗位责任制，定期对设备进行维护，保持最佳状态。

五、4S 店维修车间设备管理

1．现代汽车 4S 店维修设备的发展

设备是汽车维修企业的物质技术基础。如今汽车设计的科技含量越来越高，用于维修和故障诊断的设备仪器也越来越先进，每个品牌的汽车都有各自的专业核心技术；汽修人员从凭经验、感观为主的维修方式逐步转变为"检查靠资料，拆装靠设备，检测靠仪器"的现代汽车维修方式。

2．4S 店车间设备管理

设备管理就是把设备的价值运动形态和物质形态合理地结合起来，贯穿于设备管理的全过程。

（1）设备的前期管理

设备的前期管理工作是根据车辆品牌车型及维修手册的相关技术要求，经过市场调研、规划、购置、安装、调试，特别是对关键设备进行经济技术可行性分析，把好选型、安装验收质量关，为搞好设备的后期管理打基础。

（2）设备的润滑管理

设备润滑管理主要指：润滑计划、润滑实施、润滑统计、油质分析。

润滑管理措施如下所述。

① 专人负责设备润滑管理工作，车间要设润滑点，配备相适应的技术人员和专职润滑工，配备符合要求的润滑设备，建立健全润滑管理制度。

② 对设备润滑要做到"五定"（定人、定质、定量、定点、定期）。

③ 要建立健全润滑油管理办法，妥善保管，不得使用不合格产品。

（3）设备的科学管理

① 维修设备要建立台账与卡片，台账主要记录设备的运行工作状态、保养维修信息；卡片主要挂在设备上，主要记录设备日常保养责任人及日常使用记录。

② 维修设备必须定点放置，专用工具必须贴上标签与名称、操作规范与安全注意事项、严禁注意事项及危急处理措施等，工作台、砂轮机、扒胎机、动平衡机（见图 6-30）等固定设备还需要以黄色分区边框进行隔离。

（a）动平衡机　　　　　　（b）砂轮机

图 6-30　4S 店车间车轮平衡机、砂轮机

③ 使用人员操作前必须进行严格的训练，做到"三好"（管好、用好、维护好）"四会"（会使用、会维护、会检查、会排除故障）的基本功。

④ 主要维修设备完好率应在 90% 以上，关键设备完好率保持在 95% 以上。

⑤ 建立设备的三级维护保养制度。

a．日常维护保养：维修设备操作者班前对设备检测润滑，班中完全按照设备操作规程操作，下班前对设备进行清扫和擦拭。

b．一级维护保养：以设备操作员为主，设备管理员为辅，对维修设备进行局部拆卸和检查，疏通油路、调整各部件合理间隙、紧固部件螺栓等。

c．二级维护保养：以设备供应商或生产厂家技术人员为主，设备操作人员配合对设备进行全面检查与修理，更换或修复磨损件，清洗、更换油液、检查电器部分，做好相关记录。

（4）维修技工管理

① 了解与掌握所用设备的操作规程与注意事项，以班组为单位进行操作。

② 保持操作时，工作服、手套等个人防护要求到位，对车辆进行有效的翼子板、格栅布等的防护。

③ 保持场地的 6S（清理、清扫、整理、整顿、素养、安全）管理要求。

④ 以客户车辆的维修质量为服务目标，爱护客户遗留在车上的私人物品，换下的旧件及时归还客户。

⑤ 安全有效操作，发现问题及时汇报。

｜任务拓展｜

维修作业流程表见表 6-3。

表 6-3　　　　　　　　　　　　　　维修作业流程表

流　程	内　容
1．预约	1．有效的预约能使客户容易在其方便的时间获得服务，也可最大限度地减少客户在接受服务时的等待时间。预约时间可以避开峰值时间，以便使服务人员有更多的时间与客户接触。预约可以消除客户疑虑，让他们了解将会受到怎样的接待 2．预约时，业务员要登记客户和车辆的基本信息，如客户名称、车牌号、作业分类（大、中、小修）、结算方式（自负、三包、索赔）
2．车辆入厂	车主到服务站报修
3．接车	1．在客户来访的最初时刻，最重要的是使他放心。用微笑缓解客户的不安，这能让服务接待更容易，更能了解客户要求 2．在接待台的电脑进行客户基本情况登记和故障现象记录

续表

流程	内 容
4. 检测诊断	1. 这是整个服务流程中相对重要的环节，是建立客户对服务人员信心的机会。通过热情诚挚的服务态度，表达我们提供服务的意愿，满足客户所希望的个人关注，这样服务人员会赢得客户的信任。有助于消除客户的疑虑和不安，使之能够坦率、真实、平和地描述他及其车辆所遇到的问题 2. 安排好检验员实施车辆交接和进场检验工作。由业务员听其陈述故障现象，然后与客户商榷，确定修理项目和计划用料 3. 应仔细倾听客户需求，明确客户期望。——"我希望有人能仔细倾听我的描述，并了解目前我的问题"；"我想知道这究竟需要多少钱？为什么说物有所值？" 4. 按照客户描述如实填写"维修工单"。维修工单必须让客户过目，确认所要执行的工作，消除客户疑虑。服务接待要提供维修费用和完工时间方面的信息 5. 一旦客户疑虑被消除，他将更加坦率。对客户需求的了解可使服务站一次修复车辆。消除客户疑虑，也可避免交车时引起客户不安，因为他已了解了维修工作内容和价格
5. 维修估价（报价）	1. 检验员该车已确认的维修项目，确定项目估价 2. 以下几点必须注意： （1）不管客户是否问及价格，都要如实告知 （2）把各项预算也写在工作单上，作为日后核对依据 （3）询问客户，当价格超过多少时必须向他通报 （4）询问客户，如果在维修过程中发现其他损坏的部件是否可以更换 （5）工时费计价公式：工时费=工时定额×工时单价×该车型的技术复杂系数（此项未普遍采用）
6. 确认登记（开单）	将新维修的车辆信息、维修项目等确认登记并开单
7. 维修派工	确定故障现象、维修项目及维修中所需的用料信息后，进行相应的派工和领料。将维修项目分派到修理组并发出派工单
8. 维修领料	根据维修用料计划，库房办理配件出库手续
9. 维修保养作业	1. 车间作业，班组长接到派工单后，安排作业 2. 维修工在作业过程中发现问题，急需增加的维修项目，要及时向检验员报告；维修工领用配件需征得检验员同意，由检验员开具"用料单"到仓库领用 3. 检验员在整个维修过程中要实施质量跟踪，协助维修工处理技术难题，对需要增加的维修项目及时与业务部联系并确认 4. 在诊断和维修中，可能会出现一些意料之外的追加项目。此时接待人员需和客户取得联系，讨论所要执行的工作和交车时间的改动。接待人员此时要表现出坦率真诚的态度，以使客户确信追加工作的必要性，避免客户产生疑虑
10. 完工检验	1. 维修完工后，维修工要马上报知检验员，由检验员对车辆进行竣工检验，检验员对已检验合格的车辆，开具收费结算表，并通知业务员确认及办理交接手续 2. 完工检验的内容包括： （1）核对派工单，检查所要项目是否完成 （2）检查车辆的各个主要部分是否完好，尤其是有关安全的部分是否有问题 （3）对照接车检查登记表，检查车辆的其他部分是否在维修过程中损坏。总之，只有一切都确认没有问题后，才通知客户提车 3. 检验员做好该车的技术资料整理归档
11. 结算收银	车辆修理完毕后，完工单即可转入财务进行结算处理
12. 车主提车	1. 为了确保和客户的长期关系，接待人员应在交车步骤中紧密合作，确保交车所需的全部信息与文件完全准备好、客户车辆的车况良好，使客户对交车经历和他在服务流程中所获得的接待感受完全满意 2. 接待人员必须在约定的日期和时间交车，万一有误，必须提前和客户联系。以客户能理解的词语向客户说明所做的服务和维修工作，说明全部的工时费、零件费以及总费用，还应询问客户是否需要对此详细解释说明 3. 一旦客户感到他与经销商已建立了长期关系，就更会介绍新客户，有可能长期固定进行维修和购买零配件

流程	内 容
13. 出厂跟踪	1. 持久的问候和关心是留住客户的有效手段 2. 建立客户维修访问档案,以备查询。目的在于客户关系的长久发展 3. 客户关系发展是否顺利,对于经销商的稳健经营至关重要,这关系到客户是否愿意回来寻求以后的维修服务和购买零配件,以及是否愿意介绍新客户 4. 跟踪可保证双方关系的发展,同时服务部门也能借此确认一些难以发现的客户服务问题。只要经销商反映快速又可信赖,即使客户有某些抱怨或担忧,双方关系的持续发展仍是有保障的 5. 接待人员应在交车后两天内与客户联系,确认客户对维修服务是否满意,应将解决客户关切和投诉的问题作为首要工作

|任务检验|

任务检验单

姓名		班级		成绩	
任务咨询					

一、填空

1. 汽车 4S 店售后 6S 管理内容:_____、_____、_____、_____、_____、_____。

2. 汽车 4S 店车间个人安全管理要求有_____、_____、_____、_____。

二、论述

汽车 4S 店维修作业流程是什么?

任务描述
某 4S 店员工对车间内的安全要求平时注意不到,酿成火灾。痛定思痛,整改措施开始了,请你搞定整改方案。

服务作业	
作业内容	作业标准
车间安全管理方案	1. 方案要求 2. 资料准备 3. 方案实施

任务七
汽车 4S 店配件与仓储管理

| 任务导入与目标 |

任务导入

"三包法规"的实施，客户对汽车维修质量要求更高了，特别是对汽车配件是否是正品很在乎，做好汽车配件管理工作是 4S 店的当务之急。

任务目标

1. 能够描述汽车 4S 店零配件需求的预测要求
2. 掌握汽车 4S 店零配件需求预测方案的设计与采购流程
3. 掌握汽车 4S 店配件仓储管理方法
4. 培养学生的职业素养与专业技能
5. 培养学生现场规范管理的工作习惯，提升学生运用所学专业知识保护国家财产的职业精神，提升现场 6S 的管理水平

中国制造——焊花
飞舞写荣光

学习步骤

配件预测—配件仓储管理

| 任务基础 |

一、汽车配件概述

汽车维修企业与汽车配件经营企业，通常把汽车零部件、汽车标准件和汽车材料 3 种类型的汽车产品统称为汽车配件。

汽车配件（Auto Spare Parts）是构成汽车整体的各个单元及服务于汽车的一种产品。

1. 汽车零部件

（1）零件

零件是指不采用装配、焊接、铆接等工序制成的单一成品、单个制件，如活塞销、平垫片等。

（2）单元体

单元体是指由零部件之间的任意组合而构成的，具有某一功能特征的功能组合体，通常能在不同环境独立工作，如气门组、连杆等。

（3）子总成

子总成由两个或多个零件经装配工序或组合加工而成，对分总成有隶属级别关系，如离合器压盘、变速器盖等。

（4）分总成

分总成由两个或多个零件与子总成一起采用装配或焊铆等工序组合而成，对总成有隶属装配级别关系，如活塞连杆组、曲轴飞轮组等。

（5）总成

总成由数个零件、数个分总成或它们之间的任意组合而构成一定装配级别或某一功能形式的组合体，具有装配分解特性，如发动机总成、离合器总成。

（6）零部件

零部件包括总成、分总成、子总成、单元体、零件。

2．汽车标准件

标准件是指结构、尺寸、画法、标记等各个方面已经完全标准化，并由专业厂生产的常用的零（部）件，如螺纹件、键、销、滚动轴承等。广义标准件包括标准化的紧固件、连接件、传动件、密封件、液压元件、气动元件、轴承、弹簧等机械零件。狭义标准件仅包括标准化紧固件。其中适用于汽车的标准件，称为汽车标准件，如图 7-1 所示。

图 7-1 汽车标准件

3．汽车材料

这里指的是汽车运行材料，所谓汽车运行材料是指车辆运行过程中，使用周期较短，消耗费用较大，对车辆使用性能有较大影响的一些金属材料，按其对汽车运行的作用和消耗方式的不同可分为车用燃料、车用润滑油料、车用工作液、汽车轮胎，如图 7-2 所示。

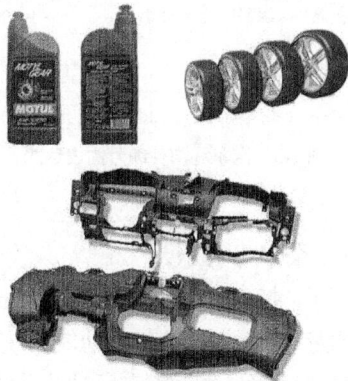

图 7-2 汽车材料

4. 正品配件

正品配件是指与汽车制造企业相关的汽车配件，企业按照主机厂生产装配车辆要求使用的配件。这些配件性能、质量、规格等技术参数与主机厂完全一致的配件是为了向客户（车辆使用者）提供最佳车辆维修质量，客户使用仿制品、伪造品或回收的废品配件而出现故障将不在汽车制造企业新车的有限保修项目或其他汽车制造企业担保项目的范围内。另外，因使用仿制品、伪造品或回收的废品配件而导致其他正品损坏的情况也不在汽车制造企业保修范围内。

二、汽车配件分类与鉴别

1. 配件编码

汽配零件号即 OEM 编号，目前国内配件没有统一的编制法，各个汽车生产商都为自己的汽车以及配件制定了编制法，仅有部分配件拥有统一的规格。

（1）汽车零部件编号的表达式

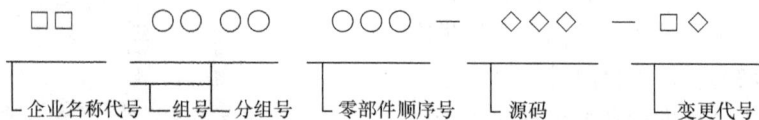

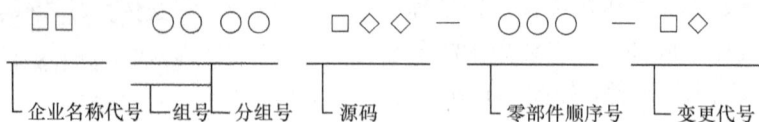

汽车零部件编号由企业名称代号、产品代号、组号、分组号、零件顺序号和变更代号等部分组成，表达式如图 7-3 所示。

① 零部件编号表达式一：
企业名称代号　组号　分组号　零部件顺序号　源码　变更代号

② 零部件编号表达式二：
企业名称代号　组号　分组号　源码　零部件顺序号　变更代号

③ 零部件编号表达式三：
企业名称代号　组号　源码　分组号　零部件顺序号　变更代号

□—大写字母，除"I""O"外；
○—阿拉伯数字；
◇—字母或数字。

图 7-3　汽车零部件编号的表达式

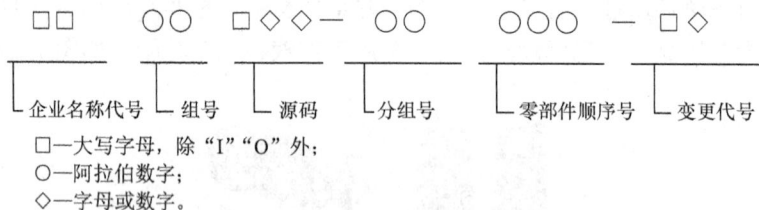

（2）标准用术语

① 企业名称代号——用 2~3 个字母表示。

② 产品代号——用 3 位字母表示，指车型代号，此代号是依据企业车辆产品代号编制规则给定。

③ 组号——用 2 位阿拉伯数字表示，指汽车各功能系统分类代号。

④ 分组号——用 4 位阿拉伯数字表示，表示汽车各功能系统内分系统的代号，如表 7-1 所示。

⑤ 零部件顺序号——用 3 位阿拉伯数字表示，表示分组号内的总成、分总成、子总成、单元体或零件的顺序代号。

表 7-1   汽车产品零部件编号中的组号和分组号

组号	分组号	名　称	组号	分组号	名　称
				10 发动机	
10	1000	发动机总成	10	1014	曲轴箱通风装置
	1001	发动机悬置		1015	发动机启动辅助装置
	1002	气缸体		1016	分电器传动装置
	1003	气缸盖		1017	机油细滤器
	1004	活塞与连杆		1018	机油箱及油管
	1005	曲轴与飞轮		1019	减压器
	1006	凸轮轴		1020	减压器操纵机构
	1007	配气机构		1021	正时齿轮机构
	1008	进排气歧管		1022	曲轴平衡装置
	1009	油底壳及润滑组件		1023	发动机标牌
	1010	机油收集器		1024	发动机吊钩
	1011	机油泵		1025	皮带轮与张紧轮
	1012	机油粗滤器		1026	发动机电控单元执行装置
	1013	机油散热器		1030	发动机工况诊断装备
				11 供给系统	
11	1100	供给系统装置	11	1127	自动提前器
	1101	燃油箱		1128	高压燃油管路
	1102	副燃油箱		1129	燃油喷射管路
	1103	燃油箱盖		1130	燃油蒸发物排放控制系统
	1104	燃油管路及连接件		1131	燃油压力调节器
	1105	燃油粗滤器		1132	进气系统
	1106	输油泵		1133	释压阀
	1107	节气门		1134	怠速控制阀
	1108	油门操纵机构		1136	燃气供给系统装置
	1109	空气滤清器		1140	储气瓶
	1110	调速器		1141	燃气管路
	1111	燃油喷射泵（电喷系统）		1142	蒸发器
	1112	喷油器		1143	过滤器
	1115	发动机断油机构		1144	混合器
	1116	燃油电磁阀		1145	燃气空燃比调节阀
	1117	燃油细滤器		1146	燃气压力调节器
	1118	增压器		1147	气体流量阀
	1119	中冷器		1148	气体喷射器
	1120	燃油压力脉动衰减器		1149	充气口总成
	1121	燃油分配器		1150	充气（出气）三通总成
	1122	燃油喷射泵传动装置		1151	燃气减压阀

组号	分组号	名　称	组号	分组号	名　称
11 供给系统					
11	1123	电控喷射燃油泵	11	1152	燃气安全装置
	1124	电控喷射喷油器		1153	燃料选择开关
	1125	油水分离器		1154	空气预滤器
	1126	冒烟限制器		1156	供给系统电控单元执行装置
12 排气系统					
12	1200	排气系统装置	12	1205	排气净化装置（催化转化器）
	1201	消声器		1206	二次空气供给系统
	1202	谐振器		1207	排气再循环系统（EGR）
	1203	消声器进排气管		1208	隔热板
	1204	消声器隔热板		1209	尾管
13 冷却系统					
13	1300	冷却系统装置	13	1308	风扇
	1301	散热器		1309	风扇护风罩
	1302	散热器悬置		1310	散热器百叶窗
	1303	散热器软管与连接管		1311	膨胀水箱
	1304	散热器盖		1312	水式热交换器
	1305	放水开关		1313	风扇离合器
	1306	调温器		1314	冷却系统电控单元执行装置
	1307	水泵			
15 自动液力变速器					
15	1500	自动液力变速器总成	15	1505	液力变速器电控单元执行装置
	1501	液力变矩器		1506	液力偶合器
	1502	自动变速器总成		1507	锁止离合器
	1503	冷却器		1508	单向离合器
	1504	自动液力变速器操纵机构			
16 离合器					
16	1600	离合器系统装置	16	1606	离合器取力器
	1601	离合器总成		1607	离合器操纵管路
	1603	液力偶合器		1608	离合器总泵
	1604	离合器助力器		1609	离合器分泵
	1605	储液罐		1610	ACS 自动离合系统
17 变速器					
17	1700	变速系统	17	1708	同步器
	1701	变速器总成		1709	油压调节器
	1702	变速器换挡机构		1710	油压开关总成
	1703	变速器换挡操纵装置		1711	润滑油滤清器
	1704	变速器油泵		1712	冷却器
	1705	启动机构		1720	副变速器总成
	1706	变速器悬置		1721	副变速器
	1707	AMT 电控单元执行装置		1722	副变速器操纵机构

续表

组号	分组号	名　称	组号	分组号	名　称
	18 分动器
18	1800	分动器总成	18	1804	分动器操纵装置
	1801	分动器悬置		1805	分动器选择开关
	1802	分动器		1806	换挡气缸总成
	1803	分动器换挡机构		1807	分动器电控单元执行装置
	20 超速器
20	2000	超速器总成	20	2003	超速器结合器
	2001	超速器		2004	超速器操纵机构
	2002	超速器联轴器			
	21 电动汽车驱动系统
21	2100	电动汽车驱动装置	21	2126	插接器（插头）
	2101	电池组		2127	冷却系装置
	2102	主开关		2128	电动机过速报警装置
	2103	驱动电动机		2129	电动机过热报警装置
	2104	驱动控制系统		2131	电动机过电流报警装置
	2105	电缆及连接器		2132	整流器
	2106	断路器		2133	漏电报警装置
	2107	充电器		2134	接触器
	2108	车辆控制器		2136	运行显示装置
	2109	接线盒		2137	电制动显示装置
	2110	变压器		2138	故障诊断装置
	2011	传感器		2139	变流器
	2112	高压保护装置/高压熔断器		2141	锁止机构
	2114	电源管理系统		2142	电动机控制器
	2116	发电机管理系统		2143	继电调整器与变向器
	2118	增程型发电机		2144	联轴节
	2120	燃料电池		2146	变速系统
	2121	耦合器		2147	传动系统
	2122	逆变器		2148	制动系统
	2123	AC/DC 变换器		2149	动力单元
	2124	电池过热报警装置		2151	驱动单元
	22 传动轴
22	2200	传动轴装置	22	2207	后桥第二中间传动轴
	2201	后桥传动轴		2208	前桥第一中间传动轴
	2202	中间传动轴		2209	前桥第二中间传动轴
	2203	前桥传动轴		2210	后桥第三中间传动轴
	2204	后桥第一中间传动轴		2211	中桥第二中间传动轴
	2205	中桥传动轴		2212	传动轴保护架
	2206	中桥中间传动轴		2241	传动轴中间支承

续表

组号	分组号	名　称	组号	分组号	名　称
23 前桥					
23	2300	前桥总成	23	2306	前桥差速锁
	2301	前桥壳及半轴套管		2307	前桥差速锁操纵机构
	2302	前桥主减速器		2308	变速驱动桥
	2303	前桥差速器及半轴		2309	前桥变速操纵机构
	2304	转向节		2310	前桥轴头离合器
	2305	前桥轮边减速器		2311	前桥限位带
24 后桥					
24	2400	后桥总成	24	2405	后桥轮边减速器
	2401	后桥壳及半轴套管		2406	后桥差速锁
	2402	后桥主减速器		2407	后桥差速锁操纵机构
	2403	后桥差速器及半轴		2408	变速驱动桥
	2404	转向节		2409	后桥变速操纵机构
25 中桥					
25	2500	中桥总成	25	2507	中桥差速锁操纵机构
	2501	中桥壳及半轴套管		2510	轴间差速器
	2502	中桥主减速器		2511	轴间差速锁
	2503	中桥差速器及半轴		2512	轴间差速锁操纵机构
	2505	中桥轮边减速器		2513	中桥润滑油泵
	2506	中桥差速锁			
27 支承连接装置					
27	2700	支承连接装置	27	2722	挂车支承装置的轴及滚轮
	2701	挂车台架		2723	支承装置升降机构
	2702	牵引装置		2724	支承装置升降驱动机构
	2703	连接机构		2725	支承装置升降驱动机构操纵装置
	2704	挂车转向装置		2728	挂车自动连接机构
	2705	转向装置的止位机构		2730	鞍式牵引座
	2706	挂车台架转向装置		2731	铰接车转盘装置
	2707	牵引连接装置		2740	辅助支承装置总成
	2720	挂车支承装置总成		2741	辅助支承装置
	2721	挂车支承装置			
28 车架					
28	2800	车架总成	28	2806	前拖钩（拖拽装置）
	2801	车架		2807	前牌照架
	2802	发动机挡泥板		2808	后牌照架
	2803	前保险杠		2809	防护栏
	2804	后保险杠		2810	副车架总成
	2805	牵引装置			

组号	分组号	名　称	组号	分组号	名　称
29 汽车悬架					
29	2900	汽车悬架装置	29	2920	限位器
	2901	前悬架总成		2921	附加桥钢板弹簧
	2902	前钢板弹簧		2922	附加桥附加弹簧
	2903	前副钢板弹簧		2923	附加桥减震器
	2904	前悬架支柱及臂		2924	附加桥横向稳定器
	2905	前减震器		2925	前横臂独立悬架系统
	2906	前悬架横向稳定装置		2926	后横臂独立悬架系统
	2908	调平控制系统		2930	前空气悬架
	2909	前推力杆		2935	后空气悬架
	2911	后悬架总成		2940	第二前悬架总成
	2912	后钢板弹簧		2941	第二前悬架钢板弹簧
	2913	后副钢板弹簧		2942	第二前悬架减震器
	2914	后独立悬架控制臂		2945	悬架电控单元执行装置
	2915	后减震器		2950	空气悬架电控单元执行装置
	2916	后悬架横向稳定装置		2955	液压悬架电控单元执行装置
	2917	侧向稳定后拉杆		2960	油气悬架
	2918	平衡悬架		2965	限位拉索
	2919	后悬架反作用杆			
30 前轴					
30	3000	前轴总成	30	3010	第二前轴总成
	3001	前轴及转向节		3011	第二前轴及转向节
	3003	转向拉杆			
31 车轮及轮毂					
31	3100	车轮及轮毂装置	31	3106	轮胎
	3101	车轮		3107	备轮举升缸总成
	3102	车轮罩		3109	备轮举升手压泵
	3103	前轮毂		3117	附加轴轮毂
	3104	后轮毂		3112	连接法兰
	3105	备轮架及升降机构		3113	轮辋
32 附加桥（附加轴）					
32	3200	附加桥总成	32	3202	附加桥举升机构
	3201	摆臂轴及摆臂		3203	举升机构管路系统
33 后轴					
33	3300	后轴总成	33	3303	转向拉杆
	3301	后轴及转向节			
34 转向系统					
34	3400	转向装置	34	3408	动力转向油罐
	3401	转向器		3409	动力转向助力缸
	3402	转向盘及调整机构		3411	整体动力转向器
	3403	转向器支架		3412	转向附件
	3404	转向轴及万向节		3413	紧急制动转向装置
	3405	转向操纵阀		3415	转向转换装置
	3406	动力转向管路		3417	助力转向控制滑阀
	3407	动力转向油泵		3418	电子助力转向执行装置

续表

组号	分组号	名　称	组号	分组号	名　称
		35 制动系统			
35	3500	制动系统装置	35	3523	感应载阀
	3501	前制动器及制动鼓		3524	缓速器
	3502	后制动器及制动鼓		3525	制动压力调节阀
	3504	制动踏板及传动装置		3526	手制动阀
	3505	制动总泵		3527	辅助制动装置
	3506	制动管路		3529	防冻泵
	3507	驻车制动器		3533	双路阀
	3508	驻车制动操纵装置		3534	压力保护阀
	3509	空气压缩机		3540	真空助力器带制动泵总成
	3510	气压或真空增力机构		3541	真空泵
	3511	油水分离器		3548	发动机进气制动
	3512	压力调节器		3549	发动机排气制动
	3513	储气筒及支架		3550	ABS 防抱死装置
	3514	气制动阀		3551	制动调整臂
	3515	保险装置		3555	空气干燥器总成
	3516	快放阀		3556	制动截止阀
	3517	紧急制动阀		3561	制动软管及连接器
	3518	加速阀（继动阀）		3562	制动带
	3519	制动气室		3565	车辆稳定性辅助装置
	3520	气制动分离开关		3567	车辆稳定性辅助装置电控单元执行装置
	3521	气制动管接头		3568	EBS 电控单元执行装置
	3522	挂车制动阀			
		36 电子装置			
36	3600	整车电子装置系统	36	3624	分动器电控单元及传感器
	3601	车载电子诊断装置		3629	空气悬架电控单元及传感器
	3602	自动驾驶装置		3630	ABS 电控单元及传感器
	3603	防撞雷达装置		3631	缓速器电控单元及传感器
	3604	巡航装置		3634	转向系电控单元及传感器
	3605	防盗系统		3635	EBS 电控单元及传感器
	3606	IC 卡识读机		3636	车辆稳定性辅助装置电控单元及传感器
	3607	电子报站器		3638	TPMS 系统
	3608	电喷电子装置		3658	安全气囊电控单元及传感器
	3610	发动机系统电控装置		3658	门窗电控单元及传感器
	3611	发动机系统电控用传感器		3661	前照灯自动控制装置（AFS）
	3612	电子喷射电控单元及传感器		3665	集中润滑系统电控单元及传感器

续表

组号	分组号	名　称	组号	分组号	名　称
36	3613	化油器电控单元及传感器	36	3670	汽车总线（CAN/LIN）
	3614	供给系电控单元及传感器（底盘系统）		3671	车身电子控制系统/总线接点
	3615	EGR 电控单元及传感器		3674	车身集中控制系统（BCM）
	3616	冷却系电控单元及传感器		3676	空调系统传感器
	3621	自动液力变速器电控单元及传感器		3682	卫生间电控单元及传感器
	3623	AMT 电控单元及传感器			

37 电气设备

组号	分组号	名　称	组号	分组号	名　称
37	3700	电气设备	37	3754	电磁开关
	3701	发电机		3755	制动位液面装置（报警）
	3702	发电机调节器		3757	气压警报开关
	3703	蓄电池		3758	车门信号开关
	3704	点火开关装置及车门锁芯		3759	座椅加热器及控制开关
	3705	点火线圈		3761	真空信号开关
	3706	分电器		3763	车辆限速装置
	3707	火花塞及高压线		3764	ABS 系统调节电动机
	3708	起动机		3765	电子节气门
	3709	灯光总开关		3766	闪光器（及时间控制器）
	3710	变光开关		3767	燃油泵电动机
	3719	遮光罩		3768	电子点火模块
	3721	电喇叭		3769	进气预热器
	3722	中央控制盒/电路保护装置		3770	电预热塞
	3723	接线器/连接器		3773	方向盘多功能开关总成
	3725	点烟器		3774	组合开关
	3728	磁电动机		3775	主副油箱转换阀
	3730	挂车供电插座		3776	倒车监视系统
	3735	各种继电器		3777	分动器控制装置
	3736	电源总开关		3778	电子防盗装置
	3737	搭铁开关		3779	取力指示器及开关
	3740	微电动机		3780	电压转换开关
	3741	刮水电动机及开关		3781	空挡开关
	3742	中隔墙电动机及开关		3782	电动外后视开关装置
	3743	座位移动电动机及开关		3783	冷风电动机
	3744	暖风电动机及开关		3784	逆变器
	3745	空调电动机及开关		3785	防暴电子设备
	3746	门窗电动机及开关		3786	天线电动机
	3747	洗涤电动机及开关		3787	中央门锁
	3748	后风窗除霜装置及开关		3788	火焰塞
	3749	散热器风扇电动机及开关		3789	润滑泵电动机

续表

组号	分组号	名　称	组号	分组号	名　称
37	3750	转换开关（开关组件）	37	3790	电子门锁
	3751	接触器		3791	遥控接收器及遥控器
	3752	爆燃限制器		3792	翘板开关
	3753	行程电磁铁		3793	负离子发生器

38 仪器仪表

组号	分组号	名　称	组号	分组号	名　称
38	3800	仪器仪表装置	38	3819	蜂鸣器
	3801	仪表板		3820	组合仪表
	3802	车速里程表、传感器及软轴		3822	燃气显示装置
	3803	远光指示灯		3824	稳压器总成
	3804	电钟		3825	水位报警器总成
	3805	陀螺仪/水平仪/海拔仪		3826	气制动储气筒压力表
	3806	燃油表		3827	发动机油压表
	3807	机油温度表		3828	冷却液温度表
	3808	水温表		3832	变速器操纵信号显示装置
	3809	气体温度表		3833	举升信号装置
	3810	机油压力表		3834	差速操纵信号显示装置
	3811	电流表		3850	车辆行驶记录仪
	3812	电压表		3853	挂车自动连接信号显示装置
	3813	转速表		3865	集中润滑系统显示装置
	3814	真空表		3871	预热温度开关及显示器总成
	3815	混合气点火器		3872	蓄电池欠压报警装置
	3816	空气压力表		3876	出租车计价系统
	3818	警报器装置			

39 随车工具及组件

组号	分组号	名　称	组号	分组号	名　称
39	3900	随车工具及组件	39	3914	保温套
	3901	通用工具		3915	活动扳手
	3903	说明牌		3916	特种工具
	3904	铭牌		3917	轮胎充气手泵
	3905	铲子		3918	拆卸工具
	3907	牵引钢绳		3919	工具箱
	3908	防滑链		3920	厚薄规及量规
	3909	备用桶		3921	装饰标牌
	3910	灭火器及附件		3922	备品包箱
	3911	油脂枪		3923	车辆识别代号标牌
	3912	轮胎气压表		3924	发动机修理包
	3913	起重器		3926	三角警告牌

40 电线束

组号	分组号	名　称	组号	分组号	名　称
40	4000	汽车线束装置	40	4013	后线束
	4001	发动机线束		4014	空调线束
	4002	车身线束		4016	线束固定器（线夹）

组号	分组号	名　　称	组号	分组号	名　　称
40	4003	仪表板及控制台线束	40	4017	线束插接器
	4004	座舱线束		4018	灯具线束
	4005	顶棚线束		4021	拖挂车专用线束系统
	4006	装货空间线束		4022	货柜车专用线束系统
	4007	车门线束		4023	冷冻/冷藏车专用线束系统
	4008	电源系统线束		4024	计程车/警用车/救护车等专用车线束系统
	4010	车架线束/底盘线束		4025	旅行宿营车专用线束系统
	4011	前线束		4035	线束过线橡胶保护套
	4012	中间线束			

41 汽车灯具					
组号	分组号	名称	组号	分组号	名称
41	4100	汽车灯具装置	41	4118	半挂车标志灯
	4101	前照灯		4119	防空灯及开关
	4102	前小灯位置灯		4121	组合前灯
	4103	仪表灯		4122	壁灯
	4104	内部照明灯及开关		4123	顶灯
	4106	工作灯		4124	阅读灯
	4107	尾灯		4126	踏步灯
	4108	牌照灯		4127	行李箱照明灯
	4109	停车灯		4128	应急报警闪光灯
	4111	转向灯及开关		4129	警告灯
	4112	投光灯		4131	门灯
	4113	倒车灯及开关		4133	组合后灯
	4114	示廓灯		4134	制动灯及开关
	4116	雾灯及开关		4135	回复反射器
	4117	侧标志灯（侧反射器）		4136	闪光器

42 特种设备					
组号	分组号	名称	组号	分组号	名称
42	4200	特种设备	42	4212	水下部件通气管
	4201	机械打气泵		4221	轮胎充气系储气筒
	4202	一挡取力器（动力输出装置）		4222	轮胎充气系压力控制阀
	4203	增压泵及减速器		4223	轮胎阀体
	4205	二挡取力器		4224	轮胎充气接头
	4207	三挡取力器		4225	轮胎充气管路
	4209	发动机拆卸器		4240	车门自动开关机构
	4210	特种设备气压操纵装置		4250	集中润滑系统
	4211	取力器		4260	集中气动助力伺服系统

45 绞盘					
组号	分组号	名称	组号	分组号	名称
45	4500	绞盘总成	45	4505	绞盘鼓
	4501	绞盘		4506	绞盘驱动装置
	4502	绞盘传动轴		4507	绞盘支架

续表

组号	分组号	名　称	组号	分组号	名　称
45	4503	绞盘操纵装置	45	4508	液压泵、液压马达
	4504	绞盘钢索、链条及钩		4509	液压管路及连接器
50 车身					
50	5000	车身总成	50	5006	车身外装饰
	5001	车身固定装置		5009	白车身装配总成
	5002	车身翻转机构		5010	车身骨架
	5004	车身锁止机构		5012	伸缩棚装置
	5005	放物台		5014	绞接栅及转盘机构
51 车身地板					
51	5100	车身地板总成	51	5130	乘客区地板总成（后地板总成）
	5101	车身地板零件		5131	通道地板
	5102	车身地板护面		5132	侧面地板
	5107	车身地板盖板		5133	后地板
	5108	工具箱		5134	纵梁
	5109	地毯		5135	横梁
	5110	地板隔热层		5136	压条
	5111	进风口罩		5140	地板骨架总成和前踏步总成
	5112	售票台		5150	中间踏步总成
	5120	驾驶区地板总成（前地板总成）		5160	后踏步总成
	5121	驾驶区地板		5172	车身下防护装置
	5122	纵梁		5173	车身下防护板
	5123	横梁		5174	车身下导流板
	5124	压条			
52 风窗					
52	5200	风窗总成	52	5204	风窗升降装置
	5201	风窗框		5205	刮水器
	5202	风窗铰链		5206	风窗玻璃及密封条
	5203	风窗侧面玻璃		5207	风窗洗涤器
53 前围					
53	5300	前围总成	53	5305	副仪表板
	5301	前围骨架及盖板		5306	仪表板
	5302	前围护面		5310	前围隔热层
	5303	杂物箱		5315	高架箱
	5304	前围通风孔			
54 侧围					
54	5400	侧围总成	54	5405	中间支柱
	5401	侧围骨架及盖板		5406	三角窗
	5402	侧围护面		5409	内行李架
	5403	侧围窗		5410	侧围隔热层
	5404	侧围升降机构		5411	行李舱门

续表

组号	分组号	名　称	组号	分组号	名　称
		55 车身装饰件			
55	5500	车身装饰	55	5517	空调装饰件
	5501	顶盖装饰件		5518	行李箱装饰件
	5502	喷水口装饰件		5519	驾驶台装饰件
	5503	安全带装饰件		5521	地板装饰件
	5504	车身底部装饰件		5522	车壁装饰件
	5506	牌照及照明装置装饰件		5523	豪华座椅装饰件
	5507	活动入口装饰件		5524	行李架装饰件
	5508	中间支柱装饰件		5526	乘客扶手装饰件
	5509	散热器护栅装饰件		5527	卧铺装饰件
	5511	大灯、信号灯装置装饰件		5528	车门搁物袋
	5512	轮罩装饰件		5529	座椅背搁物袋
	5513	排气口出口装饰件		5531	专用隔热、隔音装饰件
	5514	散热器导流板装饰件		5532	专用防尘、防雨密封装饰件
	5516	变速杆装饰件			
		56 后围			
56	5600	后围总成	56	5606	行李箱盖锁及手柄
	5601	后围骨架及盖板		5608	行李箱护面
		200 后围裙板组件		5610	后围隔热层
	5602	后围护面		5611	刮水器
	5603	后围窗		5612	洗涤器
	5604	行李箱盖		5613	隔栅
	5605	行李箱盖铰链及支柱		5614	导流板
		57 顶盖			
57	5700	顶盖总成	57	5709	行李架总成
	5701	顶盖骨架及盖板		5710	顶盖隔热层
	5702	顶盖内护面		5711	顶盖升降机构
	5703	顶盖通风窗		5713	应急窗（安全窗）
	5704	顶盖外护面			
		58 乘员安全约束装置			
58	5800	乘员安全约束装置	58	5823	气体发生器
	5810	安全带总成		5824	安全气囊电控单元执行装置
	5811	前安全带		5825	微处理器
	5812	后安全带		5826	安全气囊触发器
	5813	中间安全带		5830	儿童约束保护系统
	5814	安全带收紧器		5831	儿童安全座椅
	5820	安全气囊总成		5832	儿童安全门锁
	5821	前气囊袋		5833	儿童安全带
	5822	侧气囊袋		5834	童车和轮椅约束装置

续表

组号	分组号	名　称	组号	分组号	名　称
	59 客车舱体与舱门				
59	5901	大行李舱体	59	5910	空调舱门
	5902	大行李舱门		5915	配电舱体
	5903	蓄电池舱体		5916	配电舱门
	5904	蓄电池舱门		5918	小行李舱体
	5907	除霜器舱体		5919	小行李舱门
	5908	除霜器舱门		5920	其他舱体与舱门
	5909	空调舱体			
	60 车篷及侧围				
60	6000	车篷总成	60	6003	车篷后窗
	6001	车篷骨架及附件		6004	车篷升降机构
	6002	车篷及侧围		6005	车篷座
	61 前侧面车门				
61	6100	前侧面车门总成	61	6107	车门密封条
	6101	车门骨架及盖板		6108	车门开关机构
	6102	车门护面		6109	车门滑轨及限位机构
	6103	车门窗		6110	车门气路
	6104	车门玻璃升降机构		6111	车门气泵
	6105	车门锁及手柄		6112	车门应急开启装置
	6106	车门铰链			
	62 后侧车门				
62	6200	后侧车门总成	62	6207	车门密封条
	6201	车门骨架及盖板		6208	车门开关机构
	6202	车门护面		6209	车门滑轨及限位机构
	6203	车门窗		6210	车门气路
	6204	车门玻璃升降机构		6211	车门气泵
	6205	车门锁及手柄		6212	车门应急开启装置
	6206	车门铰链			
	63 后车门				
63	6300	后车门总成	63	6307	车门密封条
	6301	车门骨架及盖板		6308	车门开关机构
	6302	车门护面		6309	车门助力撑杆
	6303	车门窗		6310	后门窗刮水器
	6304	车门玻璃升降机构		6311	后门窗洗涤器
	6305	车门锁及手柄		6312	后门窗除霜器
	6306	车门铰链			
	64 驾驶员车门				
64	6400	驾驶员车门总成	64	6405	车门锁及手柄
	6401	车门骨架及盖板		6406	车门铰链
	6402	车门护面		6407	车门密封条

续表

组号	分组号	名　　称	组号	分组号	名　　称
64	6403	车门窗	64	6408	车门开关机构
	6404	车门玻璃升降机构		6409	驾驶员车门（右）
66 安全门					
66	6600	安全门总成	66	6606	安全门铰链
	6601	安全门骨架及盖板		6607	安全门密封条
	6602	安全门护面		6608	安全门开关机构
	6605	安全门锁及手柄			
67 中侧面车门					
67	6700	中侧面车门总成	67	6707	车门密封条
	6701	车门骨架及盖板		6708	车门开关机构
	6702	车门护面		6709	车门滑轨限位机构
	6703	车门窗		6710	车门气路
	6704	车门玻璃升降机构		6711	车门气泵
	6705	车门锁及手柄		6712	车门应急开启装置
	6706	车门铰链			
68 驾驶员座					
68	6800	驾驶员座总成	68	6805	驾驶员座靠背
	6801	驾驶员座骨架		6807	驾驶员座支架
	6802	驾驶员座骨架护面		6808	驾驶员座头枕
	6803	驾驶员座软垫		6809	驾驶员座扶手
	6804	驾驶员座调整机构			
69 前座					
69	6900	前座总成	69	6905	前座靠背
	6901	前座骨架		6906	前座扶手
	6902	前座骨架护面		6907	前座支架
	6903	前座软垫		6908	前座头枕
	6904	前座调整机构		6930	前座中间座
70 后座					
70	7000	后座总成	70	7005	后座靠背
	7001	后座骨架		7006	后座扶手
	7002	后座骨架护面		7007	后座支架
	7003	后座软垫		7008	后座头枕
	7004	后座调整机构			
71 乘客单人座					
71	7100	乘客单人座总成	71	7105	座位靠背
	7101	乘客单人座骨架		7106	座位扶手
	7102	乘客单人座骨架护面		7107	座位支架
	7103	座位软垫		7108	乘客单人座头枕
	7104	座位调整机构		7109	座椅附件

组号	分组号	名　称	组号	分组号	名　称
\multicolumn{6}{72 乘客双人座}
72	7200	乘客双人座总成	72	7205	座位靠背
	7201	乘客双人座骨架		7206	座位扶手
	7202	乘客双人座骨架护面		7207	座位支架
	7203	座位软垫		7208	乘客双人座头枕
	7204	座位调整机构		7209	座椅附件
\multicolumn{6}{73 乘客三人座}
73	7300	乘客三人座总成	73	7305	座位靠背
	7301	乘客三人座骨架		7306	座位扶手
	7302	乘客三人座骨架护面		7307	座位支架
	7303	座位软垫		7308	乘客三人座头枕
	7304	座位调整机构			
\multicolumn{6}{74 乘客多人座}
74	7400	乘客多人座总成	74	7405	座位靠背
	7401	乘客多人座骨架		7406	座位扶手
	7402	乘客多人座骨架护面		7407	座位支架
	7403	座位软垫		7408	乘客多人座头枕
	7404	座位调整机构			
\multicolumn{6}{75 折合座}
75	7500	折合座总成	75	7504	座位调整机构
	7501	折合座骨架		7505	座位靠背
	7502	折合座骨架护面		7506	座位扶手
	7503	座位软垫		7507	座位支架
\multicolumn{6}{76 卧铺}
76	7600	卧铺总成	76	7606	卧铺靠背
	7601	卧铺骨架		7607	卧铺调整机构
	7602	卧铺软垫		7608	卧铺搁脚架
	7603	卧铺支架		7609	卧铺梯
	7604	卧铺骨架护面		7611	卧铺附件
	7605	卧铺扶手			
\multicolumn{6}{78 中间隔墙}
78	7800	中间隔墙总成	78	7803	中间隔墙窗
	7801	中间隔墙骨架及盖板		7804	中间隔墙玻璃升降机构
	7802	中间隔墙护面		7805	中间隔墙门
\multicolumn{6}{79 车用信息通信与声像装置}
79	7900	车用信息通信与声像装置	79	7912	显示器总成
	7901	无线接收与播放机集成系统（收放机）		7913	车用卫星定位导航装置
	7902	（无线电发报机）单一功能影音视听装置		7914	车载计算机
	7903	天线		7917	车内监控器及摄像系统

续表

组号	分组号	名　称	组号	分组号	名　称
79	7904	滤波器	79	7921	电源附件
	7905	车载电话		7922	声像附件
	7906	防干扰装置		7925	信息通讯附件
	7908	录放机/扩音器		7930	交通信息显示系统
	7909	扬声器系统		7932	视频显示器装置
	7910	车用视盘机		7935	车载多功能显示系统
	7911	车用音响装置		7937	车载电台系统
81 空气调节系统					
81	8100	空气调节装置	81	8112	空气调节操纵装置
	8101	暖风设备		8113	空气净化设备
	8102	除霜设备		8114	空调电气设备
	8103	制冷压缩机		8115	加温设备
	8104	车身强制通风设备		8116	冷、暖风流量分配器
	8105	冷凝器		8117	空气流量分配器
	8106	膨胀阀		8118	恒温调节器
	8107	蒸发器（制冷器）		8119	进、送风格栅
	8108	空调管路		8121	进气道与滤清器
	8109	储液干燥器		8122	集液器
	8110	吸气节流阀		8123	供暖和通风系统
	8111	冷气附件			
82 附件					
82	8200	附件	82	8221	杯架
	8201	内后视镜		8222	书架、工作台
	8202	外后视镜		8223	药箱
	8203	烟灰缸		8224	随车文件盒
	8204	遮阳板		8225	衣钩
	8205	窗帘		8226	行李挂钩
	8206	搁脚板		8227	告示牌
	8207	各种用具、枪架		8228	投币机
	8208	反光器		8230	卫生间总成
	8209	安全锤		8231	卫生间
	8213	冰箱		8232	卫生间储水箱
	8214	饮水器		8233	卫生间供排水装置
	8215	拉手		8234	卫生间电控单元执行装置
	8218	物品盒		8235	卫生间污物处理封装装置
	8219	下视镜		8240	炊事间总成
	8220	保险柜		8261	发动机装饰附件
84 车前、后钣金					
84	8400	车前钣金零件	84	8403	前翼板
	8401	散热器罩		8404	后翼板
	8402	发动机罩及锁		8405	踏脚板

续表

组号	分组号	名　称	组号	分组号	名　称
		85 车箱			
85	8500	车箱总成	85	8507	车箱工具箱
	8501	车箱底板		8508	车箱篷布及支架
	8502	车箱边板		8509	车箱护栏
	8503	车箱后板		8511	车箱挡泥板
	8504	车箱前板		8514	后门骨架总成
	8505	车箱板锁		8515	翼开启机构
	8506	车箱座位		8516	顶棚外蒙皮总成
		86 车箱倾斜机构			
86	8600	车箱倾斜机构总成	86	8608	举升机构油箱
	8601	车箱底架		8610	举升机构传动轴
	8602	倾斜机构		8611	油泵限位阀
	8603	倾斜机构液压缸		8613	举升节流单向阀
	8604	倾斜机构油泵		8614	下降限位阀
	8605	倾斜机构油泵管路		8615	下降节流单向阀
	8606	倾斜机构操纵装置		8616	滤清器
	8607	分配机构		8617	车箱保险支架总成

（3）汽车标准件编号

汽车标准件一般以现有的成熟的国家标准或汽车标准为依据，汽车标准件的编号由标准件特征代号、品种代号、变更代号、尺寸规格代号、分隔点、总成件专用隶属件代号、机械性能材料代号、表面处理代号和分型代号等共 9 部分顺序组成，如图 7-4 所示。

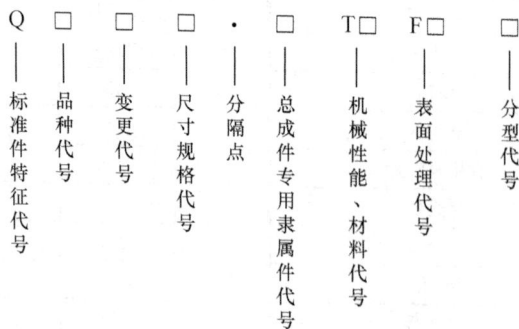

Q □ □ □ · □ T□ F□ □

标准件特征代号　品种代号　变更代号　尺寸规格代号　分隔点　总成件专用隶属件代号　机械性能、材料代号　表面处理代号　分型代号

图 7-4　汽车标准件的编号

① 标准件特征代号

以"汽"字汉语拼音第一位大写字母"Q"表示。

② 品种代号

品种代号由 3 位数字组成，首位表示产品大类，第二位为分组号，第三位为组内顺序号。结构、功能相近的品种尽可能编入同一分组，如表 7-2 所示。

大类代号	0	1	2	3	4	5	6	7	8	9
产品类别		螺柱螺栓	螺钉	螺母	垫圈、挡圈、铆钉	销、键	螺塞、扩口式管接头、管箍、管夹	滑脂嘴、封堵件、操纵连接件	卡套式管接头	其他

表 7-2　标准件品种代号

③ 变更代号

虽然标准件结构形式基本相同，但尺寸、精度、性能或材料等标准内容变更以致影响标准件的互换性时，应给出"变更代号"。同一品种中不同螺纹系列，同一品种中不具有派生关系和互换性的不同形式，也采用变更代号加以区分。变更代号以一位大写英文字母表示，由字母"B"开始顺序使用（不用字母"I""O""Q""Z"）。

产品代号举例：

Q121——双头螺柱（一端粗牙一端细牙普通螺纹）；

Q121B——双头螺柱（一端粗牙一端较细牙普通螺纹）；

Q150B——六角头螺栓（粗牙）；

Q151B——六角头螺栓（细牙）；

Q151C——六角头螺栓（较细牙）；

Q271——十字槽盘头自攻螺钉（C 型未端），F 型未端：Q272；

Q274——十字槽沉头自攻螺钉；

Q350B——六角薄螺母；

Q370C——焊接六角螺母；

Q371——焊接方螺母；

Q401——平垫圈；

Q402——大垫圈；

Q403——弹簧垫圈；

Q500——开口销；

Q510——销轴；

Q614B——方头锥形螺塞；

Q674——塑料紧箍带；

Q721——塞片；

Q800——卡套；

Q900B——通气塞。

④ 尺寸规格代号

尺寸规格代号直接用标准件的主要特征尺寸参数表示，不便直接表示的以主要尺寸参数折算的相应整数表示，仍不便表示的以该品种内规格系列的顺序号表示。

由一个主要尺寸参数即可表示标准件规格的，直接以该参数值用 2～3 位数字表示。当参数仅一位数时，应于左边加"0"补足两位；当参数以英寸为单位时，应以 2 位数字表示，其十位数应以整英寸数、个位数应以 1/8 英寸（1 英寸=25.4mm）的整数倍表示，参数小于 1 英寸时，应于左边加"0"补足两位（Q614B）。

需由 2 个或 3 个主要尺寸参数（一般为公称直径及钉、杆公称长度）表示标准件规格的，应直接以参数值按主次顺序相接的 3～6 位数字表示。其中，第一参数值仅为一位数的，应于左边加"0"补足两位，其余参数应直接写入，不补位；某些品种主要参数含有带小数规格时，该参数中的小数规格以增为 10 倍的整数表示，若与其余整数规格混淆时，则该参数的全部规格均增为 10 倍表示。

⑤ 总成件专用隶属件代号

用 3 位阿拉伯数字表示，表示分组号内的总成、分总成、子总成、单元体或零件的顺序代号。

⑥ 机械性能、材料代号

如果某一标准件仅有一种要求以及推荐采用的基本要求，其相应的机械性能、材料代号应省略；选用其他机械性能、材料时应加注相应的代号。

⑦ 表面处理代号

如果某一标准件仅有一种要求以及推荐采用的基本要求，其相应的表面处理代号应省略；选用其他表面处理方式时，应加注相应的表面处理代号。

⑧ 分型代号

以一种结构形式为基础，通过改变局部结构形式或增加新的技术内容所派生出的具有新增或不同功能的品种，其品种代号应与基本品种一致，每种分别给出分型代号。在同一基本品种范围内，分型代号用一位大写英文字母表示，由"A"开始顺序使用（不用字母"I""O""Z"）。

• 制成全螺纹的品种，视为一种分型，分型代号应统一用"Q"表示，如（Q150B 六角头螺栓）。

• 采用预涂胶的标准件，其分型代号按照有关标准所规定的胶的分类代号表示；

• 同类标准件的同类分型应尽可能采用同一字母作为分型代号，不同类标准件的分型在不致混淆的条件下，允许采用相同字母作为分型代号。

（4）非汽车标准件编号规则

为便于管理和识别，我国以汽车配件编号规则规定中的首位（N、L）或前两位（DJ）为特征代号。除特征代号之外，其他各位大致分为如下 3 种情况：

• 对于原标准本身给出了编号规则且总位数不超过 13 位的，原则上继承原标准的编号规则；

• 原标准本身给出了编号规则但总位数超过 13 位的，在沿用原标准编号规则的基础上，在不产生歧义的前提下，对其中的某些内容简化注出；

• 对于原标准没有规定编号规则的非汽标件，本着易掌握、易理解、实用的原则给出了编号规则。

① 非汽车标准件分类

a．轮胎类；

b．电器插接件、灯泡；

c．螺栓、螺柱、螺钉、螺母、销、键、垫圈、挡圈、铆钉等紧固件类；

d．滑脂嘴、操纵件；

e．管接头；

f. 密封件；

g. 轴承、钢球；

h. 软管及油管组件；

i. 传动带；

j. 五金、工具；

k. 工作液；

② 非汽车标准件标注

非汽车标准件在产品图样上标注时，应直接标注其相应标准所规定的完整编号，即同时注明其规格及标准编号（不写标准的年代号），且通常情况下，规格在前，标准编号在后，两者之间用半角连接符"-"相连接。

在产品明细表中填写时，其"代号"栏应严格按本标准所规定的编号填写；其"参图号"栏填写与其在图样上所标注一致的编号（标准代号与顺序号之间不留空格）；"名称"栏填写其完整的名称。

对于电器插接件，一般均为非独立供货，在图样上应准确完整标注，在产品明细表中不必要时可不体现。

在编写产品明细表时，非汽标件的图幅栏均应为空，特性栏均应填写"B"。

（5）进口汽车配件的编号规则

我国引进（或进口车型）汽车品牌繁多，中外合资品牌也较多。国外汽车制造厂（企业）的零件编号也无统一规定，由各企业自行编制。

① 丰田汽车零件编号规则

一般是由10～12位的数字构成。一般来说前5位代表是什么零件，如04111就代表大修包；后5位为车型，如04111-46065就是皇冠3.0的大修包；最后2位一般来说是代表颜色。

从编码的第一位就可以大概分出这是哪一类的配件。第1位数字含义如下：

0 字头都是修理件；

1 字头发动机配件，如13101就是活塞；

2 字头是发动机附件，如发电机、马达；

3 字头是离合或波箱传动类配件；

4 字头是底盘配件，如悬架—方向机，球头之类的；

5、6字头是外观、内饰类；

7 是装饰件、饰条、防撞胶；

8 为灯具及电器类；

9 字头都是些小东西，油封、轴承、垫圈之类的，如前5位为此零件的类别，后5位为该零件所运用的车型。例如，23300-33010，23×××代表燃油系统，33×××代表车型。

② 本田汽车零件编号规则

分组号：10→19表示发动机及其附件总成零部件。

分组号：20→29表示驱动系统及其传动部件总成。

分组号：30→39表示底盘系统机构部件总成及零件。

分组号：40→49表示车身覆盖件及其结构部件总成。

分组号：50→59 表示车身附件及其总成零部件。

分组号：60→69 表示车内气温调节控制部件总成。

分组号：70→79 表示车内装饰总成及其零部件。

分组号：80→89 表示汽车电器及其仪表部件总成。

例如：04711-SV4-A01ZZ。

③ 德国大众汽车零件编号规则

全部零件被分成 10 个主组，每个主组分成若干个子组，以对应轿车上的相应部件组零件号由 9 位数字构成；前 3 位表示车型或大的机组号（如发动机、变速器）；第 4 位表示主组号，第 5、6 位表示子组号，最后 3 位表示零件的实际数字代码。

零件的更改通过 1 个或 2 个字母排在零件后的第 10 位和第 11 位标明，对于带有颜色的零件通过 3 个数字或数字与字母的组合代码列在零件后面用来标明颜色。

例如：4B0807103BA7DL，其中，4B：车型；0：附加信息位；8：主组；07：子组；103：零件；BA：变更字母；7DL：颜色号（黑色）。

2．汽车配件鉴别

汽车配件规格众多，汽车 4S 店维修车间对配件的选用以正品配件为维修质量的基础。特别是国家对汽车维修三包法的实施，对维修质量的保证提供了法律依据。对配件质量的鉴别，也是衡量汽车维修从业人员的技能水平的标志。以下配件质量鉴别方法，供参考。

（1）看包装

原厂配件包装一般比较规范，统一标准规格，印字字迹清晰正规，而假冒产品包装印刷比较粗劣，往往能很容易地从包装上找出破绽。

（2）看颜色

某些原厂配件表面指定某种颜色，若遇其他颜色，则为假冒伪劣零配件。

（3）看外表

原厂配件外表印字或铸字及标记清晰正规，而假冒产品外观粗糙。

（4）看油漆

不法商人将废旧配件经简单加工，如拆、装、拼、凑、刷漆等处理，再冒充合格品出售，非法获取高额利润。

（5）看质地

原厂配件的材料是按设计要求采用合格材料，假冒产品多是采用廉价低劣材料代用。

（6）看工艺

低劣产品外观有时虽然不错，但由于制作工艺差，容易出现裂纹、砂孔、夹渣、毛刺或碰伤。

（7）看"储存"

汽车配件如果出现干裂、氧化、变色或老化等问题，可能是在存放当中因环境差、储存时间长、材料本身差等原因造成的。

（8）看"接合"

如果发生离合器片铆钉松脱、制动系统皮管脱胶、电器零件接头脱焊、纸质滤芯接缝处脱开等现象，则不能使用。

（9）看标识

部分正规的零部件上标有某些记号，比如正时齿轮记号、活塞顶部标记等装配标记，用来保证机件正确安装，没有的不能购买。

（10）看缺漏

正规的总成部件必须齐全完好，才能保证顺利装车和正常运行。往往因个别小配件短缺，造成整个总成部件报废。

（11）看防护层

为了便于保管，防止零件磕碰，零件出厂之前都有防护层。例如，衬套、大小轴瓦、活塞、气门等一般都用石蜡保护，以免其表面损坏，爆震传感器等要轻拿轻放，防止零件失去性能。

（12）看证件

一些重要部件，特别是总成类，如离合器、喷油器、发电机等，出厂时一般带有说明书、合格证，以指导用户安装、使用和维护，若无这些多为假冒伪劣产品。

（13）看规格

选购汽车配件时，要查明主要技术参数，特殊技术要符合使用要求，如长度、粗糙度。

三、配件采购管理

汽车配件采购是由需求产生的采购目标，在采购之前必须对本地区的汽车消费市场及本品牌汽车市场占有率及 4S 店的生产及工作能力进行正确评估；只有准确地评估订单需求，才能为计算订单容量提供参考依据，以便制订出好的订单计划。它主要包括 3 个方面的内容：分析市场需求、分析生产需求、确定订单需求。

1．分析市场需求

市场需求和生产需求是评估订单需求的两个重要方面。订单计划不仅仅来源于生产计划，一方面，订单计划首先要考虑的是企业的生产需求，生产需求的大小直接决定了订单需求的大小；另一方面，制订订单计划还得兼顾企业的市场战略及潜在的市场需求等。此外，制订订单计划还需要分析市场要货计划的可信度。必须仔细分析市场签订合同的数量与还没有签订合同的数量（包括没有及时交货的合同）的一系列数据，同时研究其变化趋势，全面考虑要货计划的规范性和严谨性，还要参照相关的历史要货数据，找出问题的所在。只有这样，才能对市场需求有一个全面的了解，才能制订出一个满足企业远期发展与近期实际需求相结合的订单计划。

2．分析生产需求

分析生产需求是评估订单需求首先要做的工作。要分析生产需求，首先就需要研究生产需求的产生过程，然后再分析生产需求量和要货时间。

3．确定订单需求

根据对市场需求和对生产需求的分析结果，就可以确定订单需求。通常来讲，订单需求的内容是通过订单操作手段，在未来指定的时间内，将指定数量的合格物料采购入库。当需求被确认，需求计划就会产生，这时就要制订采购计划表。一般采购计划表如表 7-3 所示。

表 7-3   采购计划表

序号	物资 名称	规格 型号	单位	数量	拟交付时间	技术质量 要求	其他 要求

项目技术负责人：   年 月 日   项目经理：

4．采购需求的确认

采购需求的确认是采购的第二个步骤，即有关负责人对需求进行核准，一般包括产品的规格，产品的数量，需求的时间、地点等。其主要内容包括 3 方面：分析开发批量需求、分析余量需求、确定认证需求。

（1）分析开发批量需求

要做好开发批量需求的分析不仅需要分析量上的需求，而且要掌握物料的技术特征等信息。

（2）分析余量需求

分析余量需求要求首先对余量需求进行分类。余量认证的产生来源：一是市场销售需求的扩大，另一种情况是采购环境订单容量的萎缩。这两种情况都导致了目前采购环境的订单容量难以满足用户的需求，因此需要增加采购环境容量。对于因市场需求原因造成的，可以通过市场及生产需求计划得到各种物料的需求量及时间；对于因供应商萎缩造成的，可以通过分析现实采购环境的总体订单容量与原订容量之间的差别，这两种情况的余量相加即可得到总的需求容量。

（3）确定认证需求

要确定认证需求可以根据开发批量需求及余量需求的分析结果来确定。

5．配件采购认证准备

准备工作主要包括：熟悉需要认证的配件品名，价格调研，研究项目需求标准，了解项目的需求量，制定认证说明书 5 个步骤。

采购时应坚持以下原则。

（1）对要采购的物品选择供应商；就是要积极合理地组织货源，保证商品能满足需求，坚持数量、质量、规格、型号、价格全面考虑的原则。

（2）对被选择的供应商进行询价和议价，商品必须贯彻按质论价的政策，优质优价，不抬价，不压价，合理确定商品的采购价格。并在对各供货商的价格进行比较之后选择最优供货商。

（3）必须详细了解商品的鉴定方法，对相关人员进行相关培训，使其熟练掌握相关技能。

6．确定供货商

销售商择优选择供应商是保证维修质量的基础，供应商选择的标准如下。

（1）良好的社会美誉度。优秀的企业领导人，高素质的管理人员，稳定的员工群体，良好的机器设备，良好的技术，良好的管理制度。

（2）技术水平。技术水平是指供应商提供的技术参数是否达到要求。

（3）产品质量。供应商提供的产品质量是否可靠，是一个十分重要的评估指标。供应商的产品必须能够持续稳定地达到产品说明书的要求，供应商必须有一个良好的质量控制体系。

（4）供应能力。供应商的生产能力，企业需要核准供应商是否具有相当的生产规模与发展潜力，这意味着供应商的制造设备必须能够在数量上达到一定的规模，能够保证供应商所需数量的产品。

（5）价格。供应商应该能够提供有竞争力的价格，这并不意味着必须是最低价格。

除了以上标准还有地理位置、可靠性、售后服务、供货提前期、交货准确率、快速响应能力等。

确定配件供应商，在和供应商谈判结束后就可以发放订单，如表 7-4 所示。

表 7-4　　　　　　　　　　汽车配件订购单

供货日期_____　　　　　　　　　　订购编号_____

厂商名称			厂商编号					
厂商地址			电话/传真					
序号	配件号	品名规格	单位	数量	单价	金额	交货日期及数量	其他
合计					仟 佰 拾 万 仟 佰 拾 元 角 分			
交货方式			交货地点					

交易条款：

承制商必须遵循本订购之交期或本公司之采购部电话及书面通知调整之交期，若有延误，每逾一日扣除该批款 10%。

1. 质量：××××××××。
2. 不良品处理：×××××××××××。
3. 其他：××××××××××××××××××。

7. 签订采购合同

采购合同是采供双方在进行正式交易前为保证双方的利益，对采供双方均有法律效力的正式协议，有的企业也称之为采购协议。采购合同是采购关系的法律形式，对于确立规范有效的采购活动，明确采购方与出让方的权利义务关系，保护当事人的合法权益具有重大意义。采购合同一般包括以下内容：

（1）合同明确规定要购买什么，价格是多少，或者是怎样确定的；

（2）合同规定所购买的物品运输和送达的方式；

（3）合同包括要涉及物品如何安装（当物品需要安装时）；

（4）合同包括一个接受条款，具体阐述买方如何和何时接受产品；

（5）合同提出适当的担保；

（6）合同说明补救措施；

（7）合同要体现通用性，包括标准术语和条件，可适用于所有的合同和购买协议。

8．收货、验货入库

当供应商交货时，采购方需要进行配件检验和接收工作。这一项主要包括如下环节。

（1）物料检验

① 协商检验事宜。

② 进行物料检验。

③ 处理检验问题。

（2）物料接收

① 与供应商协调送货事宜。

② 与储存部门协调送货事宜。

③ 通知供应商送货。

④ 处理接收问题。

当物料完成检验并完成入库就可以向有关单位申请货款，使其在约定时间里到达供应商手里，如图 7-5 和图 7-6 所示。

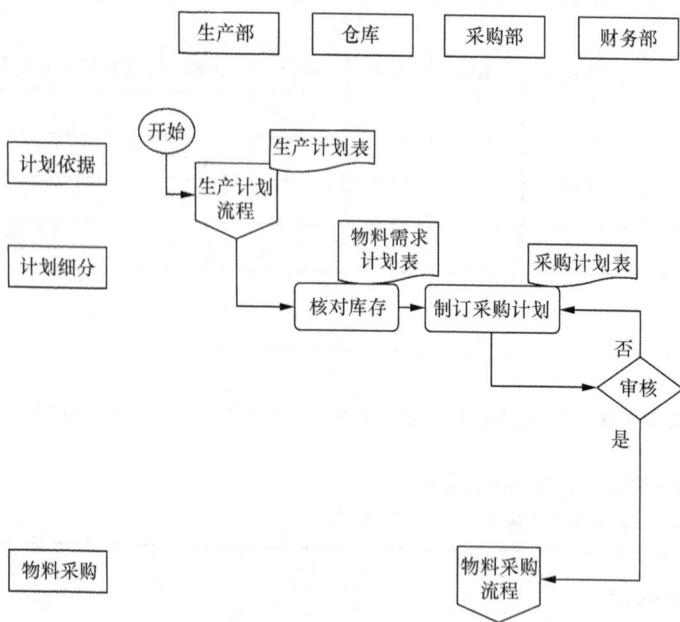

图 7-5　汽车配件采购流程

四、汽车配件仓储管理

1．汽车配件仓储管理概述

（1）汽车配件仓储管理的目标

汽车配件销售企业的仓储管理，就是以汽车配件的入库、保管、保养和出库为中心而开展的一系列活动。

| 采购部 | 仓库 | 品管部 | 财务部 |

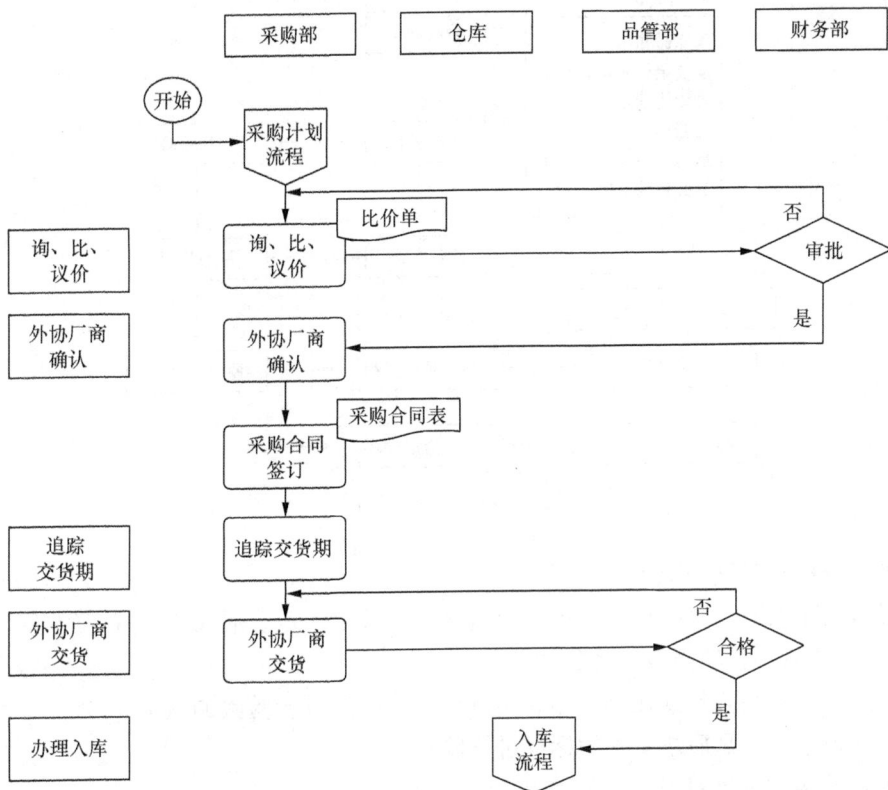

图 7-6　汽车配件入库流程

仓储管理的目标是要以最少的劳动力、最快的速度、最省的费用取得最佳的经济效益，提高客户满意度与市场占有率，保质、保量、安全、低耗地完成仓储管理的各项工作和任务。

（2）汽车配件的仓储管理的作用

① 仓储管理是保证汽车配件使用价值的重要手段；

② 仓储管理是汽车配件销售企业为用户服务的一个重要内容；

③ 科学化、专业化的仓储管理，使汽车配件达到保质、保量、环保、安全、低耗的目的。

2．汽车配件入库管理

汽车配件入库是物资存储活动的开始，是仓库业务管理的重要阶段。

（1）接运

接运是指配件仓库向承运部门或供货地点提取配件的工作。配件接运根据到货地点不同分为专线接运、供货单位提货和车站、码头提货等。

① 专线接运：建有铁路专用线的仓库，具备足够的装卸车能力。

② 供货单位提货：仓库与供货单位同在一地点时，采用自提货方式进货，若订货合同规定自提的配件，应由仓库自备运输用具直接到单位提取。

③ 车站、码头提货：采用自提货方式进货，仓库自备运输用具提取。

（2）验收

配件入库前，必须进行严格的验收工作。准确、及时的验收，要求仓库管理人员熟悉验收资料，准备验收所需要的工具和人力。

验收程序如图 7-7 所示。

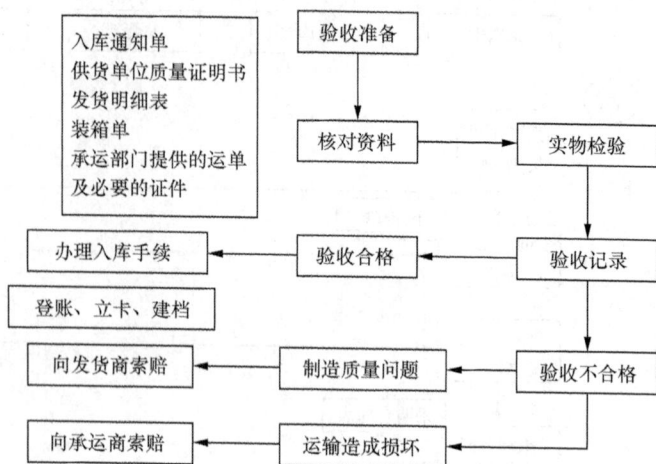

图 7-7　汽车配件验收流程

① 验收资料及手续的准备

a. 根据入库凭证（含产品入库单、收料单、调拨单、退货通知单）规定的型号、品名、规格、产地、数量等各项内容进行验收。

b. 参照技术检验开箱的比例，结合实际情况，确定开箱验收的数量。

c. 根据国家对产品质量要求的标准进行验收。

② 验收的要求及核对资料

a. 核对将要入库的零配件资料要求。

• 及时：验收要及时，以便尽快建卡、立账、销售，这样就可以减少配件在库停留时间，缩短流转周期，加速资金周转，提高企业经济效益。

• 准确：配件入库应根据入库单所列内容与实物逐项核对，同时对配件外观和包装认真检查，以保证入库配件数量准确，防止以少报多或张冠李戴的配件混进仓库。

b. 如发现有霉变、腐烂、渗漏、虫蛀、鼠咬、变色、沾污和包装潮湿等异状的汽车配件，要查清原因，做好记录，及时处理，以免扩大损失。

c. 要严格实行一货一单制，按单收货，单货同行，防止无单进仓。

③ 数量及质量检验

数量验收时是最基础的入库要求，保证单、物数量的一致。质量验收是保证配件质量的关键步骤之一，需要验收人员掌握一定的技术和注意总结经验。

（3）入库程序

入库验收包括数量和质量两个方面的验收。

数量验收是整个入库验收工作中的重要组成部分，是搞好保管工作的前提。库存配件的数量是否准确，在一定程度上是与入库验收的准确程度分不开的。配件在流转的各个环节都存在质量验收问题。

入库的质量验收，就是保管员利用自己掌握的技术和在实践中总结出来的经验，对入库配件的质量进行检查验收。

① 点收大件

仓库保管员接到进货员、技术检验人员或工厂送货人员送来的配件后，要根据入库单所列的收货单位、品名、规格、型号、等级、产地、单价、数量等各项内容，逐项进行认真查对、验收，并根据入库配件的数量、性能、特点、形状、体积，安排适当的货位，确定堆码方式。

②　核对包装

在点清大件的基础上，对包装物上的商品标志和运输标志，要与入库单进行核对。

只有在实物、商品和运输标志、入库凭证相符时，方能入库。

同时，对包装物是否合乎保管、运输的要求要进行检查验收，经过核对检查，如果发现发票与实物不符或包装有破损、异状时，应将其单独存放，并协调有关人员查明情况，妥善处理。

③　开箱点验

凡是出厂原包装的产品，一般开箱点验的数量为 5%～10%。

如果发现包装含量不符或外观质量有明显问题时，可以不受上述比例的限制，适当增加开箱检验的比例，直至全部开箱。

新产品入库，也不受比例限制。

对数量不多且价值很高的汽车配件，非生产厂原包装的或拼箱的汽车配件，国外进口汽车配件，包装损坏、异状的汽车配件等，必须全部开箱点验，并按入库单所列内容进行核对验收，同时还要查验合格证。

经全部查验无误后，才能入库。

④　过磅称重

凡是需要称重的物资，一律过磅称重，并要记好重量，以便计算、核对。

（4）关于验收工作中发现问题的处理

①　在验收大件时，发现少件或多出的件，应及时与有关负责部门和人员联系，在得到他们同意后，方可按实收数签收入库。

②　凡是质量有问题，或者品名、规格出错，证件不全，包装不合乎保管、运输要求的，一律不能入库，应将其退回有关部门处理。

③　零星小件的数量误差在 2%以内，易损件的损耗在 3%以内的，可以按规定自行处理，超过上述比例，应报请有关部门处理。

④　凡是因为开箱点验被打开的包装，一律要恢复原状，不得随意损坏或者丢失。

3．入库

汽车配件经验收合格后，应办理入库手续，进行登账、立卡、建立档案、并保存好相关资料。

（1）登记入账

仓库对每一品种规格及不同级别的物资都必须建立收、发、存明细账，能及时、准确反映物资储存动态的基础资料。

进销存明细账：传统使用进销存明细账本人工记录，由仓库管理人员登记和保管，现在多使用计算机软件管理软件。

（2）设立卡片

配件物料卡是一种活动的标签，包括了库存配件的名称、规格、型号、级别、储备定额和库存数量，直接挂在货位上。

配件卡的作用：

① 联系账目与配件的桥梁；

② 方便配件信息的反馈；

③ 方便采购管理与收发工作；

④ 方便盘点工作。

（3）建立档案

每一种技术资料和配件出入库资料都应该建档保存，方便查阅和积累经验。档案的建立必须一物一档，统一编码。

配件出库是仓库业务的最后阶段，它是把配件及时、迅速、准确地发送到客户手中。配件的出库应认真执行"先进先出"的原则，减少物资的储存时间。

4．汽车配件的储存、养护及管理

（1）配件存放条件

① 配件应存放在干燥通风的仓库内，库房温度一般应在 20℃～30℃，相对湿度一般在75%以下，对易吸潮锈蚀的配件，须将货垛设在离开地面的空心垫板上，便于空气流通。

② 配件在入库验收时，除对配件的名称、规格、计量单位、数量核对无误外，还要检查其是否有破损、缺件、锈蚀、内外包装不良及有无着雨受潮等情况，以便于及时进行索赔和采取措施。

③ 配件计划员凭进货清单打印入库单，数量以实收为准（如有价格变动应及时调整）。入库单一式五份，保管员一份，计划员四份。

（2）配件存放

保证库存配件的准确，节约存储仓位，便于操作，配件的保管应科学、合理、安全，如图 7-8 所示。

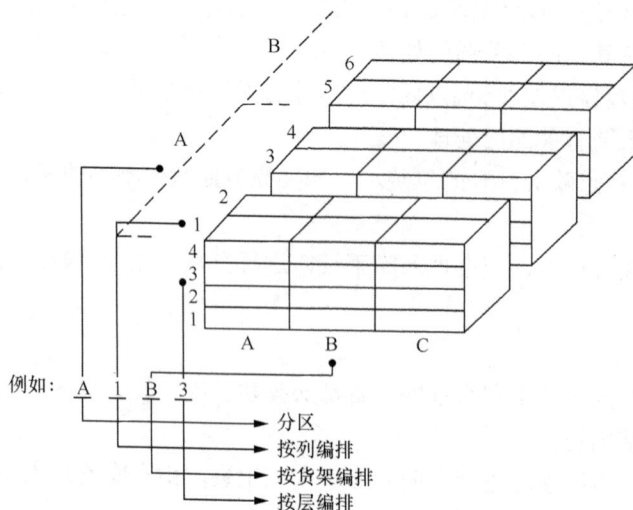

图 7-8　汽车配件存放

① 分区分类：根据配件的车型，合理规划配件的摆放区域，如表 7-5 所示。

表 7-5 汽车配件仓储分区

分区	说明	分区	说明
A	小件	G	轮毂
B	中型件	H	玻璃
C	大型件	I	存放箱
D	车身部件	J-W	预备配件位
E	镶条、电缆	X-Z	清理件
F	导管		

② 五五摆放：根据配件的性质、形状，以五为计量基数，做到"五五成行，五五成方，五五成串，五五成包，五五成层"。使其摆放整齐，便于过目成数，便于盘点与发放。

a．按列编排：位置码第二位表示第几列货架，用 1，2，3…表示。

b．按货架号编排：位置码的第三位表示每列货架的第几个货架，用 A，B，C…表示。

c．按层编排：位置码的第四位表示是每个货架的第几层，用 1，2，3…表示。

最后把所有配件的位置码在指定位置标注出来（见图 7-8）。

③ 编号定位：按库号、架号、层号、位号对配件实行统一架位号，并与配件的编号一一对应，以便迅速查账和及时准确发货。

（3）几种典型配件的储存

① 橡胶制品要储存在温度不超过 25℃的仓库内，同时不能受压，以防老化和变形。

② 各种灯具、玻璃制品，仪表等易损配件，要严防碰撞和重压，以避免配件的失准和破碎及真空灯芯的慢性漏气。

③ 蓄电池要存放在干燥通风的库房内，严防倒置、卧置和重压及剧烈震动，并应注意塞盖的密封，以防潮气侵入。

（4）汽车配件的养护

① 防锈蚀与磕碰伤

此种事例常见于汽车齿轮件及轴类件，如活塞销、气门；轻微的可以用机械抛光或"00"号砂纸轻轻打磨后重新涂油防护，否则予以报废。对于锈蚀件的防护，目前主要采取定期对易锈蚀配件进行涂防锈油、防锈脂、可剥性塑料胶囊的方法进行处理。

有些配件在出厂前就已锈蚀，原因是生产厂不经除锈便涂漆或涂防锈脂，还有些配件的铸锻毛坯面，往往因清砂或清洗不净残留氧化皮或热处理残渣，虽经蜡封或涂漆，但在油漆下面已发生锈蚀，使油漆脱落，所以必须彻底将锈层、油漆层清除干净后，重新涂漆或蜡封。

② 电器、仪表配件的防护

由于振动或受潮而使绝缘介质强度遭到破坏，氧化、变质，技术性能发生变化。必须进行电器校准、烘干、擦拭。

③ 蓄电池及传感器的防护

蓄电池未注意防潮，短期内便造成极板的氧化，使其化学性能下降，许多传感器要求防潮、防震、防污染，如爆燃传感器。

④ 玻璃制品、橡胶配件、石棉制品的防护

玻璃制品易破损、橡胶件易老化、石棉制品易损伤，注意以上制品的经济寿命与技术寿命。

（5）汽车配件的管理

① 做好仓库内外温湿度日常变化记录，保持和调节好仓库的温湿度，对易吸潮配件要注意更换防潮剂，对防虫蛀配件，夏季要放樟脑丸。

② 配件在入库时必须严格按照进货单据核对品名、规格、计量单位、数量，并根据配件的性质、类别、数量，安排合理的仓位并留出墙距、柱距、顶距、照明距、通道距。对无特殊性能要求的配件可用高垛位，一般采用重叠式或咬缝式垛位，对于易变形和怕压配件的堆垛高度要灵活掌握，严禁重压。另外，堆垛时要排脚紧密、货垛稳固、垛形整齐、分层标量，并将填写好的标签（标签内容为品名、规格、计量单位、产地、单价）挂于垛位或货架上。

③ 配件出库必须与销货单相符，对每天出入库的配件要做到当日计核，做到货卡（保管卡）相符。

④ 要定期和不定期地对配件进行储存质量的检查，发现问题时应及时报告，以便采取措施挽回损失。

⑤ 要经常对仓库的安全及消防器材进行检查，检查内容包括消防器材是否配置齐全、有效，垛位有无倾斜，门窗、水道等有无损坏、渗漏、堵塞等现象。当出现异常情况时，要立即采取防范措施。

5．汽车配件盘存

为及时了解配件的库存情况，避免配件的短缺、丢失或积压而影响生产，必须定期对配件进行盘存。汽车配件盘存就是对仓库实际配件库存进行盘点后与账面数量核实的一个过程，如图 7-9 所示。

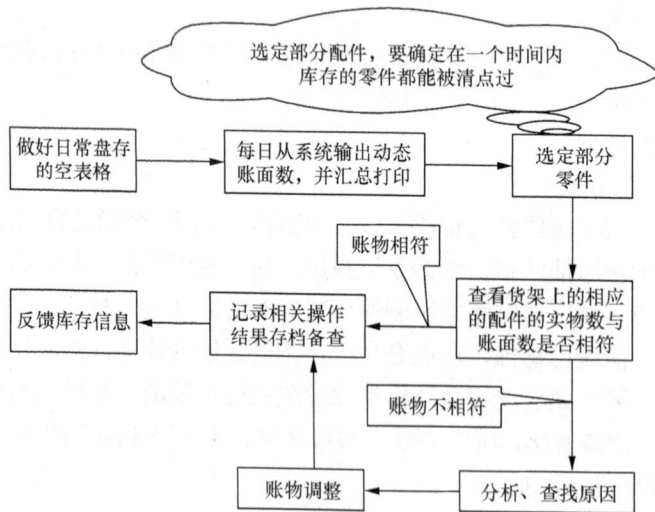

图 7-9　汽车配件存储盘存

盘存内容：查明实际库存量与账、卡上的数字是否相符，查明配件的积压、损坏、变质、丢失等情况的发生。

盘存形式：盘存按频率分日常盘存、月盘存、年终盘存 3 种类型。

6．汽车配件出库流程

4S 店零配件出库是根据维修部门开出的零配件出库凭证，按其所列的汽车零配件编号、名称、规格和型号、数量等信息组织零配件出库，向维修部发货等一系列工作。

（1）汽车零配件出库的要求

零配件出库要求做到"三不""三核""五检查"。

三不：未接单据不翻账，未经审单不备货，未经复核不出门。

三核：在发货时要"核对凭证，核对账卡，核对实物"。

五检查：对单据和实物要进行品名检查、规格检查、包装检查、件数检查、质量检查。

（2）出库流程

① 业务部开具出库单或调拨单，或者采购部开具退货单；单据上应该注明产地、规格、数量等。

② 仓库收到以上单据后，在对出库配件进行实物明细点验时，必须认真清点核对准确、无误，方可签字认可出库，否则造成的经济损失，由当事人承担。

③ 出库要分清实物负责人和承运者的责任，在配件出库时双方应认真清点核对出库配件的品名、数量、规格等以及外包装完好情况，办清交接手续；若出库后发生货损等情况责任由承运者承担。

④ 配件出库后仓库管理员在当日根据正式出库凭证销账并清点货品结余数，做到账货相符，如图 7-10 所示。

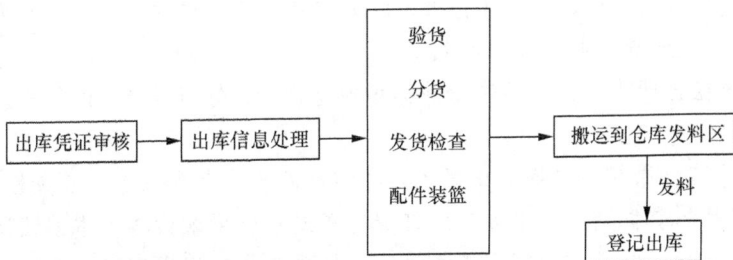

图 7-10　汽车配件出库流程

|任务拓展|

汽车配件采购合同举例如下。

×× 公司汽车配件采购合同

合同编号：＿＿＿＿＿＿＿＿

甲方：（需方）　　　　　　　　　　　乙方：（供方）

地址：　　　　　　　　　　　　　　　地址：

电话：　　　　　　　　　　　　　　　电话：

传真：　　　　　　　　　　　　　　　传真：

邮编：　　　　　　　　　　　　　　　邮编：

本着互利互惠共同发展的原则，根据《中华人民共和国合同法》的有关规定及其他法令、法规，甲、乙双方平等友好协商，经双方协商一致，特制定本协议，具体条款如下：

第一条：乙方须提供产品的名称、品种、规格和质量，产品名称、原厂编号、型号、数量、金额、供货时间及数量；产品名称、牌号商标、规格型号、计量单位、数量、单价、金额、交提货时间及数量等，如下表：

所采购配件具体情况

序号	产品名称	原厂编号	规格/型号	数量	单位	单价	总价（元）	交提货时间	备注
1									
2									
3									
4									
合计									

合计人民币金额（大写）

第二条：产品的质量要求、技术标准。

1．按国家标准执行。

2．无国家标准而有部颁标准的，按部颁标准执行。

3．无国家和部颁标准的，按企业标准执行。

4．没有上述标准的，或虽有上述标准，但甲方有特殊要求的，按甲乙双方在合同中商定的技术条件、样品或补充的技术要求执行。

5．乙方应当在自己的产品上标注商品标识便于识别，标识样式、内容及产品编号按甲方的要求为准。

6．乙方对原装、原封、原标记完好无异状的产品质量负责三包，三包期限为____年。

第三条：产品的交货期限以甲方月度订货传真或单据要求为准，本协议所指交货期限指乙方在甲方仓库交货的时间，逾期交货或提前交货要事先经甲方同意，否则，甲方有权拒绝接受货物和违约造成的损失，并追究乙方的违约责任。

第四条：乙方应负责产品的运托手续，按甲方指定交货点的有关托运手续办理，乙方办妥托运手续视为产品已交付；如在运输过程中出现产品毁损、短缺问题，由运输公司或承运方负责赔偿，甲方对此概不负责，但甲方可协助乙方办理有关索赔事宜。

第五条：乙方收到货品后，按外观是否完整或是否短缺验收，若有异议在收货时立即提出，以便及时向运输公司索赔。

第六条：甲方应凭运单、随货同行单、产品合格证及合同验收。甲方收货后如有异议，必须在收货后七日内以书面形式通知乙方（在紧急情况下，先行电话通知并承诺在特定时间内提出书面异议的，视为已提出书面异议），并附产品检验报告，否则即视为收货无误；若产品检测出质量问题，乙方应及时免费更换不合格产品。

第七条：产品的价格在本协议期内，如遇交易产品市场价格发生较大变化，幅度超过±____%时，双方协商适当调整价格。

第八条：甲方应在每月的 10 号前向乙方书面提供下一个月订货计划单，以便甲方组织生产。甲方临时追加订货计划，交货日期由甲、乙双方临时协商再定。

第九条：甲乙双方的任何一方由于不可抗力的原因不能履行合同时，应及时向对方通报不能履行或不能完全履行的理由，在取得有关主管机关证明以后，允许延期履行、部分履行或者不履行合同，并在事件发生后 15 个工作日内，及时以书面形式通知；并根据情况可部分或全部免予承担违约责任。

第十条：甲方自提产品未按供方通知的日期或合同规定的日期提货的，应比照中国人民银行有关延期付款的规定，按逾期提货部分货款总值计算，向乙方偿付逾期提货的违约金。

第十一条：甲、乙双方因本协议产生争议应友好协商解决，解决不妥甲、乙双方一致同意在本协议签订的所在的人民法院提起诉讼解决。

第十二条：以上协议如有未尽事宜，甲、乙双方协商解决，补充协议与本协议具有同等法律效力。

第十三条：本协议经双方盖章或签字后生效，协议期限自签订之日一年，即自 201___ 年___ 月___ 日起至___ 年___ 月___ 日止，本协议一式两份，甲、乙双方各执一份。

甲方（公章）：   乙方（公章）：

法人代表：   法人代表：
委托代理人：   委托代理人：
开户银行：   开户银行：
账号：   账号：
税号：   税号：

本协议签订地点：   签订日期：

| 任务检验 |

任务检验单

姓名		班级		成绩	
任务咨询					

一、填空
1. 汽车配件的检验方法_____、_____、_____。
2. 汽车配件仓储盘存方法_____、_____、_____。
二、论述
1. 汽车 4S 店的特殊配件存储要求有哪些？

2. 汽车配件的编码原则是什么？

任务描述
一客户了解汽车配件"三包"法规后，对 40000 公里养护过程中，配件是否用正品提出的质疑，你的接待开始了。

续表

服务作业	
作业内容	作业标准
1．客户接待（三包法解释）	1．三包法规
2．提供更换实物配件单	2．配件票据
3．维修技术参数	3．客户沟通

任务八
汽车 4S 店财务管理

| 任务导入与目标 |

任务导入

在如今的汽车 4S 店中，汽车维修财务管理有自己的模式，与一般的汽车修理厂不同，它体现了一个品牌车型的内涵及国家财务管理制度的严肃性。

任务目标

1. 能够描述汽车 4S 店财务管理程序
2. 掌握汽车 4S 店财务管理方法
3. 培养学生的职业素养与专业技能
4. 培养学生心思缜密、精益求精的工作态度，提高独立思考及科学操作的职业素养与专业技能

智慧管理——二手车数字化解决方案

学习步骤

财务管理方法—财务管理

| 任务基础 |

一、汽车销售的财务管理

汽车 4S 店在财务管理组织结构上大同小异。管理组织结构大多数由财务经理、整车销售会计、售后会计、出纳及收银员组成。

1. 财务经理

财务经理根据市场分析和前期销售的情况对下期资金做出融资、调度、部门内部管理、报表审核安排和制订整个公司的财务计划等工作，监督并协助会计人员完成凭证汇总，账簿登记，报表编制及纳税申报工作。

2. 整车销售会计

按照会计制度的要求准确使用会计科目，审核原始凭证，预提各种费用，编制记账凭证、

并进行登账，对税法规定受限制的费用开支要严格控制。对整车销售的成本核算，以及整个公司费用的核算、统计销售情况、制订订车计划、编制报表并协助财务经理进行资金需求的预算。

3．售后会计

售后会计则负责售后维修业务成本核算，主要包括配件、人工、单独配件的销售及汽车美容装饰等业务核算。

4．出纳

负责银行支付票据的购买和保管，并在月末就其购、用、存情况登记本送交会计，办理各种银行及现金收、付等业务工作，原始单据在财务内部的传递，确保资金的安全，遵守资金管理制度，及时登记、做账，月末编制银行余额调节表并交会计一份。

5．收银员

负责填写银行结算票据的工作，并将其及时交出纳进帐，代收办理牌照、保险客户款，满足办牌人员随时能为客户办理牌照的借款，从办牌人员处收办牌业务收入，及时与保险公司结算保险收入，并将收入款项交与银行业务员存入银行。

二、4S 店整车销售的财务管理

1．整车销售的财务管理

整车销售的财务管理主要是资金管理、销售情况的统计、库存的核对以及厂家的账务核对。其中，整车采购资金管理中其来源主要有两个方面：一方面是自有的资金，另一个方面是三方协议贷款资金。在实际工作中，主要是对三方协议贷款资金的控制和管理较麻烦。在资金运用的过程中应注意资金的周转率、在途时间的长短、与厂家按类型和型号订购的车辆、企业融资能力的强弱等。三方协议贷款资金是指由经销商、厂家、银行这三方所签订的贷款协议。70% 的银行贷款资金和经销商以 30% 左右的自有资金从厂家购车，其中 70% 的银行贷款资金由车质押合格证给银行，然后，经销商还银行贷款资金后银行将车质押的合格证给经销商。

2．三方协议贷款资金的运用在财务管理

三方协议贷款资金的运用在财务管理时应注意以下几点：

（1）严格管理进入银行质押的合格证，确保银行存放的合格证与 4S 店库存信息动态保存一致，这里的库存信息是财务的统计台账；

（2）根据客户订车时间来计算所需的资金并换取合格证；

（3）每天统计汽车的销售情况并根据库存情况来补充车辆（按类别和型号）；

（4）当客户下订单时应和银行预约换取合格证，避免时间的拖延给客户带来诸多不便；

（5）确保流程顺利、操作规范，使资金的效率高，继而存货周转率高；

（6）合格证换发的过程中应登记好库存台账，将销售核算做好并与库管台账进行仔细核对。

3．4S 店进货财务管理

4S 店在进货过程中大部分的情况是货物先到、发票和货品同时到或比货品后到，为了及时进行资产登记、合格证的管理，在实际工作中采取备查台账的形式。在实际工作中应注意以下几点。

（1）整车的销售利润主要有展厅内车辆销售差价以及厂家按返利制度根据销售量情况的返利。这部分的利润应进行每月的预提或摊销而进入每月利润。

（2）广告费也是 4S 店中金额较大的一笔支出，为了扩大该汽车在该地区的销售影响。一般情况下，厂家承担大多数广告和宣传活动费用的一半。所以，当支付完广告费后，财务人员应向广告商索取各半等额的两份发票，一份是以 4S 店的名义、一份是以厂家的名义。另外，还有一种放大资金的方法，也就是采用承兑汇票。这种方法同样也应注意承兑汇票到期日，及时进行补缺口、办理新的承兑汇票，这样以达到高效利用资金的目的。

三、配件的核算管理

1．配件的核算

配件主要由维修工根据维修的需要来填领用清单，然后从配件部领出，并按照相应的成本进行结转。月底根据领料单和库存配件进行核对结果进行统计。如果领料单和库存配件进行核对结果无误，则依据维修结算清单就可统计出配件维修所产生的毛利。

2．配件销售业务利润的核算

保险的收入是配件销售业务利润中重要的一部分，同时也是汽车 4S 店中一项较大的业务，它涉及整车的销售和售后的维修。其中，在整车销售的过程中，4S 店一般情况下会替客户购买保险，而保险公司就会给一定的代收手续费和返利。这笔费用 4S 店在核算时，应该将其单独列账进行核算，月底时财务管理人员应将代收手续费和返利转入到利润的部分。

四、汽车 4S 店的会计核算流程

在企业财务会计中有六大类科目，即资产类、负债类及所有者权益类，收入类、费用类及利润类。这六大类科目分为两组，并且可以用两个等式连接其间的关系，即：资产=负债+所有者权益，收入-费用=利润。

这几大类科目记在借方以及记在贷方分别表示的意义如下：

（1）在会计记账过程中，资产类科目记在借方表示增加，记在贷方表示减少；

（2）负债类科目记在借方表示减少，记在贷方表示增加；

（3）所有者权益记在借方表示减少，记在贷方表示增加；

（4）收入记在借方表示减少，记在贷方表示增加；

（5）费用记在借方表示增加，记在贷方表示减少；

（6）利润记在借方表示减少，记在贷方表示增加。

1．整车销售

（1）预付车款

借：预付账款；

贷：银行存款。

（2）收到采购发票

借：库存商品；

　　应交税费——应交增值税（进项税）；

贷：预付账款。

（有些厂家会将折扣、银承贴息等开到发票上，但是有些厂家会单独在厂家设立虚拟账户，所以还要针对你企业的情况做这块的账务处理。）

（3）销售

① 收到预收款

借：银行存款；

贷：预收账款——预收车款。

其他应付款——代收款项（代收客户验车费和购置税及保险费）。

② 开具机动车发票

借：预收账款——预收车款；

贷：主营业务收入——汽车销售收入；

应交税费——应交增值税（销项税）。

③ 代客户缴纳保险费和购置税

借：其他应付款——代收款项；

贷：现金。

④ 代客户付保险费（一般保险费都是和保险公司联网，如果客户自己有银行卡可以直接刷卡，如果没有就需要用公司的卡刷，公司可以去开户行办理商务卡。）

借：其他应付款——代收款项；

贷：银行存款。

（4）结转销售成本

借：主营业务成本——汽车销售成本；

贷：库存商品。

2．精品销售

（1）开具增值税发票

借：预收账款——预收车款；

贷：主营业务收入——精品装饰收入；

应交税费——应交增值税（销项税）。

（2）结转装饰成本

借：主营业务成本——精品装饰成本；

贷：库存商品。

3．配件销售

（1）配件购入

借：库存商品——配件；

应交税费——应交增值税（进项税）；

贷：银行存款。

（2）配件销售

借：应收账款；

贷：主营业务收入——配件销售收入；

应交税费——应交增值税（销项税）。

（3）结转配件销售成本

借：主营业务成本；

贷：库存商品。

4．保险理赔

（1）一般关于保险公司理赔维修先挂账

借：应收账款——保险公司；

贷：主营业务收入——维修收入；

　　应交税费——应交增值税（销项税）。

（2）保险公司回款（保险公司回款其中有部分款是退三者的修理费）

借：银行存款；

贷：应收账款——保险公司；

　　其他应付款——退三者修理费。

（3）退三者修理费

借：其他应付款——退三者修理费；

贷：现金。

（4）结转维修成本

借：主营业务成本——维修；

贷：库存商品——配件；

　　应付工资（职工薪酬新准则）。

5．售后维修

（1）收到预收维修款

借：银行存款；

贷：预收账款——预收维修款。

（2）开具维修发票

借：预收账款——预收维修款；

贷：主营业务收入——维修收入；

　　应交税费——应交增值税（销项税）。

（3）结转维修成本

借：主营业务成本——维修成本；

贷：库存商品。

　　应付工资。

6．保修保养费用

（1）发生保修保养费用

借：应收账款——厂家；

贷：主营业务收入——配件销售收入；

　　主营业务收入——工时收入；

应交税费——应交增值税（销项税）。

（2）收到厂家确认电传文件

借：预付账款；

贷：应收账款——厂家。

7．赠送购置税

（1）汽车 4S 店赠送给客户购置税，其实是为促销汽车而发生的一项销售费用，账务处理时，应将全部购车款（含赠送税款）一起确认收入，赠送税款作为销售费用处理。

（2）企业实际发生的与取得收入有关的、合理的支出，包括成本、费用、税金、损失和其他支出，准予在计算应纳税所得额时扣除。

上述赠送客户的税款，我们理解可以作为业务宣传费用在税前限额扣除。

8．收到预付款，定金，尾款，开票等会计分录制作

（1）收到预付款

借：银行存款；

贷：预收账款。

（2）收到定金

借：银行存款；

贷：其他应付款。

五、4S 店财务工作流程

1．月度资金需求计划表

月度资金需求计划报批流程如图 8-1 所示。

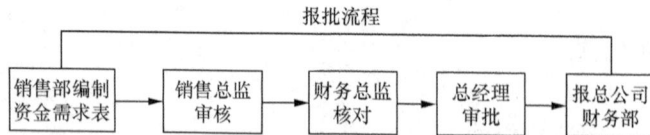

图 8-1　月度资金需求计划报批流程

2．业务招待费（含招待礼品）

业务招待费申请流程如图 8-2 所示，报销流程如图 8-3 所示。

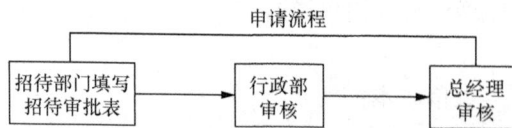

图 8-2　业务招待费申请流程

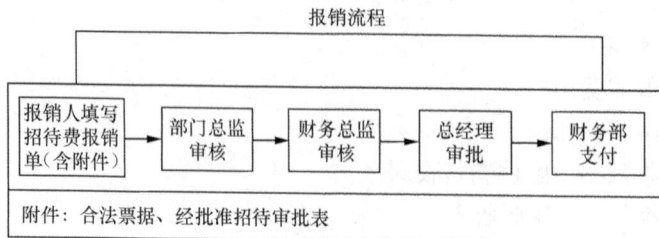

图 8-3　业务招待费报销流程

3．整车款、备件款等用款申请流程

整车款、备件款等费用款申请流程如图 8-4 所示。

厂家支付相关款项(含其他专营店调拨车辆)

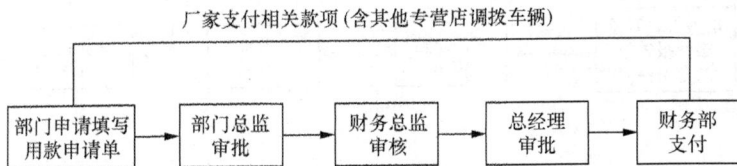

（a）整车款流程

零部件、机油、养护品、精品、美容产品等合作单位支付货款（总经理授权额度范围内）

A.以上附件我司不承担任何形式的库存，以月度零售数额隔个月支付（即 A 月货款在 A+2 月支付）
B.零售数量及金额核对流程：用款部门制表——用款部门总监审核——财务总监审核——总经理审核
C.支付流程：

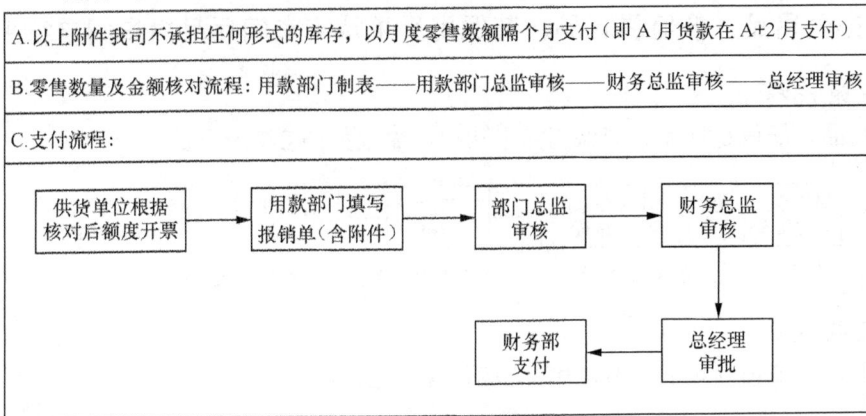

（b）备件款流程

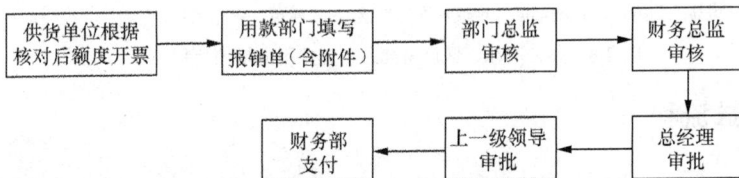

附件：合法增值税专用发票、经批准的销售数量及金额明细表。

注：以上产品原则上为固定供货单位供货，须签订供货协议，协议及价格清单须在公司财务部备案。

（c）超总经理授权额度支付流程

图 8-4　费用款申请流程

六、差旅报销流程

1．出差申请流程

出差申请流程如图 8-5 所示。

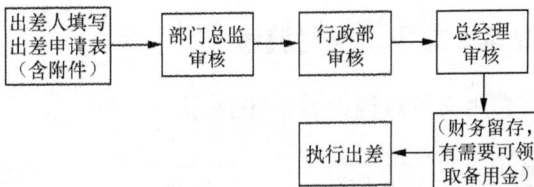

图 8-5　出差申请流程

2．报销流程

出差报销流程如图 8-6 所示。

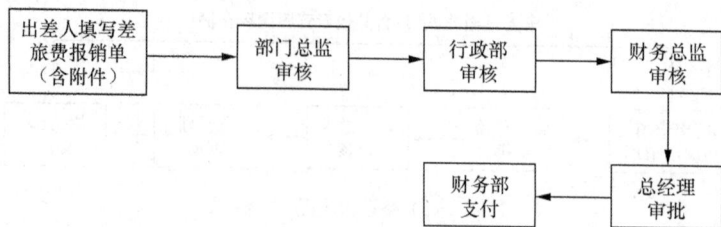

图 8-6　出差报销流程

七、办公用品、低值易耗品、劳保用品采购（车间用品由车间自行采购）

1．申请流程

办公用品、低值易耗品、劳保用品采购申请流程如图 8-7 所示。

图 8-7　办公用品、低值易耗品、劳保用品采购申请流程

2．报销流程

办公用品、低值易耗品、劳保用品报销流程如图 8-8 所示。

附件：物品采购清单、合法票据（增值税专用发票）、入库单、领用清单。

图 8-8　办公用品、低值易耗品、劳保用品报销流程

八、工资发放流程

工资发放流程如图 8-9 所示。

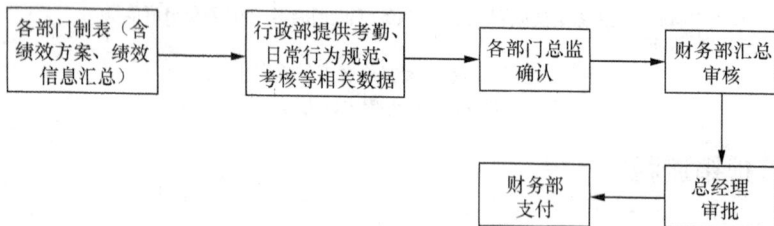

注：各部门绩效方案必须第一时间报备财务部。

图 8-9　工资发放流程

九、绿化、水电费等日常费用支付流程

绿化、水电费等日常费用支付流程如图 8-10 所示。

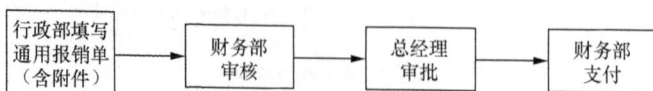

附件：绿化清单、缴费通知单等。
注：以上项目公司给予总经理一定的授权额度，若费用金额超过授权额度，申请及支付须经上一级领导批准后方可执行。

图 8-10　绿化、水电费等日常费用支付流程

十、税收支付流程

税收支付流程如图 8-11 所示。

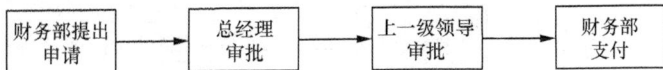

```
┌──────────┐    ┌────────┐    ┌──────────┐    ┌────────┐
│ 财务部提出 │ →  │ 总经理  │ →  │ 上一级领导 │ →  │ 财务部  │
│   申请    │    │  审批   │    │   审批    │    │  支付   │
└──────────┘    └────────┘    └──────────┘    └────────┘
```

图 8-11　税收支付流程

十一、车辆订金收取流程

车辆订金收取流程如图 8-12 所示。

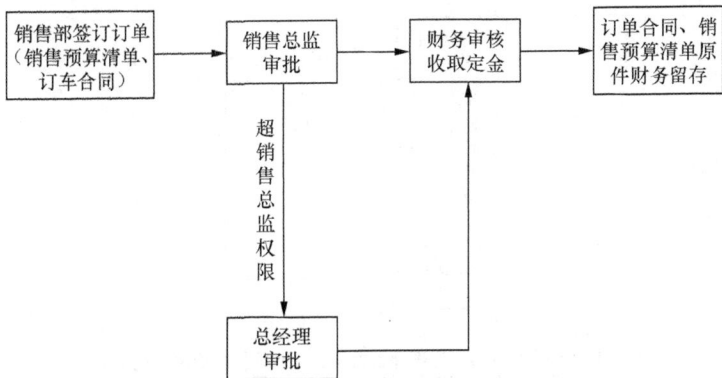

```
┌──────────────┐    ┌────────┐    ┌────────┐    ┌────────────┐
│ 销售部签订订单 │ →  │ 销售总监 │ →  │ 财务审核 │ →  │ 订单合同、销 │
│（销售预算清单、│    │  审批   │    │ 收取定金 │    │ 售预算清单原 │
│  订车合同）   │    └────────┘    └────────┘    │ 件财务留存  │
└──────────────┘         │              ↑        └────────────┘
                    超销售总监权限        │
                         │              │
                         ↓              │
                    ┌────────┐          │
                    │ 总经理  │ ─────────┘
                    │  审批   │
                    └────────┘
```

图 8-12　车辆订金收取流程

十二、商品车车款收取流程

1. 订单客户下单时已确认各项费用明细

订单客户下单时已确认各项费用明细时车款收取流程如图 8-13 所示。

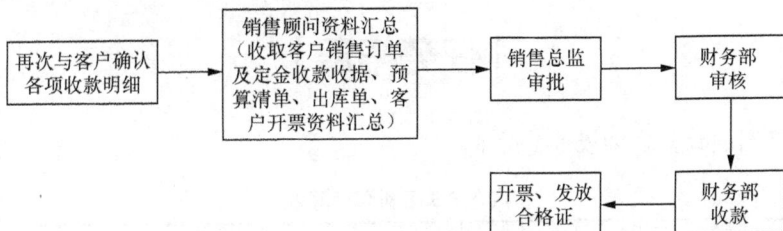

```
┌──────────┐    ┌──────────────┐    ┌────────┐    ┌────────┐
│ 再次与客户 │ →  │ 销售顾问资料汇总 │ →  │ 销售总监 │ →  │ 财务部  │
│ 确认各项  │    │（收取客户销售订单│    │  审批   │    │  审核   │
│ 收款明细  │    │ 及定金收款收据、预│    └────────┘    └────────┘
└──────────┘    │ 算清单、出库单、客│                      │
                │ 户开票资料汇总）  │                      ↓
                └──────────────┘    ┌────────┐    ┌────────┐
                                    │ 开票、发放 │ ← │ 财务部  │
                                    │  合格证   │    │  收款   │
                                    └────────┘    └────────┘
```

图 8-13　订单客户下单时已确认各项费用车款收取流程

2. 现定现交客户

现定现交客户的车款收取流程如图 8-14 所示。

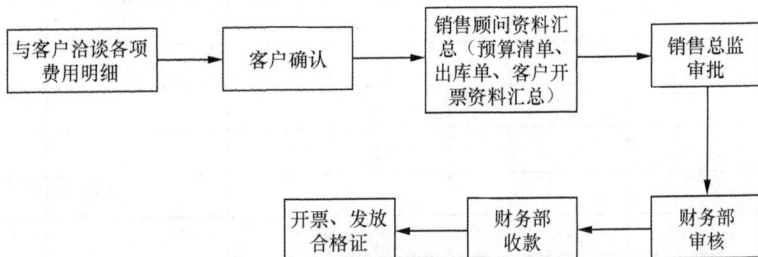

```
┌──────────┐    ┌────────┐    ┌──────────────┐    ┌────────┐
│ 与客户洽谈各项 │ → │ 客户确认 │ → │ 销售顾问资料汇 │ → │ 销售总监 │
│ 费用明细  │    └────────┘    │ 总（预算清单、 │    │  审批   │
└──────────┘                 │ 出库单、客户开 │    └────────┘
                             │ 票资料汇总）  │         │
                             └──────────────┘         ↓
┌──────────┐    ┌────────┐                      ┌────────┐
│ 开票、发放 │ ← │ 财务部  │ ←───────────────────│ 财务部  │
│  合格证   │    │  收款   │                      │  审核   │
└──────────┘    └────────┘                      └────────┘
```

图 8-14　现定现交客户车款收取流程

十三、收款流程

收款流程如图 8-15 所示。

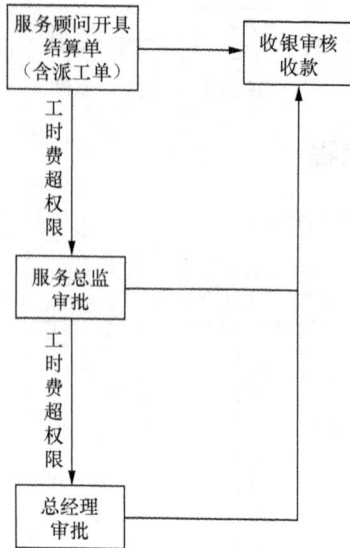

备注：
1. 收银审核内容：零部件价格是否与系统销售价格一致，工时收费金额是否在各级授权范围内，零部件不予以打折销售；
2. 保险车辆以定损单金额为准，如是协议保险公司，以合作协议的打折折扣为准；
3. 工时费打折权限，服务顾问为八折，售后总监为七折，以上折扣均需在结算单上说明折扣原因并签名。
4. 按流程授权签字缺失，财务部不能予以收款开票。

图 8-15　收款流程

|任务拓展|

汽车 4S 店利润计算表如表 8-1 所示。

表 8-1　　　　　　　　　　汽车 4S 店利润计算表

科目名称	收入金额	成本费用金额	项目利润	销售毛利率
一、维修站收入				
其中：①机修小修				
②事故赔付				
③厂家三包				
④首保收入				
⑤售前维修				
⑥未分类收入				
二、维修站领料成本				
三、销售毛利润				
四、维修站销售费用				

续表

科目名称	收入金额	成本费用金额	项目利润	销售毛利率
其中：①工资				
②办公费				
③水电费				
④业务招待费				
⑤伙食费				
⑥未分配发货运费				
⑦通信费				
⑧折旧与摊销				
⑨油费过路费				
⑩其他费用				
⑪差旅费				
⑫工具费				
五、管理费用分摊				
六、净利润		本年累计净利润		

财务负责人：　　　　　　　　　　　　　　　制表人：

| 任务检验 |

任务检验单

姓名		班级		成绩	
任务咨询					

一、填空

1. 汽车 4S 店财务管理机构由＿＿＿＿＿＿、＿＿＿＿＿＿、＿＿＿＿＿＿、＿＿＿＿＿＿组成。

2. 汽车 4S 店财务制度要求为＿＿＿＿＿＿、＿＿＿＿＿＿、＿＿＿＿＿＿、＿＿＿＿＿＿。

二、论述

汽车 4S 店财务管理中，财务核算过程是什么？

任务描述

客户对站点维修结算有异议，想通过"3·15"维权活动进行维权，如果采取不理智的方法到站点（如封门、影响正常营业等），势必会破坏站点的社会美誉度，请你从财务管理的角度与客户沟通。

续表

服务作业	
作业内容	作业标准
1. 了解客户维修项目	1. 标准的财务管理制度
2. 帮助客户分析收费原因及标准	2. 收费标准
3. 请客户提出站点管理建议	

任务九
汽车 4S 店客户管理

| 任务导入与目标 |

任务导入

目前，许多客户抱怨 4S 店对他们的服务显得较生硬，对汽车 4S 店里来说，客户管理是一项相对薄弱的工作。

任务目标

1. 能够描述汽车 4S 店客户分类管理方法与要求
2. 掌握汽车 4S 店客户管理现场
3. 掌握汽车 4S 店客户管理
4. 培养学生的职业素养与专业技能
5. 提升学生社会交往及技术交流的沟通能力，树立为客户服务的思想，加强对国产汽车品牌的认同感及企业现场的管理能力。

"瘦身钢筋"——职业道德与社会责任感的缺失

学习步骤

客户分类管理—客户管理

| 任务基础 |

一、客户分类管理

客户关系管理（Customer Relationship Management，CRM）概念最早由 Garnet Group 于 1997 年提出，实施 4S 店客户关系管理的目的就是要留住客户，不仅要开拓市场，又能维护市场、创造目前的价值，而且还要创造将来的价值以及客户的附加值，使客户价值最大化。

客户分类管理是汽车 4S 店实现服务的基础，是汽车 4S 店日常工作开展的方向之一。客户分类是指汽车 4S 店将所能够掌握的客户群体依据不同的特征或标准，如客户使用车型、客户职业、客户对汽车 4S 店的利润贡献等，划分成为不同的客户集体的过程。汽车 4S 店依据所掌握的客户这种信息的深度和与客户接触频次的不同，采取不同的客户分类管理标准。基于对客户进行分类管理，汽车 4S 店能够依据自身资源，为不同的客户提供有目的性和个性化的服务，从而有效提高客户的满意度和汽车 4S 店资源分配的合理性。

1．按车龄分类

（1）保修期内的客户

此类客户对车辆的关注度非常高。对汽车 4S 店的依赖度也相当高，大部分的车辆保养与维修基本上都是在汽车 4S 店进行，是汽车 4S 店基本的目标客户，4S 店需要做的就是引导和固化客户消费习惯，培养客户消费意识，建立和谐信赖的客户关系基础。

（2）三包期限内的客户

在此期间的客户，定期保养的积极性逐年降低，但随着车龄的增长，车辆的故障率也在逐年增加，维修费用占了很大比例。在服务时，客户关注较高的是服务质量、清晰的服务过程和费用，对消费积分或其他服务优惠活动表现出浓厚的兴趣。这一类客户是汽车 4S 店关注的重点目标客户，应积极地接触沟通，提供高质量的服务，培养客户忠诚度。

（3）三包期限外的客户

随着车辆老旧，逐步进入淘汰期，客户的消费欲望降到最低值，但当车辆出现大的故障或出险，客户仍然会首选到汽车 4S 店维修。这类客户属于汽车 4S 店不能轻言放弃的客户，需要有针对性地开发客户新的兴趣点，深入挖掘客户深层需求，在特殊政策的支持下，尽力留住该客户群体。

2．按车辆用途分类

（1）私家车用户

此类客户在消费时，对质量和价格非常敏感，希望得到清晰的服务，同时也希望在情感方面得到汽车 4S 店服务人员的理解与尊重，汽车 4S 店创新服务形式和提供个性化的服务是赢得此类客户的关键。

（2）公务车用户

此类客户对车辆维修质量的关注度是最高的，同时，对于服务环境、服务享受、服务的礼仪等方面也比较在意；细致的维修作业、严格的质量检验、多项的车辆检测、紧密的私人交往等是对待此类客户必不可少的方式方法。

（3）营运车用户

价格、时间、效率是此类客户接受服务时三大考虑因素，相反，对服务态度、礼仪、环境等服务质量的不足的容忍度较高；对此类客户的服务应体现在快速和适当的价格上，在维修过程的交接车上要压缩时间，在维修质量上要加重关注，在价格上要适当给予优惠。

3．按售后管理系统中车辆进厂作业项目分类

（1）首保客户

此类客户都是新车销售客户，在售后管理系统中有明确的分类，客户对品牌和 4S 店新鲜感和依赖性较强，对于车子和品牌有着超出一般客户的喜爱和信心，对汽车 4S 店有着很好的信任；此类客户，需要汽车 4S 店客服人员在新车回访时要及时，态度要积极，与客户之间建立起良好的开端，同时，首保提醒要跟进，持续到客户进站为止。

（2）定期保养客户

售后管理系统中，到期保养提醒中可以识别客户群体档案，根据保养时间和下一次保养里程，客服人员可以导出客户群体档案，每月底导出到期保养客户群体档案，由客服和前台进行跟踪维护，邀约进站保养，完善客户进站资料，确保客户保养能够按照规定的时间和公里数完成。

（3）一般维修客户（事故车）

售后管理系统中，一般维修的客户清单也是可以识别出来，只要根据上月进厂信息就可以识别客户群体档案；客服人员只要能够坚持做好日常的客户关怀识别和跟进，邀约客户进厂应该不是问题。

4．按客户所在区域分类

（1）市区内客户

客户距离汽车 4S 店较近，相对进店的次数较多，各项厂家的服务活动和汽车 4S 店组织的活动，均能参与，相对忠诚度较高；这类客户需要 4S 店重点维护，如市区内的免费救援，多开展服务活动、店头活动、组织自驾游、爱车讲堂和年底的答谢晚宴等活动，以稳定客户，让客户产生依靠专卖店的习惯。

（2）县城客户

相对较远，一般保养和小型维修不会进站，服务活动参与较低，忠诚度相对较低。面对此类客户，4S 店建立服务网点，完善服务网点的硬件和软件，网点的服务活动与总部保持一致，才能让此类客户感觉是享受的 4S 店的待遇，而不会轻易流失。

（3）乡镇客户

地区相对偏远，收入相对较低，对服务的要求相对偏低，成本意识较高，一般不会进站进行保养和维修服务，偏重于社会修理厂。汽车 4S 店可以采取服务下乡、上门服务、优惠政策等以吸引客户，避免客户流失。

5．按照客户价值分类

随着汽车 4S 店的发展，客户资源稳定增加，汽车 4S 店所掌握的客户信息越来越深入，客户对汽车 4S 店的价值差异逐步显现。汽车 4S 店这个阶段的主要的任务是，将不同价值的客户区分开来，为能够创造更多价值的客户提供持续的、高质量的服务，同时促使不同价值客户向更高价值客户的转变。

根据"二八原则"，20%的客户可能会贡献 80%的利润，而 80%的客户可能只贡献 20%的利润。通过客户分类将真正对汽车 4S 店有价值的客户甄别出来。

根据以上原则，汽车 4S 店可根据各车型客户数量，划分各车型的各类客户的比例可参考表9-1。

表 9-1　　　　　　　　　　　　客户按比例分类

类别	A	B	C	D
客户人数比例	10%	20%	30%	40%
客户消费比例	40%	30%	20%	10%

汽车 4S 店根据客单价、回站次数和回站周期 3 个要素划分客户的等级。其中客单价和回站次数建议以有偿服务即客户付费服务为准。汽车 4S 店通过分析本店客户分类的要素，确保客户分类以后的客户数量比例符合各级别的比例。建议按照车型（或车系）划分，同系列的可按照同一标准划分。不同车型（或车系）的客单价要素划分标准不同，回站次数和周期可相同。汽车 4S 店客服人员，只要在售后管理系统中，客户消费排行查询中，导出需要查询的客户信息，对筛选出的客户进行分类管理即可。

例如，A 系列、B 系列和 C 系列的划分标准如表 9-2 所示。

表 9-2 4S 店管理客户等级

项目	车系	A	B	C	D	备注
客单价/元	A 系列	700 以上	550～700	400～550	400 以下	有偿服务
	B 系列	400 以上	250～399	200～249	200 以下	有偿服务
	C 系列	1000 以上	700～1000	550～7000	550 以下	有偿服务
回站次数		4 次及以上	2～3 次	1～2 次	1 次及以下	12 个月内回站次数
回站周期		3 个月	3～6 个月	5～12 个月	12 个月及以上	以统计日期计算

6．按照客户年龄段分类

（1）60 后客户群体

该客户群体相对思想比较保守，对于购买车辆之前就很谨慎，对于购车后的服务要求更为仔细，消费观念很低，对于车辆的维修过程很难放心，对于汽车 4S 店信任度会较低。汽车 4S 店可以结合一些实际的案例，采取一些切身实际的方法才能取得客户信任，同时，要及时办理会员积分等可以优惠的政策吸引此类客户。

（2）70 后客户群体

该客户群体相对成熟，对于服务有一定的认识，在考虑问题的过程中相对理智，面对可能产生的涉及车辆和人身安全的问题，能够听取 4S 店的建议；对于 4S 店开展的活动也能积极参与，并携家人或朋友参与。

（3）80 后客户群体

注重消费形式，重在表里之间，既要修好车，也要省钱，同时也要有面子，愿意尝试新鲜的东西，乐于接受 4S 店建议，精品和养护的购买相对于 70 后的客户群体，更加积极。

（4）90 后客户群体

个性化的消费意识超强，车辆改装和外饰件的安装需求较明显，对于服务也有特别的要求。车辆出现问题，不愿麻烦直接授权给专卖店予以处理，追求结果的倾向比较明显。

（5）00 后客户群体

综合素养高，自我意识强，追求个性化的消费方式。

7．传统定义的客户分类

（1）忠诚客户

消费金额高，消费频次高，对品牌的忠诚度较高，对汽车 4S 店信任度高，对质量问题、消费价格能接受，自身的素质和品牌意识较高，并能长期进站，是这类客户界定的依据。这类客户进 4S 店，要进行一对一的专人服务，对客户进站要第一时间的接待，安排技师、工位、备件和人员服务等，对于每次的服务活动和政策享受，要给予优先享受，并做好口碑维护。

（2）一般客户

与 4S 店接触时间较少，对于品牌和 4S 店认识不足，还存在有疑虑，还没有形成忠诚度，尚在挖掘时期。这一类客户，4S 店要是想留住他们，需要在自身的硬件设施、服务环境、专业能力和规范的业务流程体现上征服客户。

（3）准流失客户

能够接受 4S 店的服务和关怀，理解 4S 店的工作形式，但是，在一些消费观念和服务感受上不太认同 4S 店，或者与 4S 店存在摩擦，连续超过半年未进站的客户。此类客户，4S 店要定期举办免费检测活动，提供保养等特色服务套餐，加强客户关怀，定期举行自驾游等活动，积累客户回厂，避免客户流失。

（4）流失客户

过保修期的客户、价格比较敏感的客户，对于服务比较苛刻的客户是这一类客户的共性，一旦流失，基本不会回厂。4S 店需要宣传自己的硬软件实力，定期上门回访客户，定期采取上门一对一服务免费检查和工时优惠政策，以及翻新自己的服务方法，丰富客户俱乐部活动，有针对性地邀请客户参与一些本店开展的公益活动、联谊会等来吸引客户。

二、客户的档案管理

1．客户的档案管理

客户的档案包括用户的车辆档案、客户个人资料档案、客户车辆维修档案，这些档案如果全部用手工的方式进行登记记录是很繁琐的，同时也不便于查询，一定要使用汽修管理软件系统，如图 9-1 所示。

客户管理	客户档案表	客户通讯录	国内订车	国外订车
国内订车台账	车辆采购台账	车辆建账入库	车辆采购入库	车辆销售出库
经销商销售出库	车辆库存	客户车辆订购	客户车辆销售	销售代办
上牌管理	按揭管理	保险管理	销售台账	财务收款
应收账款结算	应付账款结算	资料文档	商家档案	商家档案列表

图 9-1　汽车 4S 店客户档案

（1）用户的档案可以使 4S 店给用户的服务更有针对性。用户的车辆一进入服务中心，服务顾问就能够从电脑中调取出该用户的相应资料及相应信息，能够知道该用户是老用户还是新用户，能够知道该车上次进行了什么样的维修，能够预测到本次应该进行什么维修保养，该用户是处在什么样的消费群体等。这样就能够在维修价格、维修质量、维修工期、付款方式、维修保养建议等方面与用户进行友好的沟通。

（2）用户的档案便于 4S 店跟踪服务，使 4S 店的经营由被动变为主动。掌握用户的档案，就能知道该车进行年审、季审、保险过期、驾驶证过期、下次维修保养等确切日期。如果 4S 店在适当的时间开展这种"提醒服务"，就可以体现服务中心的增值服务，可以提高服务中心的维修业务，可以提高用户对汽车经销者（4S 店）的满意度。一般跟踪要达到以下 3 个目标：

第一，对用户上次的惠顾表示感谢；

第二，了解用户对我们的服务是否满意，如果不满意，及时采取措施解决可能的问题；

第三，进行相应的"提醒服务"。

对企业来讲，通过跟踪服务，会了解到用户的满意度、企业存在的问题，便于企业进行相应的经营决策和及时解决企业存在的问题。

2. 客户档案管理内容

（1）客户资料管理内容

① 资料收集

要求客服专员每日认真提取客户信息档案，以便关注这些客户的发展动态。

② 资料整理

客服专员提取的客户信息档案递交客服主管，由客服主管安排信息汇总，并进行分析、分类，分派专人管理各类资料，并要求每日及时更新，避免遗漏。

③ 资料处理

客服主管按照负责客户数量均衡、兼顾业务能力的原则，分配给相关客服专员。客服专员负责的客户，应在一周内与客户进行沟通，并做详细备案。

（2）客户资料管理方法

① 统一管理客户资料

客户有关资料包括：客户名称和地址、送修或来访日期、送修车辆的车型和车号、维修养护项目、养护周期、下一次养护期、客户希望得到的服务、养护记录等。

根据相关制度，在客户送车进车间进行养护或维修咨询相关服务项目时，业务部门统一在 2 日内将客户有关资料进行整理制表并建立档案。

② 个别客户要求

在个性化管理过程中，业务部门还要根据客户的特殊要求及服务项目，找出"下一次"服务的内容，如通知客户按期保养，公司相关联谊活动、销售优惠等。

③ 及时与客户沟通

询问客户对本店车型的意见或建议，告知相关使用车辆的注意事项，介绍本公司近期为客户安排的各类优惠联谊活动的所有内容，走访客户等。

3. 客户资料卡的管理

（1）客户资料卡的填写与管理要点

① 销售人员每次访问客户前，应先查看客户资料，在访问或接待客户后应立即填写客户资料卡。

② 要充分利用客户资料卡，并保持其准确性，各项资料尽量填写完整。

③ 销售经理要起到监督、管理和指导作用。

④ 设立专用档案柜保存，并指派专人管理。

⑤ 应分析客户资料卡的信息，作为拟定汽车销售计划的参考。

（2）利用客户资料卡进行客户管理的原则

① 动态管理原则：客户情况总是在变化，所以客户资料也要随之调整。在档案上对客户变化进行追踪，使客户管理保持动态性。

② 突出重点原则：对客户档案进行分类，对重点客户予以重点关注（80/20 法则）。

③ 灵活运用原则：销售人员应针对客户的具体情况灵活掌握客户动态，不能千篇一律地照搬。

④ 专人负责原则：客户资料时公司的重要财富，严禁外传。所以必须专人管理，严格控制。

4．客户满意度管理

客户满意度（Customer Satisfaction，CS），是指汽车 4S 店根据客户的需求和期望，为客户提供车辆销售及售后维修的相关服务，促使客户下次继续接受在店内消费和服务内容。

（1）客户满意度战略

① 加强基础管理工作

实行定岗定责、责任到人、绩效考核（目标管理），确保"6S"管理执行到位，在客户面前树立良好的企业品牌形象。

② 严格执行 PDCA 工作循环法

P（plan）——工作计划，从人、财、物等方面综合考虑，做到心中有数、有的放矢；

D（do）——执行，有了目标，采取行之有效的解决措施，不遗余力地坚决贯彻执行；

C（check）——检查，在项目实施把握实际状况，找到问题的对与错；

A（action）——改善，发现了实施过程中的问题，就要分析原因，及时找出解决问题的方案。

③ 管理过程标准科学化

在人员、业务流程管理上实现标准化、客户服务人性化、经营指标数据化、公司业务商务化，可大大提升客户满意度。

④ 专业技术达到三包规定

在家用汽车销量不断攀升的同时，关于汽车的各类投诉也不断攀升，使汽车 4S 店与客户之间的关系紧张，我国在 2012 年提出汽车产品三包规定，即《家用汽车产品修理、更换、退货责任规定》，简称汽车三包规定，以此来维护公平汽车消费市场，营造良好的汽车售后环境，保护广大消费者的合法权益。

三包是零售商品企业对所售商品实行"包修、包换、包退"的简称。

（2）最高客户满意度和忠实客户标准

① 销售标准

客户销售标准如表 9-3 所示。

表 9-3   客户销售标准

标准 1	客户进入展厅即受到礼貌的迎接和问候，并说明如果顾客需要，销售顾问随时提供帮助
标准 2	表现出对客户的兴趣，倾听客户的谈话，建立咨询关系，以确定客户需求
标准 3	给客户一次试车的机会
标准 4	保证客户得到全面的解答，以及愉快的、没有压力的购车经历
标准 5	使用一份交车检验单，销售顾问在商定的日期把车完好地交给客户
标准 6	销售顾问把客户介绍给客户服务和售后服务人员
标准 7	销售顾问在客户购车一周内，回访客户，确保客户完全满意

② 售后服务标准

售后服务标准如表 9-4 所示。

表 9-4   售后服务标准

标准 1	对保养及维修服务提供方便的预约
标准 2	提供周到的、人性化的服务
标准 3	在客户来到维修部门之后，就开始接待程序。在维修保养之前，尽量与客户一同检查车辆
标准 4	认真确定维修项目，正式、礼貌地向客户说明，并提供一份精确的估价单
标准 5	尽快开始车辆的维修工作
标准 6	在商定的时间内将车准备好
标准 7	保证客户得到有关维修工作和费用的详细解释
标准 8	在之后的一周内主动与客户联系，保证客户完全满意

5. 大客户管理

（1）大客户作用

大客户（Key Account，KA），又被称为重点客户、主要客户、关键客户、优质客户等，是对企业起着举足轻重作用的客户。

大客户有两个方面的含义，其一指客户范围大，客户不仅包括普通的消费者，还包括企业的分销商、经销商、批发商和代理商；其二指客户的价值大小，不同的客户对企业的利润贡献差异很大，20%的大客户贡献了企业 80%的利润，企业必须要高度重视高价值客户以及具有高价值潜力的客户。

在大客户汽车营销战略中的大客户是指公司所辖地域内使用产品量大或单位性质特殊的客户，主要包括经济大客户、重要客户、集团客户与战略客户等。其中经济大客户是指产品使用量大，使用频率高的客户。重要客户是指满足党政军、公检法、文教卫生、新闻等国家重要部门的客户。集团客户是指与本企业在产业链或价值链中具有密切联系、使用本企业产品的客户。战略客户是指经市场调查、预测、分析，具有发展潜力，会成为竞争对手的突破对象的客户。

（2）大客户的固有特性分析

① 从采购的主体角度分析

大客户有固定的组织，采购主体是由单位不同职位、职能部门的采购人员参与，对不同的岗位工作人员要采取不同的营销措施。

② 从采购的规模分析

受价格影响较小，供货选择比较谨慎，会与供货方保持良好的关系。

③ 从采购的方式分析

购买的频繁程度低，采购比较单一、数量多。

④ 从采购管理上分析

对采购后产品有特殊的产品服务要求，涉及面广。

（3）接近大客户的途径

① 会展。充分了解客户，让客户信服，建立感情与信誉度。主要方法：建立与培养好感→证实需求→确认下一个行动（信件、电话、约谈）。

② 提供样车与资料，进行产品展示，必要时邀请大客代表进行试乘试驾。

③ 上门拜访。为销售人员提供展示自己企业品牌优势与买点的机会；与客户进行相互沟通，了解客户需求；满足客户其他特殊要求。

（4）大客户开发流程

大客户开发流程如图 9-2 所示。

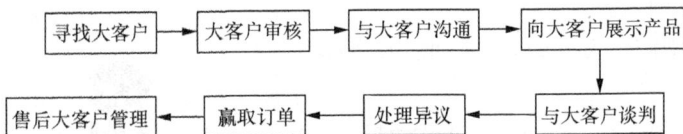

图 9-2 大客户开发流程

6．客户回访

（1）客户回访作用

① 通过对客户的回访，能从中了解到产品的不足，了解客户不同的意见和建议。与客户进行比较多的互动和沟通，同时也可以完善 4S 店的客户数据库，促进销售工作的开展。

② 通过电话以及各种途径对售后产品、顾客投诉、客户满意度进行回访和处理。

③ 处理各种投诉问题，减少公关危机带来的不良后果。

（2）客户回访技巧

① 4S 店要为客户回访人员提供相关的客户回访话术，以及对他们进行相关客服的培训。

② 在与客户的沟通互动中，销售顾问话语要给客户一种贴心、受重视的感觉，还要注意说话的方式，给事情的后续处理留有一定的回转余地。

③ 细分客户，对不同类型的客户，所要回访的内容、方式应该都是因人而异的。针对类型不同的客户，拿出不同的服务方法，增强客户服务的效率。

④ 明确客户的要求，根据客户的需求去更好地服务，才更能体现客户关怀，正确对待客户的抱怨和建议。

⑤ 定期的回访能加强客户对产品的信心。把握好客户回访的时机，帮助客户解决问题，更能改进 4S 店的形象以及加强客户的关系。

（3）客户回访流程

客户回访流程如图 9-3 所示。

```
┌──────────────────┐      ┌──────────────────┐      ┌──────────────────┐
│ 1. 查询（客户资料库）│ ───▶ │ 2. 明确回访对象    │ ───▶ │ 3. 制订客户回访计划 │
└──────────────────┘      └──────────────────┘      └──────────────────┘
                                                              │
                                                              ▼
┌──────────────────┐      ┌──────────────────┐      ┌──────────────────────┐
│ 6. 准备回访资料    │ ◀─── │ 5. 预绝上门拜访时间 │ ◀─── │ 4. 选择回访方式（电话、网络等）│
└──────────────────┘      └──────────────────┘      └──────────────────────┘
        │
        ▼
┌──────────────────┐      ┌──────────────────┐      ┌──────────────────┐
│ 7. 登门回访客户    │ ───▶ │ 8. 实施回访具体内容 │ ───▶ │ 9. 整理回访记录    │
└──────────────────┘      └──────────────────┘      └──────────────────┘
                                                              │
                                                              ▼
                          ┌──────────────────┐      ┌──────────────────────┐
                          │ 11. 上报公司领导审阅 │ ◀─── │ 10. 处理结果与客户沟通 │
                          └──────────────────┘      └──────────────────────┘
```

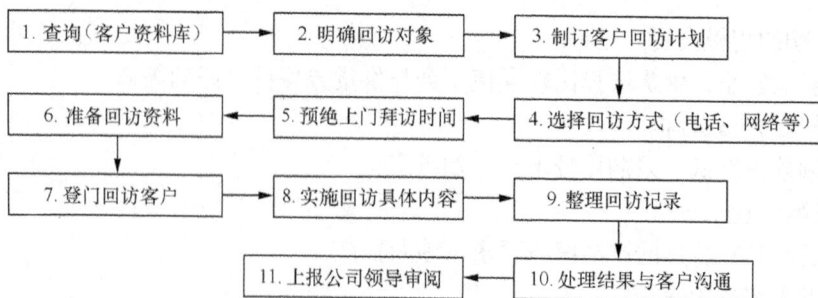

图 9-3　客户回访流程

7. 客户投诉管理

（1）客户投诉含义

抱怨：客户因对产品或服务质量不满意而引发的不满情绪，并通过口头或书面的方式向 4S 店售后进行申诉。

投诉：客户因对产品或服务质量不满意而引发的不满情绪，并通过口头或书面的方式向 4S 店售后、新闻媒体、政府机关或相应的社会团体进行申诉并明确提出了相关要求，如图 9-4 所示。

（2）客户投诉的危害

① 在社会当中产生负面影响，降低 4S 店品牌的社会美誉度。

② 影响企业正常工作，降低服务工作质量。

③ 增加客户心理负担及经济负担。

④ 降低了汽车消费者对品牌的信心。

（3）客户投诉的种类及原因

客户投诉的种类及原因如表 9-5 所示。

图 9-4　客户投诉

表 9-5　　　　　　　　　　　　客户投诉的种类及原因

种类	原因
服务	服务质量：服务网点有服务客户时，没有达到客户的期望值，而且在态度方面也不能得到满足 售后索赔：索赔条件未明确沟通，形成相互误会
产品质量	由于在设计、制造、装配环节所形成的产品质量缺陷
价格	价格过高或收费不合理、不透明
配件	配件供应：在维修过程中，未能提供车辆所需配件 配件质量：使用的不是正品配件

（4）汽车 4S 店客户投诉处理技巧和注意事项

① 基本做法

a. 接待员去接待有意见的车主（必要时由店长出面）。

b. 态度要诚挚。

c. 接触之前要了解本次维修详细过程和车主的情况。

d. 让车主倾诉他的意见，这样才能使其恢复情绪，平静地说话。

② 处理原则

a. 对维修车间的维修质量过失，要详尽了解，向车主道歉。

b. 让车主觉得自己是个重要的客户。

c. 对车主的误会，应有礼貌地指出，让车主心服口服。

d. 解释的时候不能委曲求全。

③ 注意问题

a. 注意换位思考，把自己置身于车主的处境来考虑问题。

b. 让车主倾诉自己的怨言。

c. 时间不能拖，要及时处理，否则问题会越变越严重。

④ 具体处理方法

a. 车主打电话或来店投诉时，用平静的声音告诉客户："谢谢你给我们提出了宝贵的意见"，切忌与车主发生争执。

b. 仔细倾听客户的抱怨。

c. 记录客户投诉的原因及事项，确实属于 4S 店的问题，除向客户诚挚道歉以外，马上根据客户的时间安排返修，并承担相关的费用（如误工费等）。

d. 不属于 4S 店造成的问题时：

• 耐心向客户做出解释，解释时注意不要刺伤车主的感情；

• 建议对车辆存在的问题进行免费检查，并在征得客户同意的前提下，进行检修；

• 收费问题可以适当优惠或对工时费予以减免；

e. 再次对客户的投宿表示感谢。

（5）汽车 4S 店客户投诉处理流程

① 客户投诉处理流程

a. 任何人在接到客户意见后，第一时间向客户道歉并记录投诉内容，并记录相关内容，比如时间、地点、人员、事情经过、其结果如何等问题，了解投诉事件的基本信息，并初步判断客户的投诉性质，在 1 小时内上报客户经理或客户服务中心，由客户经理或客户服务中心立即填写"客户信息反馈处理单"。

b. 客户服务中心立即给该"客户信息反馈处理单"进行编号并简单记录基本信息：车牌号、填单人姓名、内容概要。

c. 对于明显能确定责任的质量问题、服务态度、文明生产、工期延误的投诉。

• 客户经理在 24 小时内协同被反馈部门完成责任认定并对责任人完成处理意见后，完成与客户的沟通（如有必要）并将"客户信息反馈处理单"转给管理部。24 小时内没有联系上的客户，客户经理应在 48 小时完成上述工作。

• 管理部在接到"客户信息反馈处理单"后，在 4 小时内根据公司文件对处理意见进行复核，对认可的处理出具过失处理意见；对有异议的，召集客户经理和被相关部门进行协商并签署协商意见。在 4 小时内，将处理结果上报主管总经理，同时将主管总经理的处理意见反馈给客户经理和相关部门执行。

• 管理部在 8 小时内根据最终处理意见实施责任追究、进行过失沟通，完成最终的"客户信息反馈处理单"并于当日转客户服务中心。

d. 对于当时无法确定责任的质量问题、配件延时、客户不在场、客户没有时间的投诉。

• 客户经理通知客户在客户方便时直接找客户经理解决，报主管总经理认可后，按未解决事宜进行处理。

• 如客户属于重大投诉，客户经理应请示主管总经理后上门拜访客户。

- 未解决事宜由客户经理和客户服务中心分别在各自的"未解决事宜台账"上进行记录，并在维修接待电脑系统中明确标注。

- 客户经理在每月固定时间完成上个月未解决事宜的客户沟通提醒，及时回厂处理，并及时掌握未解决事宜的变化情况。

② 回访流程

客户服务中心对处理完毕的"客户信息反馈处理单"，并有客户经理明确标明需要回访的客户，在 24 小时内进行回访；对正在处理中的"客户信息反馈处理单"暂停回访，直至处理完毕后再进行回访。

③ 客户投诉处理流程监督考核流程

a. 客户服务中心对收到的"客户信息反馈处理单"进行及时性和处理尺度的考核，发现问题的"客户信息反馈处理单"返回管理部，由管理部与相关责任人进行过失认定后将"客户信息反馈处理单"交客户服务中心存档。

b. 客户服务中心每周固定时间和每月固定时间将"客户信息反馈处理单"汇总报主管总经理和管理部。

c. 每月固定时间管理部将"客户信息反馈处理单"汇总中的奖罚情况报主管总经理和财务部。

注 意

① 除责任人外，每个环节涉及的部门都应安排主要责任人和次要责任人，不得由于人员休息延误"客户信息反馈处理单"的处理时间。

② 当事人不得直接参与客户投诉处理。

客户投诉处理流程如图 9-5 所示。

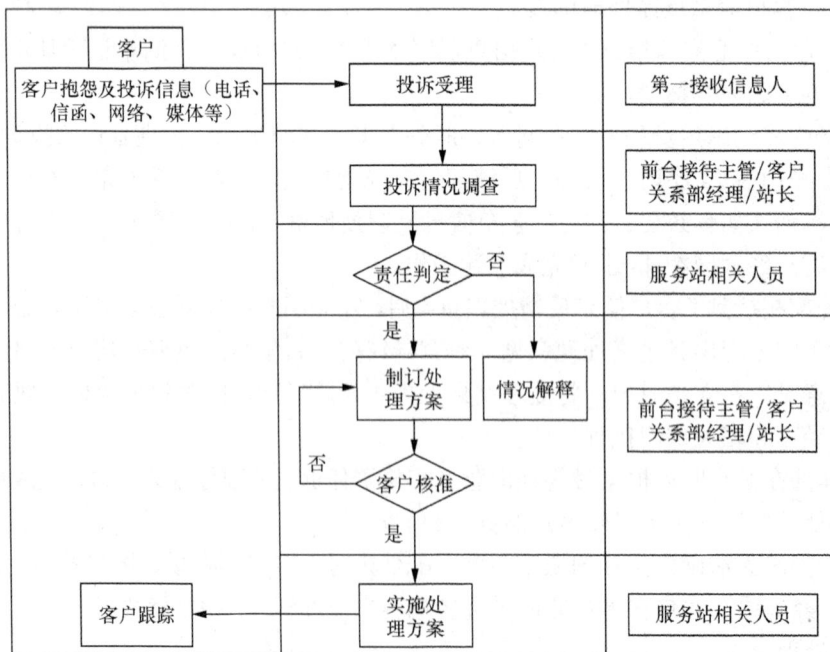

图 9-5　客户投诉处理流程

|任务拓展|

客户资料卡和潜在客户名单汇总表举例。

客户资料卡

	姓名			日期		
个 人 信 息	公司地址			电话		
	私人地址			电话		
	职业			联系最佳时间		
	影响购买的因素			特殊兴趣		
购买信息	车型			特殊选装要求		
	信息来源		交易类型	资金来源		竞争对手
当前车辆	品牌		型号	生产年份		颜色
	车辆状态		里程	挂牌日期		牌照号码
补充信息：						
交易失败原因：						
销售员总结：						
拜访次数	日 期		联系报告			下次联系
1						
2						

潜在客户名单汇总

____年____月____日　　　负责人：_____　呈报：_____

客户名称	地址	电话	需求车型	跟踪负责人	备注

|任务检验|

任务检验单

姓名		班级		成绩	
任务咨询					

一、填空

1. 汽车 4S 店客户分类_____、_____、_____、_____、_____、_____。

2. 汽车 4S 店客户投诉的种类有_____、_____、_____、_____、_____。

续表

二、论述
汽车 4S 店客户投诉处理流程是什么？

任务描述
某 4S 店新车销售出去三个月后，客户投诉汽车轮胎磨损较快，客户认为汽车质量有问题，进行投诉。你作为客户专员，请提出你的接待与解决方案。

服务作业	
作业内容	作业标准
1. 客户投诉原因	1. 客户投诉流程
2. 解决方案	2. 方案实施

| 任务导入与目标 |

任务导入

网络与信息管理是 4S 店未来的发展方向，了解与掌握 4S 店信息管理知识是本章的要点。

任务目标

1. 能够描述汽车 4S 店信息管理要求与目标
2. 掌握汽车 4S 店信息管理内容与流程
3. 培养职业素养与专业技能
4. 培养学生的学习能力、迁移能力、创新能力及适应未来企业信息化现场管理的能力

科技创新——做更懂中国的智能汽车

学习步骤

信息管理目标—管理流程

| 任务基础 |

一、4S 店信息管理

随着汽车服务市场及互联网信息技术的日益发展，信息管理成为企业最重要的竞争工具之一。网络已经成为现代社会不可或缺的信息传播途径，随之而来的网络营销也成为各类企业相互追捧的营销方式之一。

由于信息能有效改善企业的总体经营绩效，发现潜在的机会和问题，揭示竞争对手的战略，提高公司的生存和发展机会。同时，有效的信息反馈，还可以大大提升 4S 店与厂家的战略合作关系，有助于 4S 店借助于厂家提升竞争力。因此，必须建立有效的信息系统，对信息进行系统的收集、加工、整理和分析。

二、信息服务内容

4S 店的信息产品和服务类型如表 10-1 所示。

表 10-1 4S 店的信息产品和服务类型

产品、服务类型		内容	价值评估	服务对象	服务频率
情报产品	信息简报	可以采用两种信息产品形式：行业快讯、竞争对手动态信息。信息人员从企业内部、互联网、报刊等途径检索关于行业和竞争对手的信息，存入数据库，周期性地编辑行业快讯和竞争对手动态简报	无战略价值	公司内部人员	半月或一个月
	战略影响表格	类似每月信息简报，但对信息的战略、战术影响做了简单的评价	价值较低	相关人员、部门经理	半月或一月
	人际网络信息收集和报告	建立从员工、客户、供应商等搜集非公开发表的信息的机制。这种信息是企业极为宝贵的信息源，但大多企业没有这种人力、财力从事这项工作	信息价值高	相关人员、各部门经理	不定期
	每月信息报告	根据上面的 3 种信息产品，对关键的战略性、战术性信息进行总结，并注明信息源、可靠性等，也附上原始信息和采访记录等	信息价值中等	部门经理	每月或每季
	信息分析报告	信息只有经过研究和分析才能转化为行动方案，如信息预警、市场预测等，可以采取形势分析、专题分析等形式。信息预警可以帮助企业避免被动。形势分析是对企业战略性问题的形势总结和详细分析。专题分析是对特定主体的综合分析，由信息提供人员和分析人员共同完成。这种研究性工作是企业竞争信息工作中最重要的环节	信息价值中等	部门经理、决策层	根据需求
	特别简报	指明某个特定问题，给出信息来源、分析过程和结论、可供选择的战略、推荐的行动方针	价值高	决策层	根据需要
情报服务	竞争信息的培训	有两方面的培训：一是对信息用户的培训，使信息人员和信息用户更好地配合与互动；另一方面是竞争信息人员本身的学习，采取会议、电视会议、网络会议等方式介绍各自的研究项目，共享信息和经验		各部门信息员和用户	季度或半年
	信誉评估	通过中介机构评估、数据库查询等方式，对供应商、销售商、客户的信誉进行查询，并在内部共享		相关部门	不定时
	同比分析	信息人员对行业领先者的经验进行调查、对比、分析，制订赶超方案		决策层	根据需求
	团队工作	对重要信息联合攻关		相关部门	根据需求
	信息技术的管理	掌握信息技术的发展和应用，选择合适的软硬件。协调整个公司的信息管理行动，促成信息的共享和应用		员工	根据需求
	竞争信息知识库	这种服务模式是指在对竞争环境、竞争对手信息和战略实施信息的长期扫描、见识和跟踪的基础上，将有关信息按照要求分类，建立专门信息——知识数据库，然后提供给各部门使用和共享		员工	根据需求

三、汽车 4S 店信息网络管理

1．局域网用户系统

在局域网内使用，适合对汽车 4S 店、汽车维修店、汽修厂、汽车美容装饰店、洗车场的经营场所集中在一个地方，所有参与使用管理软件的计算机都集中在一个局域网内。前厅销售接待、后厅维修接待、车间管理、财务结算、库房管理等岗位分开，各行其责，严格按照规范流程管理。汽车 4S 店局域网系统示意图如图 10-1 所示。

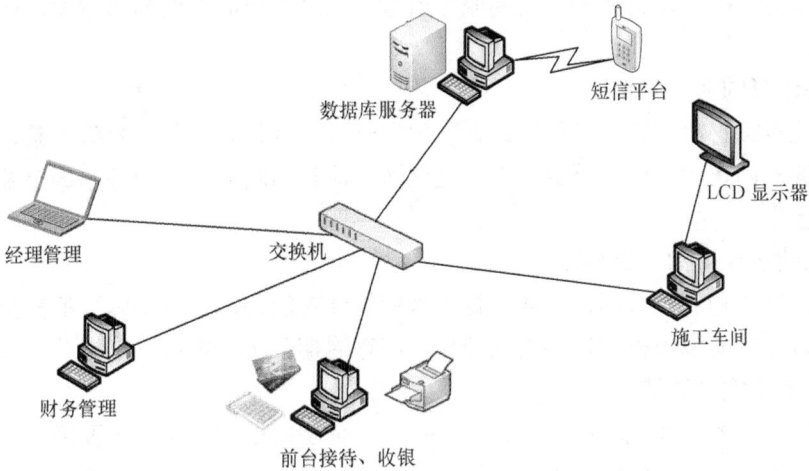

图 10-1　汽车 4S 店局域网系统示意图

2．局域网（连锁集团）用户系统

广域网使用，适合对汽车 4S 店、汽车维修店、汽修厂、汽车美容装饰店、洗车场连锁管理，各经营场所分散在不同的地方，所有参与使用管理软件的计算机要连接因特网（Internet），每个地方都能上 ADSL 或宽带（必须是同一运营商提供），且带宽在 1.5M 或以上，数据库集中在总部或使用计算机较多的地方。汽车 4S 店广域网系统示意图如图 10-2 所示。

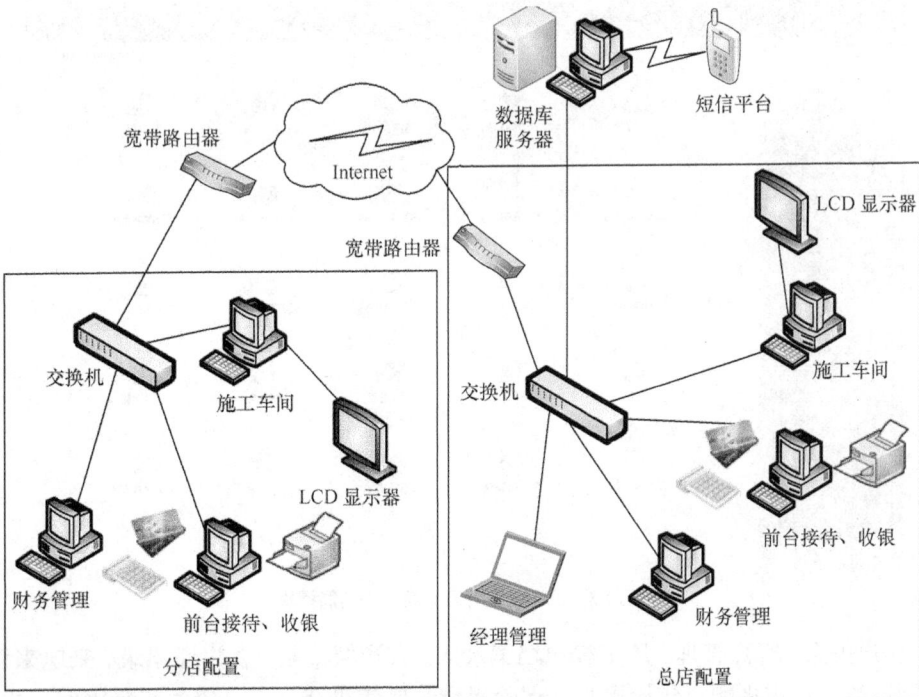

图 10-2　汽车 4S 店广域网系统示意图

汽车销售管理系统特点如下所述。

① 先进的客户关系管理

网络系统引入先进的客户关系管理理念，全面协助企业管理客户资源。通过对客户资源的有效管理，达到缩短销售周期、提高服务质量、提升客户满意度与忠诚度，增强企业综合竞争能力。

② 全面流畅的业务管理

系统功能包括售前的客户接待跟踪、售中车辆订购或销售、财务收款开票、销售代办服务、到售后客户回访等功能，整套软件功能全面、流程清晰，所有业务单据全部可以通过电脑直接打印输出。

③ 强大的统计查询分析功能

系统除提供各种业务数据、财务数据的查询统计功能外，还提供强大的分析功能，包括客户特征分析、成交率分析、销售周期分析、库存周期分析、销售分类汇总分析等。

④ 灵活的自定义功能

系统提供较多的个性化功能，允许用户在一定范围内根据自身的需要或喜好自行设计更改系统中常用的表格、自由组合数据筛选条件、自行定义常用的基础字典等。

3．汽车销售管理系统实例

（1）维新汽车销售管理系统主要功能模块

维新汽车销售管理系统的主要功能模块，如图 10-3 所示。

图 10-3　汽车销售管理系统——功能模块

① 客户关系：客户管理、历史客户档案录入、客户档案表、客户通讯录、来电来访记录、活动计划提醒、年审提醒、年检提醒、保险提醒、销售机会列表、销售车辆档案、成交率分析、客户分析、短信群发。

② 订购管理：国内订车、指令查询、国外订车、仓储入库、仓储出库、仓储库存、国内订车台账、车辆采购台账。

③ 车辆管理：车辆建账入库、车辆采购入库、车辆退货、车辆附加、车辆移出、车辆移入、车辆易货、车辆销售出库、车辆销售退库、经销商销售出库、经销商退货入库、车辆库存、车辆入出库单查询。

④ 销售管理：客户车辆订购、客户车辆销售、销售代办、上牌管理、车辆上牌明细表、按揭管理、保险管理、保险代办明细、经销商车辆订购、经销商车辆销售、经销商退车处理、销售台账。

⑤ 财务管理：财务收款、应收账款结算、应收账款汇总查询、到期应收账款查询、财务收款明细查询、应付账款结算、付款明细查询、销售车辆开票、开票清单、车辆完税、车辆成本核算。

⑥ 业务管理：资料文档、商家档案、商家档案列表、整车销售询价、商家往来记录、整车算价单、车辆托管单位档案。

⑦ 统计查询：采购入库明细查询、车辆退货明细查询、销售出库明细查询、入出库台账、车辆库存表、车辆订购明细、车辆销售明细、销售代办明细、车辆销售收益、车辆销售日汇总表、销售业绩统计、销售分类汇总。

⑧ 基础数据：机构部门信息、人事档案信息、系统基础数据字典、仓库信息维护、往来单位信息维护、车型信息维护、销售车型维护、选配项目维护、代办项目维护、赠品目录维护、客户车辆档案维护。

⑨ 维修管理：接车登记、修车台账、派工验收及完工处理、工时浏览、车辆车间修理、维修结算处理、车辆出厂、车辆结算台账、定期保养、客户回访、保修处理、客户基本信息维护、车辆档案信息、故障信息维护、维修项目维护。

（2）主要功能模块介绍

① 客户关系管理

维新汽车销售管理系统的客户关系管理如图 10-4 所示，本系统全面集中管理客户资源，包括潜在客户与成交客户，记录的客户基本资料与详细资料、包括与客户接触的完整记录。通过对客户资源和关系的有效管理，从而达到目的。

a．防止客源流失：业务员只能看到自己或允许查看的有限的客户资料与业务数据，即使业务员的流动也无法带走其他业务员的客户数据，同时原来的客户数据也完好的保存在数据库内，继续为公司所用。

b．便于业绩考核：系统自动通过客户名称、证件号码、联系电话、手机等信息判断提示记录的相同性，有效杜绝业务员间相互争抢客户、争夺销售业绩。

c．有效监督指导业务员工作：业务员对客户的所有联系活动都有记录，一方面有效监督业务员工作情况，一方面根据业务员联系客户的进展情况予以工作指导。

d．全面提高服务质量：通过对车辆档案跟踪、特殊日期等资料为客户提供体贴的保养、保险、年检提醒及温馨的节日、生日关怀，从而提高服务质量、提升客户满意度与忠诚度。

e．为营销策划提供准确数据：通过记录分析客户特征、购车意向、意见反馈等数据，为营销策划提供准确的决策数据，比如客户来源、客户区域、年龄段、意向价位、关注内容等分布情况，制定广告策略、促销政策等。

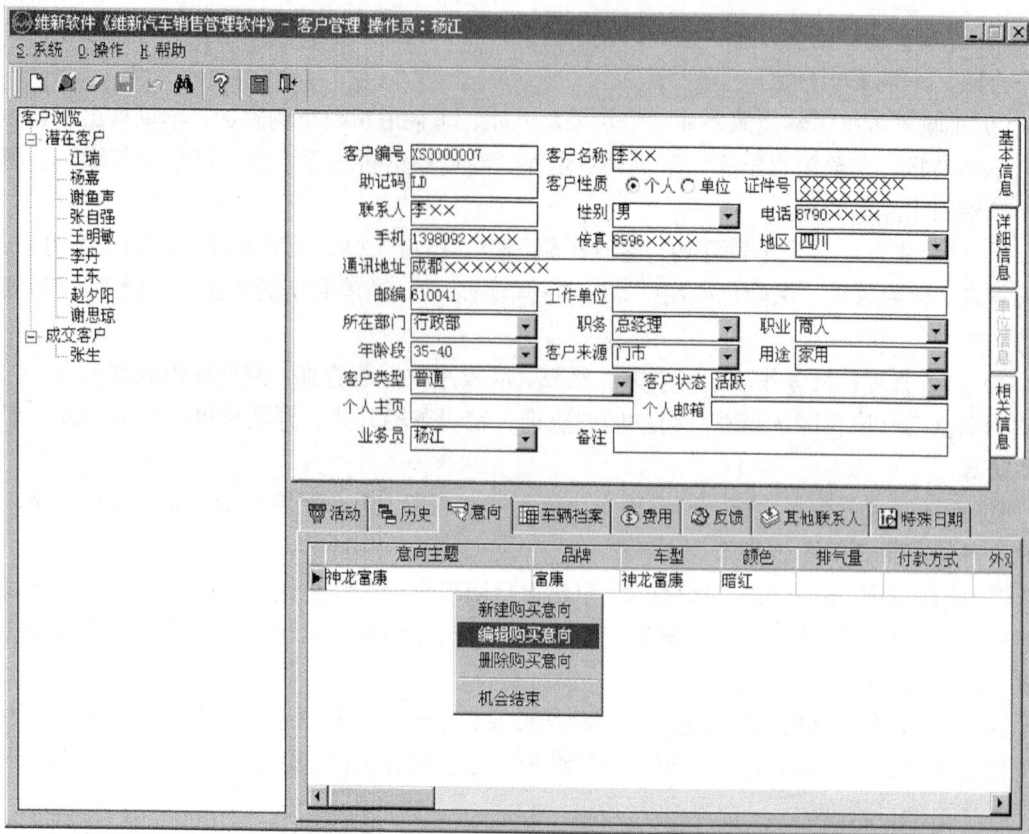

图 10-4　汽车销售管理系统——客户关系管理

② 车辆管理

a．车辆采购：记录车辆采购渠道、所购车型、配置、颜色、数量、价格、选配内容等信息，并随时可查看采购合同履行情况，并且可根据实际情况更改采购合同数据。

b．车辆入库：车辆采购入库、销售退货入库、车辆移入入库。详细记录入库车辆基本信息，包括车型、配置、颜色、底盘号、发动机号、保修卡号、合格证号、随车附件、入库仓库等信息，并可打印输出车辆入库单。

c．车辆出库：销售出库、采购退货出库、车辆移出出库等。主要功能是根据业务单据进行出库确认，打印输出出库单，减少车辆库存数量。

d．车辆库存：查询在库车辆及车辆基本信息。

e．车辆附加：在出厂配置基础上增加或更换某些汽车部件，增加汽车价值。

③ 车辆销售管理

a．车辆订购：没有现货提供给客户时，系统提供车辆订购功能，主要记录需要的车型、配置、颜色等基本信息，记录车辆价格、付款方式、交货时间等基本约定，有代办的要记录代办项目及收费情况，有赠品的还可进行相关数据的录入。系统还提供订购单、订购合同等打印输出功能。

b．车辆销售：记录客户及所购车辆详细信息，以及定价、优惠、合同价与实际价、付款方式、车辆流向、车辆用途、业务员等基本信息，有代办的要记录代办项目及收费情况，有赠品的还可进行相关数据的录入。系统还提供销售单、销售合同等打印输出功能。

c. 销售代办：根据合同约定，替客户代办相关项目、登记对方单位、代办成本的数据，便于财务付款及单车收益核算。

d. 合同查询：查询订购合同及销售合同的履行情况，包括是否选车、钱是否付清、销售代办是否完成、发票是否已开、车辆是否出库等。

e. 财务管理：根据采购、销售等业务完成定金、车款、代办款等收款工作及车辆采购、车辆附加、销售代办产生的付款工作，对销售车辆开具销售发票及进行收益核算。

④ 业务管理

a. 资料文档：管理公司及业务上的相关资料及文档，支持格式包括 word、excel、jepg、powerpoint、bmp 等格式，可以方便管理公司合同、规章制度、车辆信息等资料和文档。

b. 商家档案：记录关注商家的基本信息，包括名称、地址、经营车型、联系人、联系电话等信息。

c. 销售询价：记录市场调查的基本信息，包括车辆售价、有无货源、货源基本情况等信息，并可按日期、车型等条件进行查询。

⑤ 统计查询

系统提供报表涵盖车辆采购、订购、销售、车辆入出库、车辆库存、财务收付、客户管理等相关数据报表，包括采购合同台账、车辆销售台账、车辆入出库明细表、车辆库存报表、客户档案表、车辆库存周期、车辆销售收益、财务收付款明细表、销售业绩统计表等。

4. 维新汽车维修管理系统

（1）维新汽车维修管理系统特点

① 全面流畅的业务管理

汽修管理系统主要运用于汽修厂的全程业务管理，从接车、估价、在修、派工、检验、完工、结算、结款到车辆出厂，以及汽车保修和保养，流程管理全面流畅，操作可简可繁，各种业务票据可直接打印，如委托书、工作单、派工单、领料单、结算单、保修单等。

② 严密的流程控制

系统在业务流程管理上融入了大量优秀的经营理念，不同的维修状态对应着派工、维修、领料、结算等业务操作，流程之间相互关联，思路清晰，控制严谨，帮助企业提高自身的管理与服务水平。

③ 完整的客户信息与维修档案

客户关系管理是现代维修企业关注的一个重要部分，本系统内嵌完整的客户资源管理模块，运用先进的客户关系管理思想，详尽记录客户档案、相关车辆、维修档案、联系活动、反馈信息。从客户服务、客户反馈到客户关怀，使您能够轻松管理日益增多的客户资源，提升客户满意度，不流失维修客户。

④ 强大的统计分析功能

系统提供各种业务数据、财务数据的查询统计功能，涵盖维修接车、维修、用料、结算报表，库房入库、出库、库存台账，财务收款、付款、成本核算、工时结算明细报表，各种汇总统计报表，比如按车型、按作业分类、按结算方式、按客户等。通过该系统随时可统计查询经营状况、财务状况、客户档案、车辆及维修档案等各种报表，报表数据查看操作简单，数据准确翔实，可运用多种方法进行数据筛选，并可随时将数据打印或导出成 excel 表格进行编辑。

⑤ 灵活的自定义设定

灵活的自定义是维新汽修管理系统的一大特色，在打印报表时，各种字段内容，顺序可自定义，工时、管理费、配件价格体系、库存核算方式、报修模式等都可根据不同企业、不同规模的公司实际情况进行自定义设置，满足企业千差万别的管理需求。

（2）维新汽车维修管理系统主要功能介绍

① 维新汽车维修管理系统 V3.0 主要功能模块

维新汽车维修管理系统如图 10-5 所示。

图 10-5　汽车维修管理系统

　　a. 维修管理：接车登记、修车台账、派工验收及完工处理、工时浏览、车辆车间修理、维修结算处理、车辆出厂、车辆结算台账、定期保养、客户回访、保修处理。

　　b. 配件管理：建账入库、采购入库、退货出库、采购退货单查询、采购退货明细查询、领料出库、领料退库、随进随出、领料退料单查询、领料退料明细查询、销售出库、销售退货、销售退货单查询、销售退货明细查询。

　　c. 配件库存：辅料出库、配件调拨、报损处理、库存盘点、配件库存、库存报警、材料价格调整。

　　d. 财务管理：财务收款、应收账结算、应收账款汇总查询、到期应收账款查询、财务收款明细查询、应付账款结算、付款明细查询、员工业绩考核、单车成本一览表、配件成本清单、员工工时结算、已结工时明细表、工时结算汇总表。

　　e. 工具管理：工具入库、工具借出、工具归还、工具报废、工具台账。

　　f. 客户关系：客户管理、客户档案表、联系人档案、客户通讯录、信封标签打印、联系活动查询、客户反馈记录表、车辆档案表、新增车辆查询、失去车辆查询、短信群发。

g. 统计查询：客户业务数据查询、维修用料统计查询、按维修类型汇总查询、按作业分类汇总查询、按结算方式汇总查询、按车型汇总查询、按客户汇总查询、按车牌号汇总查询、维修项目一览表、业务综合汇总表、入出库单查询、入出库账目、入库汇总查询、出库汇总查询、配件领用汇总查询、配件销售汇总查询、供应商供货汇总查询、配件经营报表、配件台账。

h. 基础数据管理：机构部门信息、人事档案信息、系统基础数据字典、仓库信息维护、供应商信息维护、配件品种分类信息、配件基本目录、车型信息维护、客户基本信息维护、车辆档案信息、故障信息维护、维修项目维护。

② 维新汽车维修管理系统 V3.0 常用功能

a. 接车登记

客户前来修车，首先是由本厂有经验的业务员听其陈述故障现象，确定车辆是否应该和可以在本厂修理。然后由客户在接待台的电脑进行基本情况登记和故障现象记录。与客户磋商，确定计划的修理项目和计划用料。

在图 10-6 所示维修接车登记模块中，业务员需录入客户和车辆的基本信息，如客户名称、车牌号、作业分类（大、中、小修）、结算方式（自付、三包、索赔），如客户已经来厂修理过，则客户信息和车辆信息可以从档案库中直接调取。

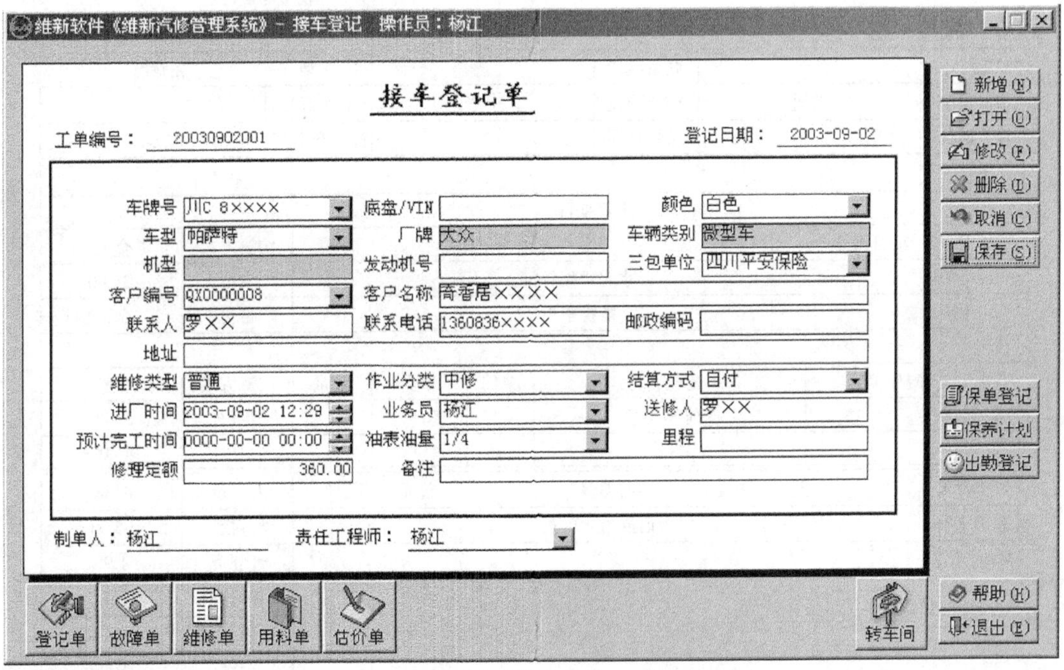

图 10-6　汽车 4S 店汽车维修管理——维修接车登记

业务员录入客户的修理定额后，在修理中如出现超支现象，系统将会自动提醒。有经验的业务员在录入车辆信息后，还可根据情况录入相应的故障、维修、用料信息，并打印对应的故障单、维修单和用料单，系统将根据故障信息的录入情况自动生成估价单，这是其他的汽修管理软件往往不能做到的。

b. 车辆车间修理

客户车辆转入车间后，在车间应确定其故障现象、维修项目及维修中所需的用料信息后，就可进行相应的派工与领料。

- 派工验收：系统支持一个项目派给多个人、多个项目派给一个人等多种派工方式，业绩考核定额、分配比例也可由用户自行修改。客户还可根据管理需要按人员、按项目、按班组打印派工单。保修业务在派工后可输出工作单。修理完毕后，还可在本模块录入项目的验收、完工信息及车辆总检信息。快修店也可根据公司实际情况选择不录入此模块的信息，直接转入结算模块。

- 领料出库：根据车辆维修用料计划，库房办理配件出库手续。本系统通过计划与实际领用控制，一方面加强了业务与库房资源的共享，一方面有效降低了库房出错概率，同时便于库房提前备货。

c. 维修结算处理

客户车辆在车间修理完毕后，完工的工单即可转入结算模块进行结算处理，这就是修车结算，如图 10-7 所示。

维新汽修厂结算单
(NO: 0902001)

地址：
开户行：   联系人：
账号：   联系电话：

客户名称		奇香居××××		车牌号	川 C 8××××
联系人		联系电话		车型	帕萨特
维修类型	普通	作业分类	中修	发动机号	
进厂时间		结算日期		管理费率 %	2.00
备注					

维修项目					
序号	项目编号		项目名称	结算方式	金额
1	001		水箱焊接补漏	自付	24.00
2	002		维修车头	自付	60.00

序号	配件编号	配件名称	单位	单价	数量	结算方式	金额
1	001	前车大灯		50.00	1	自付	50.00
2	002	水箱		45.00	1	自付	45.00

付款方式	现金	票据类型	普通	人工费	84.00
金额大写	壹佰捌拾元玖角			材料费	95.00
备注：				管理费	1.90
				其他费	0
				税金	0
				金额	180.90
				优惠金额	0
				实收金额	180.90

结算人：   打印日期：

客户签字：_____

图 10-7 汽车 4S 店汽车维修管理——维修结算单

　　结算处理按照付款方的不同，分为 3 种：由客户自己付款结算，即"自付"；保修业务结算，即"三包"结算；与保险公司的结算，即"索赔"结算。车辆结算单的内容是以车间修理时的维修项目和所用材料为依据，自动生成人工费、材料费、其他费及管理费。如果有优惠卡的，输入卡号，系统会自动进行优惠金额计算，也可以直接给予客户优惠。

　　d. 配件进销存管理

　　• 期初库存

　　汽车配件管理（见图 10-8）主要是对配件的销售、进货、退货、维修领料等进行记录和统计。使烦琐的配件管理业务规范化、透明化。在使用系统的配件管理前，需要先对仓库的配件库存信息进行期初的盘库建档处理，以建立与实际仓库库存相符的真实配件进销存管理。

　　配件的期初盘库建档操作十分简单，只需把汽车配件的名称、数量信息录入相应仓库中即可。

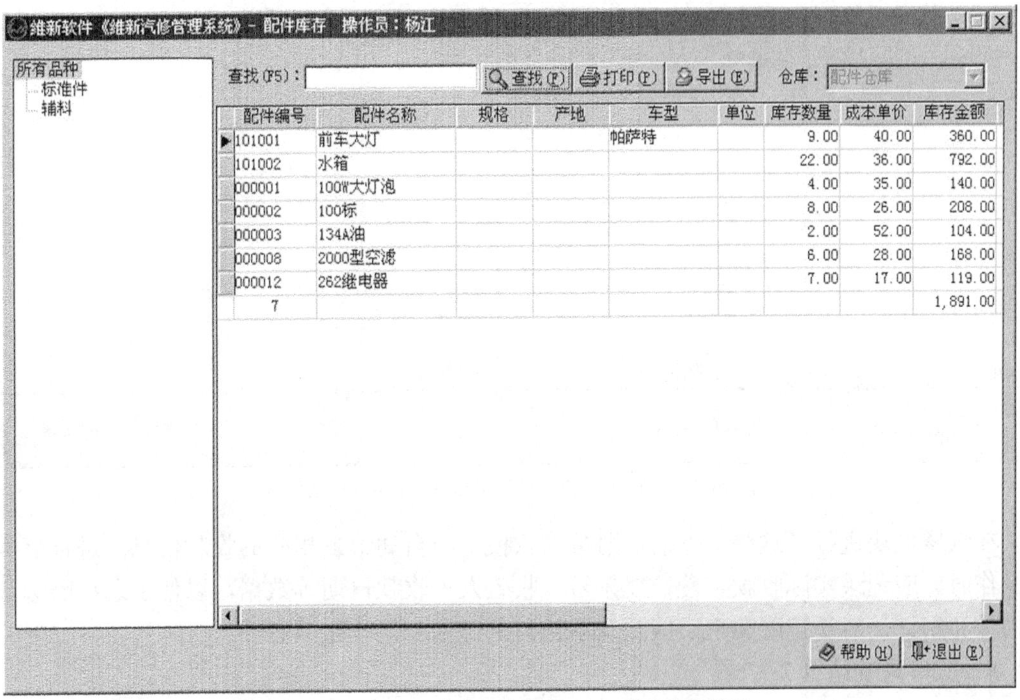

图 10-8　汽车 4S 店汽车维修管理——配件库存管理

　　• 入库管理

　　入库管理包括采购入库、调拨入库、销售退货入库、领料退料、盘盈入库、随进随出入库，录入配件的供应商、配件、价格、数量以及所入的仓库信息，复核后自动进行上账处理，财务管理模块中会生成相应的配件收付款记录。

　　• 出库管理

　　出库管理包括销售出库、领料出库、采购退货出库、调拨出库、盘亏出库、随进随出出库等，录入配件、价格、数量、仓库及相关信息，复核后系统自动进行下账处理，财务管理模块中会生成相应的配件收付款记录。

　　• 库存管理

　　库存管理包括配件库存查询、盘点、报损、辅料耗用登记、配件价格维护、库存警戒线设置及库存报警等功能。管理员可及时通过本系统轻松掌握库存资料、制订相应的进货计划。

e．财务收付款管理

• 财务收款

维新系统（见图 10-9）中的财务收款信息包括汽修结算后的结算单款项、配件销售出库款项，以及销售出库的应退款项。

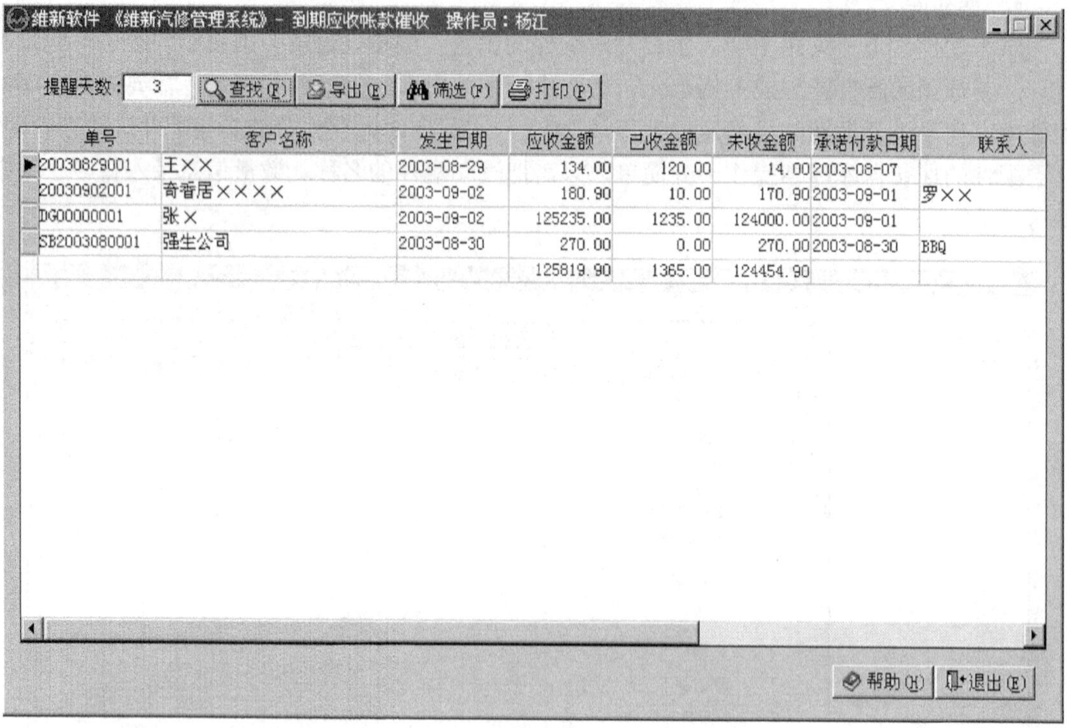

单号	客户名称	发生日期	应收金额	已收金额	未收金额	承诺付款日期	联系人
20030829001	王××	2003-08-29	134.00	120.00	14.00	2003-08-07	
20030902001	奇香居××××	2003-09-02	180.90	10.00	170.90	2003-09-01	罗××
DG00000001	张×	2003-09-02	125235.00	1235.00	124000.00	2003-09-01	
SB2003080001	强生公司	2003-08-30	270.00	0.00	270.00	2003-08-30	BBQ
			125819.90	1365.00	124454.90		

图 10-9 汽车 4S 店汽车维修管理——财务收付款管理

在汽修模块进行了这些操作后，财务收款模块会自动记录相应的收款信息。进行财务收款操作时，应记录实际收款金额，发票号、收款人、收款日期等数据，以便于之后财务数据的稽核和统计。对于记账客户，应记录承诺付款日期，便于款项催收。

• 应付账款结算

财务中的应付账款主要是配件采购时对供应商的配件款项结算，对应的是采购入库和退货的配件信息，与收款类似，财务付款时也需录入付款金额，付款日期、发票号、付款方式、付款人信息。

• 收付款查询

包括对应收应付款查询、已收已付款查询及到期应收款项查询，便于企业及时了解财务状况、资金分布情况。

f. 财务核算管理

• 单车成本核算

客户维修结算后，系统可根据维修单和用料单中的维修用料信息，自动计算维修总额、人工成本、材料成本、管理费、税金、业务支出以及修理毛利，方便对修理中的单车成本和毛利进行查询和统计，了解维修利润分布情况，合理进行维修定价，提高企业整体收益。

- 配件成本核算

系统可在客户维修和销售出库后，统计维修中用料的成本价格、领料价格，以及销售出库时的配件成本价和销售价，整体了解维修以及销售时的成本及毛利。

- 员工工时结算

在维修登记中如果进行了项目派工操作，则在系统中可以根据派工信息核算维修员工的应结算工时和金额信息，并录入已结信息，简单清晰管理维修员工应结算与已结算的工时数据。

- 员工业绩考核

根据已录入的维修工单和派工单信息，对接车业务员，责任工程师、维修工的业绩数据进行统计。方便明了掌握员工的工作及业绩状况。

- 工具管理

在系统中，维修时要使用的工具与配件是分开入库的，工具管理主要管理工具的借出、归还，以及报废情况，通过工具台账了解现有工具的入库、借出、报废以及库存数量，方便对维修工具的管理。

g. 客户关系管理

- 客户档案

现代企业的经营管理，越来越重视客户服务、客户反馈及客户关怀，留住了客户即是留住了企业的生命线。维新系统内的客户关系管理完整、细致而且功能强大，完全等同于一个专业的客户关系管理系统，如图 10-10 所示。

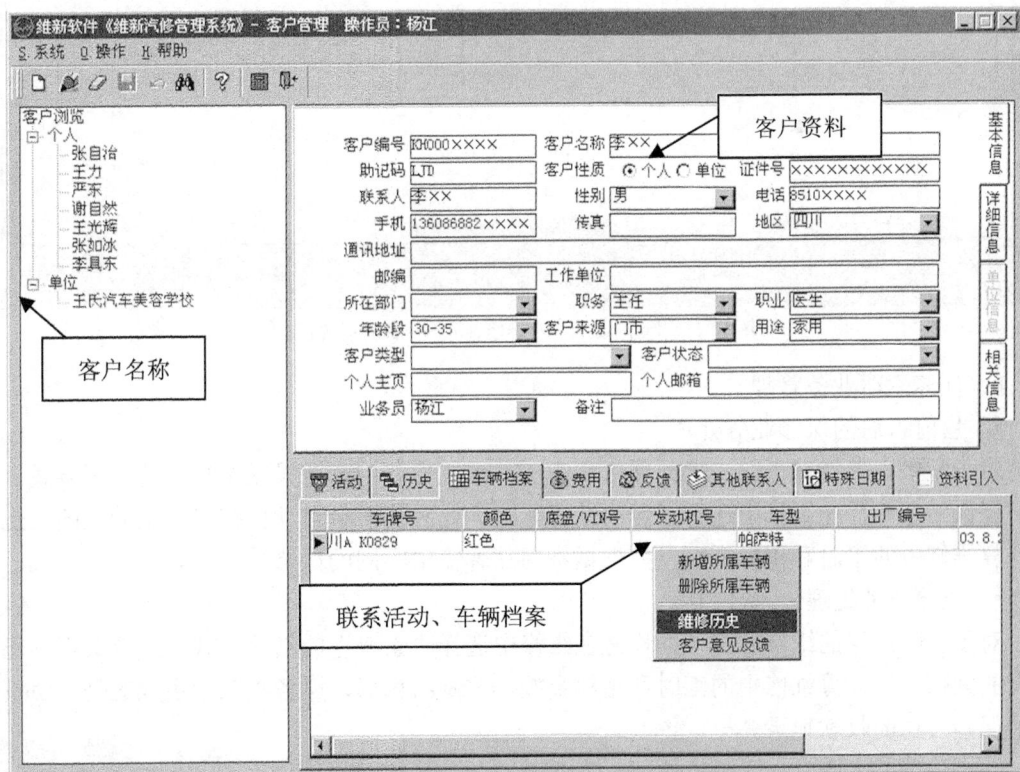

图 10-10　汽车 4S 店汽车维修管理——客户档案管理

在客户管理中，客户档案是录入的一个最主要模块，主要信息有客户的姓名、联系方式、车辆，以及生日、联系活动、特殊日期等，字段设置简洁实用，先进合理，除了在此模块可以查询客户的详细资料，且更方便以后对客户多种数据的统计和查询，便于客户管理工作的展开。

- 车辆档案

车辆档案是本系统中相关客户在公司的维修车辆信息，并可随时查询车辆的维修记录与维修详情，便于更好地做好客户服务工作。

- 其他客户管理模块

客户管理的其他模块包括有维修回访、保养提醒、生日问候、节日关怀、意见反馈等。系统数据库型的管理，大大弥补人工记忆力的不足，改善手工记录的混乱情况。保养提醒管理如图 10-11 所示。

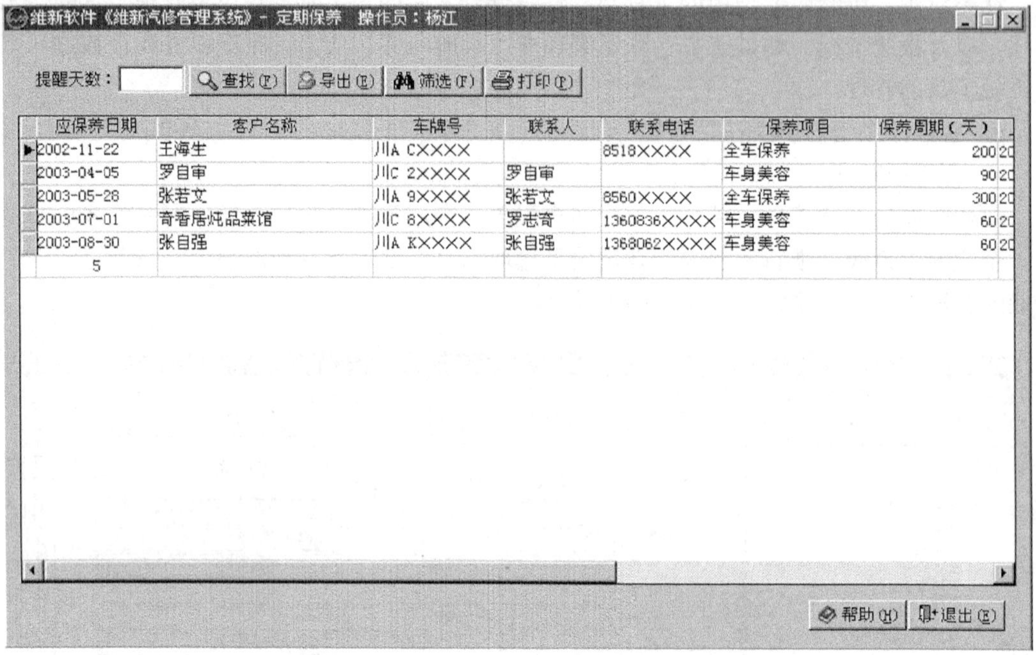

应保养日期	客户名称	车牌号	联系人	联系电话	保养项目	保养周期（天）
2002-11-22	王海生	川A C××××		8518××××	全车保养	200
2003-04-05	罗自审	川C 2××××	罗自审		车身美容	90
2003-05-28	张若文	川A 9××××	张若文	8560××××	全车保养	300
2003-07-01	奇香居炖品菜馆	川C 8××××	罗志奇	1360836××××	车身美容	60
2003-08-30	张自强	川A K××××	张自强	1368062××××	车身美容	60
5						

图 10-11　汽车 4S 店汽车维修管理——保养提醒管理

h. 保修索赔业务管理

- 售前售后的保修业务处理

对于维修中的特殊情况，比如保修和索赔，系统中专门为此设立了独立的处理方式。

保修的客户需在维修中选择三包的结算方式，此时系统会自动根据已设定的好的三包单价计算维修中的工时和用料金额，并根据不同品牌输出不同的保修单格式。

- 索赔业务处理

对于保险索赔的维修客户，同样是在维修中选择“索赔”的结算方式，系统会根据已设定好的索赔单价计算维修中的工时和用料金额，维修结算后，财务收款中生成的是向负责赔偿的保险公司的收款记录。

|任务拓展|

汽车的网络营销方案策划书
——上海大众汽车系列（案例）

一、公司概述

上海大众成立于 1985 年 3 月，是中国最早的轿车合资企业之一。中德双方投资比例：上海大众汽车销售集团股份有限公司 50%，德国大众汽车集团 40%、大众汽车（中国）投资有限公司 10%。合营合同期限为 45 年，即至 2030 年。

二、行业分析

中国汽车市场自实行品牌销售管理办法以来，4S 店成了汽车行业中最受宠的渠道。凭借这一近乎垄断的销售优势，4S 店迅速积累资本，进行横向扩张；同时各类资本也向汽车销售渠道集中，由此中国汽车市场产生了一种新的销售力量——大众汽车销售集团。2020 年以来，上汽大众汽车有限公司对于品质的坚守融在了每一个生产环节中。大众公司搭建的新能源汽车 MEB（Modular Electrification Toolkit，模块化电气化工具套件）工厂投资超过 200 亿元，工厂拥有环保、高自动化、智能网联三大特点。

三、市场发展现状

目前全国有规模以上的大型大众汽车销售集团近百家，在全国各省均有分布，其中多集中于乘用车消费较发达的市场，上海、广州、北京、浙江和山东五省市的大众汽车销售数量占全国一半以上。

1．大型汽车销售集团发展分析

（1）外部市场：网络化和规模化

目前，大部分大众汽车销售集团的网络扩张都集中在本省范围内，这种区域化的网络布局带来很多好处。如由于消费者地理文化特征趋同，使汽车销售集团能更有效地把握消费者的需求；另外一般本地集团对当地政府比较熟悉，也使各 4S 店能共享较好的政府资源，这些都利于大型汽车销售集团开展工作。上海永达集团是区域化销售集团的典型，15 年的苦心经营后已成为上海汽车销售市场中最知名的经销商之一。

对于大众汽车销售来说，动辄百万甚至上千万的建店投入需要稳定的消费量；而消费者十万甚至百万的一次性购买投入也需要销售商提供高质的产品和高规格的服务，买卖双方这种高投入必然要求有一个稳定的销售关系加以维持。根据消费者心理测试，越是大规模连锁形式的销售组织越会增强消费者对销售商信任度，使消费者对产品质量和售后服务产生一种潜意识的安全感。而实际上，大型的销售渠道除了能提供较好的硬件条件之外，一般也能提供更加规范化和标准化的服务，这种高质量的产品保证和高标准的服务对汽车销售来说尤为重要。

（2）内部管理：低成本和高资源整合

规模化随即带来低成本经营和高资源整合的优势。大众汽车销售 4S 店建店费用投入很大，加上单店的汽车库存，资金需求量十分惊人，根据规模的不同在几百万甚至千万以上，如此大的资金需求对实力稍弱的经销商来说压力很大，如果由一个集团来集中运营这些资金，则能使资本得到更有效的利用，以相对较少的资本来运营整个 4S 店系统。

销售集团的低成本除了资本的高效运转之外，也体现在管理资源的整合上，特别体现在市场部的工作上。集团对市场广告、市场调研等常规行为进行整合，可以降低成本，达到了资源投入产出的最大值，使大众汽车销售集团下属的 4S 店相比一般 4S 店能够获取更多更好的市场支持。在人力资源方面，销售集团也存在明显的优势，目前汽车行业十分缺乏优秀的管理和销售人才，集团内部各家 4S 店之间人才的流动有利于建立合理的人才培养机制，更有利于人尽其用。

网络营销目的是使更多人了解上海大众汽车，使人们更了解大众，更加关注大众汽车，从而达到更高的销售量及节省推广成本。

对于汽车企业来说，没有比网络更有效的沟通渠道了。有调查显示，76%的车主在购车前浏览汽车企业的网站，67%的人会到一个第三方网站查看相关评论。现在，也有很多汽车企业采用博客的网络营销方式，使汽车企业有了一个更直接与客户沟通的渠道。

按照权威部门对于大众汽车销售环节的整体统计，复杂的销售环节在汽车的整个销售成本中消耗了大约25%的利润。按照这个数字来测算，如果采用网络订购的模式，在国内众多汽车销售中，大众汽车可以节省25%的整车推广与销售成本。这不仅可以是减少的成本返回给消费者，同时可以增加上海大众汽车的利润率。

2．网站策划分析

（1）对上海大众公司网站的建设

① 增加 FAQ：目前只有在线咨询系统，可以对自己提的问题进行查询，而不能对别人提的问题进行查询，如果顾客遇到的是非常常见的问题，那么使用在线咨询会使人感到麻烦，并且需要等待时间，针对该类问题大众汽车公司应该做的是把常见的问题整理做成系统方便顾客快速查询，即做个 FAQ，使用 FAQ 可以帮助顾客尽快解决问题且可以节省咨询经费，同时也应提供查询其他顾客曾经提问过的问题，而不是只允许查询自己的问题。

② 增加虚拟试驾：目前只有《风云碰撞试验实景模拟游戏》，实际上只是一个动画（Flash）的演示，可以尝试用 Flash 做一个可以人为控制各种数据的仿真试车，不是单纯的试验撞车，而应该提供更多的测试选择，还应该有在不同环境下的测试，以及以不同车速进行不同的开车方法的测试，让客户更好地了解车辆性能，同时也可以吸引一些未打算买车网民的眼球，其也是潜在用户，除了试车之外还要提供通过游戏中的 Flash 进行 3D 观察汽车内部布局以及汽车的构造，让网民得到由里到外对大众汽车的认识。

③ 提供申请试驾：购买大众汽车的人只要登录其规定的网站，在看过汽车的详细资料后，便可以向上海大众官网的 4S 店申请试驾，如果试驾满意，购车者可以从网站直接预订。在得到大众公司的电子回复函件后，购车者便可以在大众公司指定的 4S 店预付订金，在大众汽车根据购车者的订单完成生产之后，付全款提车。而 4S 店最后将蜕化成专门负责接收订单和收款的服务部门，当然，其之前的售后维修服务功能将继续保留，并且同时也可以采用网上售后服务。

如果这一切顺利，这将是个完美的营销模式，对于大众公司而言，全部销售的订单式生产将实现该产品"零库存"的销售结果，而销售链条节约的成本可以让其获得同类产品最具竞争力的价格，上海大众汽车公司在国内率先通过网络客户订单销售这一模式使更多的用户和经销商受益。通过与用户的互动和沟通，享受便捷的服务和优惠的折扣，不断满足用户个性化需求，提高产品的"新鲜"度，使新产品能够在最短的时间到达直接用户的手中。同时，节省的利润可以用来研发并继续提高产品质量，从而提高产品的整体竞争实力。同时上海大众公司建立一个大型的售后服务网站，在汽车售后的几天之内对用户进行网上或者是电话的售后的汽车使用调查，同时也可以让用户把使用后的信息反馈到上海大众汽车公司服务部。这样不仅可以让用户更加满意，也可以让上海大众汽车公司更加了解大众汽车在市场上的概况。

④ 博客宣传：把企业博客的介绍及链接放到主页上，让更多人了解该博客，更多人直接与大众汽车管理人对话。大众汽车通过网络会议室创造一个直接的形式，通过这一形式，与通用汽车有关的社会各界人士都有机会直接与大众汽车对话。借助于这些来自客户、员工、投资人等的反馈，促进上海大众汽车成长为一个更好的公司，为客户提供更好的产品。通过博客，大众汽车的管理者可以用他们自己的语言表达他们的观点，不经过任何人的过滤，并且直接听取对大众汽车有热情和对公司所做的事情有兴趣的人的反馈。

（2）对于上海大众汽车品牌的宣传

① 利用百度、谷歌等知名的搜索引擎，对上海大众汽车进行推广宣传。

② 提供电子刊物和会员通信。

③ 利用网络广告对上海大众进行推广，加大宣传力度，当顾客登录大众网，或者其他网站时，可以看到其广告宣传，从而就会增加对上海大众的理解度，这对于上海大众的销售有很大的帮助。

|任务检验|

任务检验单

姓名		班级		成绩	
任务咨询					
一、填空 1. 汽车销售管理系统特点_____、_____、_____、_____、_____。 2. 汽车 4S 店是由_____、_____、_____、_____组成。 二、论述 汽车销售未来的发展方向是什么？					
任务描述					
汽车网络销售时代已经来临，许多客户在了解车辆信息时，大多也通过网络获取。如果有客户提出这样的疑问，你解决客户的技巧是什么？					

续表

服务作业	
作业内容	作业标准
1. 网络营销服务要求	1. 标准资料准备
2. 与客户沟通技巧	2. 网络手段的运用

| 参考文献 |

［1］卢圣春．汽车 4S 店经营与管理培训教程[M]．化学工业出版社，2009

［2］陈开考．汽车文化[M]．北京：人民交通出版社，2007

［3］何忱予．汽车金融服务[M]．北京：机械工业出版社，2006

［4］张慧峰．客户关系管理实务[M]．人民邮电出版社，2014

［5］熊涛．汽车营销中 CRM 的应用分析[J]．中国商贸，2010, 16:29-30

［6］张瑞．客户关系管理(CRM)[J]．上海信息化，2010，4:51-53

［7］刘军．汽车 4S 店管理全程指导[M]．北京：化学工业出版社，2011

［8］黄敏雄．汽车文化[M]．北京：人民邮电出版社，2012

［9］叶东明．如何经营好 4S 店[M]．北京：化学工业出版社，2012

［10］刘同福．汽车 4S 店管理 10 类制度[M]．北京：机械工业出版社，2008

参考文献